भाषा एवं भाषा शिक्षण

खण्ड-2

भाषा एवं भाषा शिक्षण

खण्ड-2

सम्पादक

रमा कान्त अग्निहोत्री

अमृत लाल खन्ना

सह-सम्पादक

कामिनी उपाध्याय

सम्पादन समिति

रजनी द्विवेदी, आदेश कुमार, जया राठौड़,

राजेश उत्साही, रमणीक मोहन

कार्यकारिणी समिति

एच.के. दीवान, प्रसून कुमार

विद्या भवन सोसायटी

वाणी प्रकाशन

वाणी प्रकाशन
4695, 21-ए, दरियागंज, नयी दिल्ली 110 002
शाखा
अशोक राजपथ, पटना 800 004
फ़ोनः +91 11 23273167 फ़ैक्सः +91 11 23275710
www.vaniprakashan.in
vaniprakashan@gmail.com
sales@vaniprakashan.in

BHASHA EVAM BHASHA SHIKSHAN-2
Edited by Rama Kant Agnihotri & Amrit Lal Khanna

ISBN : 978-93-5229-031-4
Linguistics

प्रथम संस्करण
मूल्य : ₹ 495

यश प्रिंटोग्राफिक्स, नोएडा-201 301 (उ.प्र.) में मुद्रित

वाणी प्रकाशन का लोगो मक़बूल फ़िदा हुसेन की कूची से

आभार

हम उन सब विद्वानों के आभारी हैं जिन्होंने हमें यह अनुमति दी कि हम उनकी रचनाओं के हिन्दी अनुवाद इस संकलन में प्रकाशित कर सकें। इस संकलन में कई लेख, निबन्ध, साक्षात्कार, पुस्तक समीक्षाएँ, पठनीय पुस्तकें एवं गतिविधियाँ शामिल हैं। हम उन सब अनुवादकों को धन्यवाद देते हैं जिन्होंने बहुत परिश्रम से सम्मिलित रचनाओं का अनुवाद किया। विद्या भवन शिक्षा सन्दर्भ केन्द्र के कई सदस्यों ने इन अनुवादों को बार-बार पढ़ा है और इन्हें सुधारने में हमारी मदद की है। इनमें एल.एल. वैरागी, ज्योति चौरड़िया, यशोधरा कनेरिया, नेहा यादव एवं नेहा कश्यप के नाम मुख्य हैं। हम इन सबके भी बहुत आभारी हैं। भवानी शंकर ने बहुत परिश्रम से इस संकलन को टाइप किया है और इसकी फॉर्मेटिंग की है। हम विशेष रूप से उनके आभारी हैं। वाणी प्रकाशन ने हर कदम पर हमारा साथ दिया है। इस तरह की सामग्री शिक्षकों एवं शिक्षक प्रशिक्षकों के बीच लाने का शायद यह पहला प्रयास है। हम इस अवसर पर वाणी प्रकाशन के प्रति भी अपना आभार व्यक्त करते हैं।

भूमिका

अंग्रेज़ी में प्रकाशित सामग्री हिन्दी में भी उपलब्ध हो और अधिकाधिक लोग उसका लाभ उठा सकें, इस विचार को ध्यान में रखते हुए लेंग्वेज एण्ड लेंग्वेज टीचिंग पत्रिका (जो मूल रूप से अंग्रेज़ी में प्रकाशित होती है) से चयनित सामग्री का हिन्दी अनुवाद कर प्रकाशित करने का निर्णय लिया गया। इस विचार ने मूर्त रूप लिया और वर्ष 2014 में अंग्रेज़ी पत्रिका के पहले तीन अंकों में से चयनित सामग्री हिन्दी में *भाषा व भाषा शिक्षण खण्ड-1* (रमा कान्त अग्निहोत्री, अमृत लाल खन्ना एवं अन्य, वाणी प्रकाशन, दिल्ली, 2014) के नाम से प्रकाशित हुयी। अंग्रेज़ी में प्रकाशित पत्रिका के अंक 4, 5, 6 से चयनित सामग्री का हिन्दी अनुवाद *भाषा व भाषा शिक्षण खण्ड-2* आपके सामने है।

इस खण्ड में कुल 34 रचनाएँ हैं। इनमें 12 आलेख, 2 रिपोर्ट, 2 साक्षात्कार, 1 मील का पत्थर, 4 पुस्तक समीक्षाएँ, 6 प्रस्तावित पुस्तकें एवं 7 गतिविधियाँ शामिल हैं।

भाषा एक बहुत व्यापक अवधारणा है। संकलन में शामिल कुछ लेख भाषायी विश्लेषण, समाज, बहुभाषिता, भाषायी पूर्वाग्रह आदि मसलों पर बात करते हुए इस व्यापकता का अहसास कराते हैं और इसे समझने में भी मदद करते हैं। कुछ लेख कक्षा में भाषा सीखने-सिखाने की प्रक्रिया व इससे सम्बन्धित अहम् मुद्दों जैसे- पढ़ने की शुरुआत, द्वितीय भाषा में पढ़ना सीखना, बच्चों की मूल भाषाओं के कक्षा में उपयोग के बारे में चर्चा करते हैं। लेख उदाहरण भी प्रस्तुत करते हैं कि कक्षा में क्या किया जा सकता है।

पढ़ना-लिखना सीखने की शुरुआत करने, बच्चों में पठन कौशल विकसित करने हेतु क्या उपयुक्त होगा, इस बारे में कई शोध हुए हैं और हो भी रहे हैं। स्टीफन क्रैशन का लेख कहानी ज़ोर से पढ़कर सुनाने व बीच-बीच में रुककर छपी सामग्री पर बच्चों का ध्यान आकर्षित करवाने के संदर्भ में है। लेख इस विषय पर कुछ शोधों की समीक्षा करते हुए यह पड़ताल करने की कोशिश करता है कि क्या अभी यह कहा जा सकता है कि कहानी सुनाने का कोई एक तरीका

ज़्यादा उपयुक्त हो सकता है।

श्वेता सिन्हा अपने आलेख में विभिन्न पूर्वाग्रहों का ज़िक्र करती हैं। उन्होंने बहुभाषिता को केन्द्र में रखकर एक पायलट अध्ययन किया है। इस अध्ययन में वे दिखाती हैं कि बहुभाषी कक्षा में भाषा सीखने-सिखाने की प्रक्रिया के दौरान क्या-क्या किया जा सकता है व कैसे किया जा सकता है। वे बताती हैं कि यदि कक्षा में संप्रेषण बहुभाषिक हो तो हमारे बच्चे कई भाषाओं को जान सकेंगे और साथ ही अन्य भाषायें बोलने वालों के साहित्य और सांस्कृतिक परिवेश से परिचित हो सकेंगे। उनका भाषायी विकास तेजी से और आनन्ददायी माहौल में हो सकेगा।

रेवा यूनुस अपने लेख में एक बच्चे के भाषा सीखने के अनुभवों को साझा करती हैं। इन अनुभवों का विश्लेषण करते हुए वे बताती हैं कि स्कूल कैसे सीखने वाले की सांस्कृतिक सम्पदा, भाषायी क्षमता व भाषा इस्तेमाल करने के अनुभवों को धीरे-धीरे दरकिनार करता है व "सीखने" को मुश्किल बनाता है।

पढ़ना सीखना भाषायी पाठ्यचर्या का आधारभूत हिस्सा है या यूं कहें पढ़ना सीखना सभी विषयों को सीखने की नींव है। कई बच्चे कक्षा 5 तक आते-आते स्कूल छोड़ देते हैं। इसकी एक मुख्य वज़ह होती है कि वे पढ़ना नहीं सीख पाते। वे स्वयं अपनी किताबों को पढ़ नहीं सकते और धीरे-धीरे पढ़ाई-लिखाई से ही उनका रुझान कम होता जाता है। सोनिका कौशिक एक कमज़ोर व बेहतर पाठक (कक्षा 3) की पढ़ने की प्रक्रिया का विश्लेषण करती हैं और यह दिखाने की कोशिश करती है कि पढ़ने की प्रक्रिया के अन्तर्गत कौन-कौन से पहलू महत्त्वपूर्ण है और बच्चों की किस प्रकार से मदद की जा सकती है।

सावन कुमारी का लेख इस बारे में चर्चा करता है कि पहली व दूसरी भाषा में पढ़ना सीखते समय पाठक कौन-कौन सी चुनौतियों का सामना करते हैं व पढ़ने की प्रक्रिया किस प्रकार विकसित होती है।

भारत एक बहुभाषी देश है। घर-परिवार में, रिश्तेदारों, पड़ोसियों के साथ बात करते हुए भी हम यह पाते हैं कि लोग अलग-अलग भाषाएँ बोलते हैं। देखते-जानते हुए भी हम इस बहुभाषिकता को स्वीकार नहीं करते। सुनीता मिश्रा, रजनी द्विवेदी व अंकित सराफ के लेखों के केन्द्र में है- बहुभाषिकता। ये लेख एक हद तक भारत की बहुभाषिकता की स्पष्ट तस्वीर बनाने का प्रयास करते हैं।

सुनीता मिश्रा का लेख बताता है कि शिक्षकों ने कक्षा की बहुभाषिता को पहचानकर क्या-क्या करने का प्रयत्न किया।

रजनी द्विवेदी का लेख देश के विभिन्न हिस्सों से अवलोकन प्रस्तुत करते हुए बहुभाषिता को कैसे समझा जाये और इस समझ को कक्षा में कैसे लागू किया

जाये, इस बारे में चर्चा करता है। लेख अन्त में कुछ गतिविधियाँ भी सुझाता है जो विभिन्न कक्षा स्तरों पर की जा सकती है। अंकित सराफ का लेख इस बात पर प्रकाश डालता है कि बहुभाषिकता व बहुभाषी होने के क्या फायदे हैं व क्यों एक बहुभाषिक व्यक्ति ज़्यादा सफल हो सकता है।

निधि कुंवर का लेख एन.सी.ई.आर.टी. द्वारा प्रकाशित हिन्दी भाषा की नयी पाठ्यपुस्तकों *'रिमझिम'* के कक्षा में उपयोग के सन्दर्भ में है। आज भी शिक्षक इन पुस्तकों की मूल भावना को नहीं समझ पाये हैं और इसी वजह से वे इन पुस्तकों का कक्षा में भरपूर उपयोग नहीं कर पाते हैं। वे शिक्षक पुस्तक की मूल भावनाओं को समझ पायें इस दिशा में कार्य करने की आवश्यकता पर ज़ोर देती हैं और शिक्षक सशक्तीकरण की सिफारिश करती हैं।

राजेश कुमार अपने लेख में ध्वनि, शब्द व वाक्य के स्तर पर भाषा के नियमों का वैज्ञानिक विश्लेषण करते हुए यह दर्शाते हैं कि इनकी समझ शिक्षकों को कक्षा की गतिविधियाँ बनाने में कैसे मदद कर सकती हैं।

सारिका खुराना का लेख व्यवसाय सम्बन्धी पत्राचार सिखाने की प्रक्रिया पर केन्द्रित है और यह बताता है कि कैसे अच्छी सैद्धान्तिक समझ रखने वाले छात्र भी पत्र-लेखन के व्यावहारिक पहलुओं को नहीं समझ पाते। लेख में पत्र लेखन से सम्बन्धित विभिन्न बिन्दुओं को रेखांकित किया गया है। ये बिन्दु किसी भी तरह व किसी भी स्तर पर पत्र-लेखन की प्रक्रिया को बेहतर करने में मददगार होंगे।

पापिया राज और आदित्य राज अपने लेख में कॉल सेन्टर्स के अध्ययन का हवाला देते हुए दिखाते हैं कि वैश्वीकरण के इस दौर में कॉरपोरेट मकसदों हेतु भाषा के समरुपीकरण की प्रक्रिया द्वारा किस प्रकार भाषायी एवं सांस्कृतिक विविधताओं को मिटाने की कोशिश हो रही है।

इन लेखों के अलावा इस संकलन में दो ऐसे विद्वानों के साक्षात्कार हैं जिन्हें भाषा सीखने-सिखाने और मूल्यांकन के क्षेत्रों में काफी गहरा अनुभव है। एक साक्षात्कार सेन्टर फॉर लर्निंग रिसोर्सेज के निदेशक डॉ. जॉन कुरीएन का है। साक्षात्कार में डॉ. कुरीएन भाषा सीखने-सिखाने से सम्बन्धित मुद्दों यथा-मातृभाषा को स्कूल में स्थान, पढ़ना क्या, माध्यम के रूप में अंग्रेज़ी इत्यादि पर बातचीत करते हैं। दूसरा साक्षात्कार जैकब थारु का है। यह साक्षात्कार निम्न प्रश्नों पर केन्द्रित है- सतत् एवं व्यापक मूल्यांकन से क्या तात्पर्य है? शिक्षकों व बच्चों को यह कैसे मददगार होता है? इसका क्रियान्वयन कैसे हो?

''मील का पत्थर'' के तहत इम्तियाज़ हसनैन का लेख भाषायी विविधता व समृद्धता को रेखांकित करता है। ये लेख बताता है कि 'भाषा क्या है?' इसकी

समझ में विस्तार हुआ है लेकिन कुछ पूर्वाग्रह आज भी वही हैं, जो पहले थे। संविधान सभा की बहसों के बारे में यह निबन्ध इन पूर्वाग्रहों के बारे में सवाल उठाने में मदद करेगा।

इनके अलावा संकलन में चार पुस्तकों की समीक्षा व पठनीय पुस्तकों के अन्तर्गत छः पुस्तकें प्रस्तावित की गयी हैं। आशा है कि इससे आपको भाषा के क्षेत्र में प्रकाशित हो रही विभिन्न पुस्तकों के बारे में जानकारी मिलेगी। यह जानकारी आपको अपनी पसंद व उद्देश्यों को ध्यान में रखते हुए पुस्तकों को चुनने व पढ़ने के लिए प्रोत्साहित करेगी।

कुल सात गतिविधियाँ इस संकलन में सम्मिलित हैं। वर्ड माउंटेन, सवाल पूछना गतिविधियाँ खासतौर से अंग्रेज़ी भाषा से सम्बन्धित हैं, हालांकि कुछ संशोधन करके इन्हें अन्य भाषाएँ सीखने के लिए भी प्रयोग में लाया जा सकता है। बाकी गतिविधियाँ जैसे शीर्षक मिलाना, किताब खोजना, कहानियाँ बनाना, इत्यादि भाषा विशेष से सम्बन्धित नहीं हैं और किसी भी भाषा की कक्षा में उपयोग की जा सकती हैं।

संकलन की कुछ खास बातें...

भाषा एवं भाषा शिक्षण खण्ड-2 कई मायनों में भाषा पर उपलब्ध अन्य सामग्री से अलग है।

- भाषा को लेकर शिक्षक प्रशिक्षण में हिन्दी में लिखी गयी सामग्री की विशेष कमी है। यह श्रृंखला उस कमी को पूरा करती है।
- इस पुस्तक में उपलब्ध सामग्री एक तरफ आधुनिक शोधों से जुड़ी है और दूसरी तरफ शिक्षकों के कक्षा में अनुभवों के साथ।
- यह पुस्तक किसी भाषा विशेष पर केंद्रित नहीं है। इसके केन्द्र में अंग्रेज़ी या हिन्दी भाषा शिक्षण नहीं है। इसके केन्द्र में है **भाषा एवं भाषा शिक्षण।**
- इस पुस्तक में आपको कई लेख मिलेंगे जो भाषा के सैद्धान्तिक पक्षों से जुड़े हैं, कुछ भाषा और संस्कृति से, कुछ भाषा एवं साक्षरता से एवं कुछ भाषा एवं बहुभाषिता से।
- इस पुस्तक में केवल आलेख ही नहीं हैं। महत्त्वपूर्ण साक्षात्कार, मील के पत्थर, पुस्तक समीक्षाएँ एवं कक्षा में नित-प्रतिदिन की जाने वाली गतिविधियाँ भी हैं।
- यह प्रयास किया गया है कि इस पुस्तक में सारी सामग्री ऐसी भाषा में हो जो हिन्दी पढ़ने वाला आम अध्यापक आसानी से समझ सके।

अनुक्रम

आलेख

आलेख

ज़ोर से पढ़कर सुनाना, केवल कहानी ही सुनाएं

स्टीफन क्रैशन

ऐसा दावा किया जाता है कि जब कहानी ज़ोर-ज़ोर से पढ़कर सुनाने वाले, बीच-बीच में पढ़ाना रोक छपाई के (शब्दों/अक्षरों/चित्रों व अन्य) पहलूओं पर ध्यान दिलाते हैं तब बच्चे छपाई को अच्छे से समझने लगते हैं और अंततः वे बेहतर पढ़ते हैं। ऐसे दावों पर और ऐसे बीच-बीच में रूक-रूक कर कहानी सुनाने की उपयोगिता पर मुझे संदेह है। वैसे भी छपाई की समझ में सम्मिलित सभी पहलूओं के सन्दर्भ में ऐसा करने के अल्पकालिक लाभ बहुत स्पष्ट नहीं हैः ये सुधार तुलनात्मक समूह में भी दिखते हैं। जिन बच्चों को छपाई से रूबरू होने के विभिन्न अवसर मिलते हैं, वे सभी छपाई से गहरा परिचय व करीबी हासिल कर लेते हैं। साथ ही इसके दीर्घकालिक फायदे भी बहुत कम हैं। जिसे हम 'समझ कर पढ़ना' कहते हैं उसके लिए न तो ये तरीके या फायदे दिखाए गए हैं और न सिद्ध किए गए हैं। अंत में, कहानी बीच-बीच में रोककर छपाई का उल्लेख करने से बच्चे का ध्यान कहानी से हटने का खतरा रहता है। यह ज़ोर-ज़ोर से कहानी कहने व सुनने के आनंद और सकारात्मक प्रभाव में भी बाधा डालता है जिससे पढ़ना-लिखना सीखने की शुरुआत करने, उसके विकास पर भी नकारात्मक प्रभाव हो सकते हैं।

पढ़कर सुनाने के प्रभाव

बच्चों को बिना ताम-झाम केवल कहानी पर ध्यान केंद्रित कर ज़ोर-ज़ोर से पढ़कर सुनाना, पढ़ने-लिखने की शुरुआत करने व उसको बढ़ावा देने का अत्यधिक प्रभावी तरीका है। वे बच्चे जिन्हें घर पर अथवा स्कूल में नियमित रूप से पढ़कर सुनाया जाता है, समझकर पढ़ने और शब्द भण्डार में बेहतर वृद्धि दिखाते हैं (सेनेकल, लाफाब्रे, हडसन और लासन, 1996; बस, वैन इजज़ैनडूर्न, मारीनस और पेलेग्रिनि, 1995; डेनटन और वैस्ट, 2002; ट्रीलीस, 2006)। ज़ोर से बोलकर

कहानी सुनाना न केवल फायदेमंद है, उसमें मज़ा भी है। अधिकतर बच्चों का कहना है कि उन्हें कहानी सुनना अच्छा लगता है। बहुत से माता-पिता इस बात को पहले से जानते हैं तथा अनुभवजन्य शोध भी इस बात की पुष्टि करते हैं। (वाकर और कुअरवित्स, 1979; मैसन और ब्लैनटन, 1971; वैल्स, 1985; सेनेकल और अन्य, 1996)।

अतः शोध के परिणाम कि "कहानी सुनने और उन पर चर्चा करने से पढ़ने को प्रोत्साहन मिलता है और पढ़ना-लिखना सीखने की शुरुआत व उसके विकास में मदद मिलती है" कोई आश्चर्यचकित करने वाले नहीं है। ब्रासल के पेपर का शीर्षक ही हैः 'सिक्स्टिन बुक्स वेन्ट होम टुनाइटः फिफ्टिन वर इनट्रोड्यूस्ड बाय टीचर' (ब्रासल, 2003)।

दूसरी भाषा अर्जन में भी ज़ोर से पढ़कर सुनाने के फायदे दिखते हैं। वे पाठ्यपुस्तकें जो छात्रों को अंग्रेज़ी (विदेशी भाषा के तौर पर) सीखाने के लिए लिखी जाती है उनकी तुलना में ज़ोर से पढ़कर सुनाने के लिए जिन कहानी की किताबों का उपयोग किया जाता है वे भाषा और सांस्कृतिक जानकारी का ज्यादा समृद्ध संसाधन उपलब्ध कराती है (वान्ग और ली, 2007)।

ज़ोर से पढ़कर सुनाने को अधिक प्रभावी बनाने के लिए सुधार का सुझाव है : चार साल के बच्चों के साथ किए गए शोध की शृंखला में यह देखा गया कि जब पढ़ने वाले पढ़ना रोककर बच्चों का ध्यान छपाई की तरफ आकर्षित करते हैं तो छपाई के विभिन्न पहलुओं के बारे में ज्ञान का विकास तेजी से होता है और फलस्वरूप पढ़ने-लिखने की समझ का विकास भी बेहतर होता है।

बीच-बीच में रोकने के परिणाम : अध्ययन और कुछ चिंताएँ

सारणी 1 में ऊपर उल्लेखित शोध शृंखला में से तीन अध्ययनों का वर्णन है (जस्टिस और इज़ैल, 2000, 2002; जस्टिस, केडरावैक, फैन, सोफ्का और हंट, 2009) प्रयोगात्मक समूहों पर किए गए इन अध्ययनों में चार वर्ष की उम्र के बच्चों को ज़ोर से पढ़कर सुनाते और छपाई के पहलूओं पर बच्चों का ध्यान दिलाने हेतु बीच में ही पढ़ना रोक देते। वे कुछ इस तरह के सवाल अथवा टिप्पणियाँ करते : "इस पृष्ठ पर मैं कहाँ पढ़ुँ?", "क्या यह अक्षर तुम पहचानते हो?" या "यह शब्द 'खतरा' है।" तुलनात्मक समूह को कहानी सुनाने में ऐसे व्यवधान नहीं थे। सभी समूहों को बराबर-बराबर कहानियाँ सुनाई गईं।

सारणी-1 छपाई पर ध्यान केन्द्रित करने हेतु रुक-रुक कर पढ़ने के प्रभावों को जानने के लिए किए गए तीन अध्ययन

अध्ययन	2000	2002	2009
पढ़ने वाले	माता-पिता	शोधकर्ता	शिक्षक
समूह का आकार	एक	एक से तीन	कक्षा
अवधि	8 सप्ताह	8 सप्ताह	3 सप्ताह
कितनी किताबें	8	8	30
एक किताब को कितनी बार पढ़ा गया	2	3	4
सत्र	16	24	120

2000 : जस्टिस और इज़ैल
2002 : जस्टिस और इज़ैल
2009 : जस्टिस, केडरावैक, फैन, सोफ्का और हंट

सारणी-2 इन अध्ययनों के परिणामों को प्रभाव पैमाने के रूप में दर्शाती है। इनकी गणना मारिस (2008) द्वारा दी गई विधि अनुसार, जिसमें प्री-टेस्ट ध्यान में रखा जाता है, की गई है (जैसा की आमतौर से माना जाता है, प्रभाव पैमाने पर 0.2 को छोटा, 0.5 को मध्यम और 0.8 या अधिक को बड़ा समझा जाता है)।

मापक	2000	2002	2009
छपाई में शब्द (1)	1.22	1.7	
वर्णमाला ज्ञान	0.003	0.51	0.42
शब्द खण्डीकरण (2)	0.26		
छपाई की पहचान (3)	0.89	1.05	
छपाई अवधारणाएँ (4)	0.67	0.91	
अभिविन्यास/अन्तर		0.02	
साक्षरता शब्दावली		0.6	
नाम लिखना			0.39

1 से 4 के लिए नीचे देखें–

(1) यह समझ की शब्दों के बीच की जगह शब्दों को एक-दूसरे से अलग करती है।

(2) यह बता पाना कि किसी कथन में कितने शब्द हैं।

(3) चित्रों में शामिल छपी सामग्री को छाँटने की क्षमता।

(4) जैसे, किताब का नाम कहाँ लिखा है बता पाना।

प्रयोगात्मक समूह (वह समूह जिनमें बच्चों को बीच-बीच में रुक-रुक कर पढ़कर सुनाया) के बच्चों का प्रदर्शन उन बच्चों से बेहतर था जिन्हें बिना कही रुके पूरी कहानी सुनाई गई थी, और कहीं-कहीं तो प्रभाव पैमाने काफी बड़े हैं। पर इन परिणामों के तीन पहलूओं पर गौर करना ज़रूरी है।

- पहला, यह कि हर मापक पर प्रभाव का अध्ययन नहीं किया गया।
- दूसरा, हालांकि 2009 के अध्ययन की अवधि काफी अधिक थी पर इसका प्रभाव अन्य अध्ययनों की तुलना में समान ही था। शायद इसलिए क्योंकि समूह में बच्चे भी अधिक थे।
- तीसरा, और सबसे ज्यादा महत्त्वपूर्ण, वे सभी बच्चे जिन्हें छपाई से रूबरू होने के मौके मिले, ऐसा लगा कि उन्होंने जाँची गई सभी क्षमताओं को बिना निर्देशों के और काफी जल्दी ही हासिल किया था।

क्या आज भी पहली कक्षा में ऐसे बहुत से बच्चे हैं जो यह नहीं समझते कि शब्दों के बीच का स्थान शब्दों को एक-दूसरे से अलग करता है या किताब का नाम कहाँ लिखा होता है? शब्द की अवधारणा कक्षा एक तक अच्छी तरह स्थापित हो जाती है (नाइट और फिशर, 1992)। साफ है कि जस्टिस और अन्यों की रुचि है कि बच्चे ये क्षमताएँ जल्द से जल्द विकसित करें, यहाँ तक की किंडरगार्डन से भी पहले; जैसा कि आजकल की विचारधारा है। इसमें बच्चे को 'पढ़ने-लिखने की शुरुआत करने से पहले' की क्षमताएँ जैसे बोलना, शब्दों में आई प्रत्येक ध्वनि को सुनना, पहचानना, अन्य ध्वनियों से अलग करना और छपाई से रूबरू इसलिए जल्दी करवाया जाता है क्योंकि डर है कि ऐसा न करने पर वे हमेशा के लिए पिछड़ जाएंगे (जवाबी तर्क के लिए पढ़िए क्रैशन मैककिलन, 2007; क्रैशन, 2001 व 2002, 2004)।

भले ही जल्द शुरूआत आवश्यक अथवा लाभप्रद हो, पर वास्तव में तुलनात्मक समूह के बच्चे भी प्रगति करते हैं, अकसर कम अन्तराल में ही वे काफी सुधार दिखाते हैं। सारणी 3 इसकी पुष्टि करती है और प्रयोगात्मक और तुलनात्मक

समूहों के प्रतिशत लाभ दिखाती है। ध्यान दीजिए कि तुलनात्मक समूह वास्तव में सुधार करते हैं। यह भी ध्यान दें कि कई जगह पर प्रयोगात्मक समूह कुछ ही अंशों पर तुलनात्मक समूह की अपेक्षा ठीक जवाब देता है, और दोनों समूहों के प्रतिशत लाभ में कोई खास अन्तर नहीं है।

सारणी-3 प्रयोगात्मक एवं तुलनात्मक समूहों के मूल अंक और प्रतिशत लाभ

जस्टिस और अन्य 2000	**मद**	**पू.प्रा.**	**पो.प्रा.**	**पू.तु.**	**पो.तु.**	**प्रा.प्रा.**	**प्रा.तु.**	**प्रा.अ.**	**प्र.अ.**
छपाई में शब्द	12	3.6	7.7	3.6	4.9	4.1	1.3	2.8	23
वर्णमाला ज्ञान	20	17	17.6	15.6	16.6	0.6	0.8	0.2	1
शब्द विभाजन	16	6.9	9.1	7.2	7.4	2.3	0.2	2.1	13
छपाई पहचान	15	1.5	7.35	1.65	6.15	5.85	4.5	1.35	9
छपाई अवधारणा	18	9.7	14.4	9.9	11.5	4.7	1.6	3.1	17

जस्टिस और अन्य 2000	**मद**	**पू.प्रा.**	**पो.प्रा.**	**पू.तु.**	**पो.तु.**	**प्रा.प्रा.**	**प्रा.तु.**	**प्रा.अ.**	**प्र.अ.**
छपाई अवधारणा	20	8.9	11.1	9.1	11	3	1.9	1.1	5.5
छपाई पहचान	20	0.8	5.9	0.3	1.3	5.1	1	4.1	20.5
छपाई में शब्द	20	1.5	7.4	2	3	6	1	5	25
शब्द अभिविन्यास /अन्तर	20	14.9	17.8	13.3	15.5	2.9	2.2	0.7	3.5
वर्ण ज्ञान	20	6.7	10.9	6.8	7.8	4.2	1	3.2	16
साक्षरता शब्दावली	20	7.6	10	7.7	8.6	2.4	0.9	1.5	7.5

जस्टिस और अन्य 2000	**मद**	**पू.प्रा.**	**पो.प्रा.**	**पू.तु.**	**पो.तु.**	**प्रा.प्रा.**	**प्रा.तु.**	**प्रा.अ.**	**प्र.अ.**
वर्ण ज्ञान	26	5.7	16.6	1.3	8.2	10.9	6.9	4	15
नाम लिखना	7	3	5.8	3.4	5.3	2.8	1.9	0.8	11

पू.प्रा.	=	पूर्व जाँच प्रायोगिक समूह
पो.प्रा.	=	पोस्ट जाँच प्रायोगिक समूह
पू.तु.	=	पूर्व जाँच तुलनात्मक समूह
पो.तु.	=	पोस्ट जाँच तुलनात्मक समूह
प्रा.प्रा.	=	प्राप्तांक/लब्धि प्रायोगिक समूह
प्रा.तु.	=	प्राप्तांक/लब्धि तुलनात्मक समूह
प्रा.अ.	=	प्राप्तांक/लब्धि में अन्तर
प्र.अ.	=	प्रतिशत अन्तर

क्या छपाई पर ध्यान केन्द्रित करने के लिए बीच-बीच में रुककर पढ़ाने से पढ़ना-लिखना सीखने की शुरुआत करने के अन्य पहलूओं पर प्रभाव पड़ता है?

कुछ बच्चों के साथ बीच-बीच में रुक-रुक कर पढ़ने का कार्य किया गया व उसके तुरन्त बाद ही जाँच में यह सामने आया कि इस तरह पढ़ने से वाक्य संरचना, शब्द संरचना और अर्थपूर्ण शब्दावली में कोई बेहतरी नहीं दिखती (जस्टिस और अन्य, 2009, 2010) पर पिआस्ट्रा और अन्य (2012) का दावा है कि यदि इस विधि को अपनाने के साल-दो साल बाद जाँच की जाए, जब बच्चे पाँच-छः वर्ष के हो, तब वर्ण-शब्द पहचान, वर्तनी और 'पढ़-के समझने' की परीक्षाओं पर गहरा प्रभाव होता है (पढ़कर समझने की क्षमता की जाँच के लिए वुडकाक पेसेज काप्रिहेन्सन टेस्ट काम में ली गई। यह वास्तव में अधूरे शब्दों व अधूरे वाक्यों को पूरा करने वाली प्रश्नावली है; इसके अन्तर्गत बच्चों से कुछ इस तरह के सवाल किए जाते हैं: दिये गये चित्रों में कौन से चित्र अर्थ के स्तर पर मिलते-जुलते हैं, दिये गये वाक्य अथवा अंश को पूरा करने के लिए सही चित्र चुनना; इसी तरह दिये गये वाक्यों को पूरा करने के लिए सही शब्द चुनना। पेज 813)

सारणी 4 को ध्यान से देखे तो साफ है कि वर्ष 1 और वर्ष 2 के अंत में प्रयोगात्मक और तुलनात्मक समूह के नतीजे लगभग समान है। पर आँकड़ों की दृष्टि से देखें तो जो अन्तर हैं वे कम होने के बावजूद भी महत्त्वपूर्ण हैं और प्रभाव पैमाने यद्यपि छोटे पर धनात्मक है।

सारणी-4 विधि अपनाने के एक और दो वर्ष बाद के परिणाम

पिआस्ट्रा और अन्य, 2012 हाई डोज़*	आइटम	वर्ष-1 पो.प्रा.	वर्ष-1 पो.तु.	टी./पी.	प्र.पै.
वर्ण शब्द पहचान	76	20.19 (27%)	21.19 (28%)	2.34 (.022)	0.26
वर्तनी	59	15.13 (26%)	15.5 (26%)	2.3 (.024)	0.21
समझ	47	8.68 (18%)	8.54 (18%)	2.72 (.008)	0.21
वर्ण शब्द पहचान	76	32.8 (43%)	31.21 (41%)	2.34 (.022)	0.27
वर्तनी	59	21.23 (36%)	21.17 (36%)	3.19 (.31)	0.31
समझ	47	15.84 (34%)	15.64 (33%)	2.28 (.025)	0.26

* पिआस्ट्रा ने "हाई डोज़" (हर सप्ताह छपाई से सम्बन्धित 4 सत्र) व "लो डोज़" (दो सत्र हर सप्ताह) ट्रीटमेन्ट दोनों शामिल किया था। यहाँ सिर्फ हाई डोज़ ट्रीटमेन्ट को ही सम्मिलित किया गया है। क्योंकि ये तुलनात्मक समूहों को दिये ट्रीटमेन्ट के तुल्य है।

प्र.पै. = प्रभाव पैमाने मॉरिस के अनुसार निकाले गये हैं (2008)।

यह असामान्य परिणाम इसलिए दिखता है क्योंकि पिआस्ट्रा और अन्य ने 'प्री-स्कूल इमरजेन्ट साक्षरता कौशलों' पेज 816, अर्थात शब्दों की ध्वनि संरचना की जानकारी और वर्णमाला ज्ञान के लिए, परीक्षण पूर्व अन्तरों को नियंत्रित किया। वाकई इन क्षेत्रों में तुलनात्मक समूह प्रयोगात्मक से काफी बेहतर थे। पर जैसा की सारणी 5 से देखा जा सकता है, शब्दावली परीक्षणों में प्रयोगात्मक समूह के सदस्य बेहतर थे। यदि पिआस्ट्रा और अन्यों ने शब्दावली को नियंत्रित रखा होता तो परिणाम अवश्य भिन्न होते। (ध्यान दें कि प्रयोगात्मक समूह के पूर्व परीक्षण के शब्दावली क्षेत्र में श्रेष्ठता, तुलनात्मक समूह के शब्दों की ध्वनि संरचना की जानकारी अभिज्ञता क्षेत्र में श्रेष्ठता के बराबर है, दोनों d = 0.25 के करीब हैं, और यह तुलनात्मक समूह की वर्णमाला ज्ञान क्षेत्र में श्रेष्ठता d = -.18 से बड़ी है।)

सारणी-5 पूर्व परीक्षण में परिणाम

	n	प्रयोगात्मक	तुलनात्मक	प्र.पै.
ध्वनि संरचना की जानकारी	400	2.21 (3.36)	3.21 (4.29)	-0.29
वर्णमाला ज्ञान	400	7.82 (8.6)	9.38 (9.2)	-0.18
शब्दावली	396	92.77 (15.2)	89.08 (14.3)	0.25

प्र.पै. = प्रभाव पैमाना (प्रयोगात्मक समूह औसत और तुलनात्मक समूह में अन्तर)/जमा मानक विचलन

अब तक, रुकने के केवल गौण दीर्घकालिक प्रभाव देखे गए हैं और वे भी उन जाँचों में जो कि वाक्य में 'पढ़कर समझने' की परख नहीं करती। इसके अतिरिक्त, यह प्रभाव तब ही दिखते हैं जब शोधकर्ता शब्दों की ध्वनि संरचना की जानकारी और वर्णमाला ज्ञान के लिए नियंत्रण लगाए। शोधकर्ताओं ने शब्दावली के ज्ञान के लिए कोई नियंत्रण नहीं किए। ऐसे सभी दावे जो यह मानते हैं के बावजूद, यह बहुत साफ नहीं है कि अंतिम पढ़ने की क्षमता और कम उम्र में शब्दों की ध्वनि संरचना की जानकारी में कोई कारण सम्बन्ध है (कोल्स, 2000, क्राशव, 2001a, 2001b, 2002)।

व्यवधान कारक : पढ़कर सुनाना बीच में रोकने के संभावित खतरे।

छपाई की तरफ कितनी बार ध्यान आकर्षित किया गया, इस सम्बन्ध में जस्टिस और इजैल (2000) कुछ आँकड़े देते हैं। जैसा की सारणी 6 में दर्शाया गया है, प्रयोगात्मक समूह के बच्चों को एक मिनट में चार बार छपाई के सम्बन्ध में कुछ (टिप्पणी, प्रश्न, छपाई सम्बन्धी माँग) कहा गया और गैर मौखिक संकेत (अधिकतर छपाई की ओर इशारे) एक मिनट में ग्यारह बार किए गए।

सारणी-6 एक मिनट में कितनी बार छपाई पर ध्यान आकर्षित

	प्रयोगात्मक	तुलनात्मक
मौखिक	4.04	0.13
गैर-मौखिक	10.71	4.13

मौखिक, जैसे : छपाई सम्बन्धी प्रश्न अथवा टिप्पणी

गैर-मौखिक, जैसे : छपाई पर उंगली, छपाई पर इशारे (7.91 प्रयोगात्मक, 3.78 तुलनात्मक) जस्टिस, इजैल 2000, सारणी-3।

यदि मौखिक और गैर-मौखिक को मिलाया जाए, तो प्रयोगात्मक समूह के

बच्चों का ध्यान, एक मिनट में पंद्रह बार या हर चार सेकेण्ड में, छपाई की ओर आकर्षित किया गया। मौखिक टिप्पणी हर पंद्रह सेकेण्ड में की गई। कहानी सुनाने की औसत अवधि पाँच से सात मिनट थी (जस्टिस और इजैल, 2002, पेज-21)। अर्थात, हर कहानी में छपाई पर 75 से 105 बार ध्यान आकर्षित किया गया, जिसमें से 20 से 28 बार मौखिक रोक-टोक हुई। इसके विपरीत, तुलनात्मक समूह में बहुत कम या नहीं के बराबर मौखिक रोक-टोक हुई और छपाई की तरफ गैर-मौखिक इशारे एक मिनट में चार बार ही हुए, यानि हर कहानी में 20 से 28 बार।

जस्टिस और इजैल (2000) यह जानते थे कि छपाई पर अत्यधिक ध्यान देने से कहानी सुनने का मज़ा ही खत्म हो जाने की संभावना थी : "...कुछ माता-पिता ही उत्साही थे। हालांकि उनके ऐसा करने से बच्चों की आरंभिक/शुरुआती साक्षरता क्षमताओं में सुधार ज़रूर हुआ पर साथ ही यह जोड़ना जरूरी है कि इन रणनीतियों के अत्यधिक उपयोग से किताब पढ़ने में बच्चों को जो आनन्द आता है वह कम हो सकता है।

हम नहीं जानते की हर चार सैकेंड में छपाई के बारे में कुछ कहना अत्यधिक है या नहीं। इन सब अध्ययनों ने बच्चों के रोक-टोक के प्रति क्या प्रतिक्रिया है यह मापने (या इस मुद्दे पर चर्चा करने) की कोशिश नहीं की। और ऊपर कही गयी बात के अलावा, इस बात पर भी कोई चर्चा नहीं हुयी कि छपाई के पहलुओं पर बात करने से बच्चे कहानियों से विचलित हो जाते हैं अथवा उनका और कहानियाँ सुनने की रुचि या आनंद पर कोई प्रभाव होता है। साक्षरता विकास को मापने में बच्चों की कहानियों और किताबों में रुचि एक महत्त्वपूर्ण कारक है क्योंकि कहानी सुनाना, खुद पढ़ने की दिलचस्पी जगाता है और यदि बच्चे निरंतर स्वयं पढ़ते हैं तो पढ़ने-लिखने की क्षमता के विकास में सतत बेहतरी होती है।

दूसरे शब्दों में, ऐसे कई ठोस प्रमाण हैं कि हमारी पढ़ने-लिखने की योग्यता/क्षमता, आनन्द के लिए पढ़ने की उपज है। जो खुद चुनकर पढ़ने में संलग्न रहते हैं, उनमें बेहतर पढ़ने की क्षमता, बेहतर लेखन शैली, अधिक शब्दावली, बेहतर वर्तनी, जटिल व्याकरण संरचनाओं से जूझने की बेहतर क्षमता विकसित होती है (क्रैशन, 2004)। जैसा कि पहले कहा गया, यह भी प्रमाण है कि किताब सुनने में आनन्द आना, किताबों में रुचि विकसित करने और पढ़ने की आदत प्राप्त करने में एक महत्त्वपूर्ण कदम है।

इसलिए, यदि छपाई पर ध्यान केंद्रित करने को बढ़ावा देने से वास्तव में बच्चों के मिल-जुलकर पढ़ने में आने वाले आनंद में कोई कमी आती है तो फिर किताब सुनाने के दौरान ऐसा करने से उनकी पढ़ने-लिखने की क्षमता के विकास में अवरोध होगा।

निष्कर्ष

इस लेख में जिन अध्ययनों की समीक्षा की गई है उनमें उल्लेखित लाभ ऐसी क्षमताओं में हैं जो सभी बच्चों में वैसे भी विकसित हो जाती है चाहे कहानी पढ़कर सुनाने दौरान कोई रोक-टोक न भी हुई हो। साथ ही, छपाई पर ध्यान आकर्षित करने के लिए कहानी को रोकने के कोई स्पष्ट, दीर्घकालिक लाभ भी साबित नहीं हुए हैं। यदि कोई छुट-पुट लाभ हुए भी हों तो इस विधि को अपनाने का यह खतरा है कि यह पढ़ने-लिखने की शुरुआत के विकास में बाधा डालती है।

अध्ययनों की जिन श्रृंखला का यहाँ विवरण दिया गया, उनके आधार पर सीखने-सिखाने की प्रक्रिया हेतु ऐसी कोई अनुशंसा देना कि किताब सुनाने वालों को जान-बूझ कर कहानी रोक छपाई पर ध्यान आकर्षित करना चाहिए असामयिक होगी। अतः अभी के लिए, यही ठीक है कि बच्चों के साथ किताब पढ़ते समय कहानी से जुड़े रहें।

सन्दर्भ

ब्लॉक, एच. (1999). रीडिंग टू यंग चिल्ड्रन इन एजुकेशनल सेटिंगः अ मेटा-एनालिसिस ऑफ रिसेन्ट रिसर्च. *लेंग्वेज लर्निंग, 49*(2), 343-371.

ब्रासेल, डी. (2003) सिक्सटीन बुक्स वेन्ट होम टुनाइटः फिफ्टीन वर इन्ट्रोड्यूस्ड बाय द टीचर. *द कैलिफोर्निया रीडर, 36*(3), 33-39.

बुस, ए. वान इज्जेन्डून, एम. एण्ड पेलिग्रिनी, ए. (1995) ज्वाइन्ट बुक रीडिंग मेक्स फॉर सक्सेस इन लर्निंग टु रीडः अ मेटा- एनालिसिस ऑन इन्टरनेशनल ट्रांसमिशन ऑफ लिटरेसी. *रिव्यू ऑफ एजुकेशनल रिसर्च, 65*, 1-21.

कोल्स, जी. (2000). *मिसरीडिंग रीडिंग : द बेड साइंस देट इर्ट्स चिल्ड्रन, पोर्टस्माउथः हाइनमैन* डेन्टन, के. एण्ड वेस्ट जे. (2002) *चिल्ड्रन्स रीडिंग एण्ड मेथेमेटिक्स अचीवमेन्ट इन किंडरगार्डन फर्स्ट ग्रेड.* वाशिगटन डी.सी. नेशनल संटर फॉर एजुकेशनल स्टेटीस्टीक्स.

जस्टिस, एल.एम. एण्ड एज़ेल एच.के. (2000). एनहांसिंग चिल्ड्रन्स प्रिंट एण्ड वर्ड अवेयरनेस थ्रो होम-बेस्ड पेरेन्ट इन्टरवेंशन. *अमेरिकन जर्नल ऑफ स्पीच- लेंग्वेज पैथोलॉजी, 9*, 257-269.

जस्टिस, एल.एम. एण्ड एज़ेल, एच.के. (2002). युज ऑफ स्टोरी बुक रीडिंग टु इनक्रीज प्रिंटरिच अवेयरनेस इन एट-रिस्क चिल्ड्रन. *अमेरिकन जर्नल ऑफ स्पीच- लेंग्वेज पेथोलॉजी, 11*, 17-29.

जस्टिस, एल.एम., केदरवेक, जे.एन., फेन, एक्स., सोफका, ए. एण्ड हन्ट, ए. (2009). एक्सिलरेटिंग प्रीस्कूलर्स अरली लिटरेसी डवलपमेन्ट थ्रो क्लासरूम-बेस्ड टीचर-चाइल्ड स्टोरी बुक रीडिंग एण्ड एक्स्प्लीसिट प्रिंट रेफरेन्सिंग. *लेंग्वेज, स्पीच एण्ड हीयरिंग सर्विसेज़ इन स्कूल्स, 40*, 67-85.

जस्टिस, एल.एम., मेकगिन्टी, ए., पास्ता, एस.बी., केदरवेक, जे.एन. एण्ड फेन, एक्स. (2010). प्रिंट फोकस्ड रीड-अलाउड इन प्री-स्कूल क्लासरूम : इन्टरवेंशन इफेक्टीवनेस एण्ड मोडरेटर्स ऑफ चाइल्ड आउटकम्स. *लेंग्वेज स्पीच एण्ड हीयरिंग सर्विसेज इन स्कूल्स, 41*, 504-520.

नाइट, सी. एण्ड फिशर, के. (1994). लर्निंग टु रीड वर्डसः इनडिविजुअल डिफरेन्सेज इन डेवेलपमेन्टल सीक्सेन्सेज. *जर्नल ऑफ अप्लाइड डेवलपमेन्टल साइकोलॉजी, 13,* 377-404.

क्रैशन, एस. (2001 ए). लो पीए केन रीड ओके. *प्रेक्टीकली प्राइमरी, 6*(3), 17-20.

क्रैशन, एस. (2001 बी). डज "प्योर" फोनेमिक अवेयरनेस ट्रेनिंग इफेक्ट रीडिंग काम्पीहेंशन? *परसेप्चुअल एण्ड मोटर स्कील्स, 93,* 356-358.

क्रैशन, एस. (2002). द ग्रेट फोनेमिक अवेयरनेस डीबेट. *डब्ल्यू.एस.आर.ए. जर्नल (विस्कोसिन रीडिंग एसोसिएशन), 44*(2), 51-55.

क्रैशन, एस. (2004). *द पावर ऑफ रीडिंग* (2nd, एडिशन) पोर्टस्माउथ, एन.एच.: हाइनमैन पब्लिशिंग कम्पनी एण्ड वेस्ट व्यू, सी.ओ.एन.एन.: *लाइब्रेरीज़ अनलिमिटेड.*

क्रैशन, एस. (2011). नीड चिल्ड्रन रीड "प्रोफिशिएन्टली" बाय ग्रेड 3? समपोसिबल मिसइन्टरप्रटेशन्स ऑफ द "डबल जेओपार्डी" स्टडी. *लेंग्वेज मेग्जीन, 11*(2), 24-27.

क्रैशन, एस. एण्ड मैकक्विलन, जे. (2007). लेट इन्टरवेंशन. *एजुकेशनल लीडरशिप, 65*(2), 68-73.

मेसन, जी. एण्ड ब्लेन्टन, डब्ल्यू. (1971). स्टोरी कन्टेन्ट फॉर बिगनिंग रीडिंग इन्स्ट्रक्शन. *एलिमेन्ट्री इंग्लिश, 48,* 793-796.

पिआस्ट्रा, एस., जस्टिस, एल., मेकगिन्टी, ए. एण्ड केदवेक, जे. (2012). इन्क्रिजिंग यंग चिल्ड्रन्स कॉन्टेक्ट विथ प्रिंट ड्यूरिंग शेयर्ड रीडिंगः लोंगीट्यूडीनल इफेक्ट्स ऑन लिटरेसी अचिवमेंट. *चाइल्ड डेवलपमेन्ट, 83*(3), 810-820.

मोरिस, एस. (2008). एस्टिमेटिंग इफेक्ट साइजेज फ्राम प्रीटेस्ट-पोस्टटेस्ट-कन्ट्रोल ग्रूप डिजाइन्स. *आर्गेनाइजेशनल रिसर्च मेथड्स, 11*(2), 364-386.

सेनेकल, एम., लेफरे, जे., हडसन, ई. एण्ड लोब्सन, ई. (1996). नॉलेज ऑफ स्टोरी बुक्स एक अ प्रेडिक्टर ऑफ यंग चिल्ड्रन्स वोकैब्युलरी. *जर्नल ऑफ एजुकेशनल सायकोलॉजी, 88*(1), 520-536.

त्रेलासे, जे. (2006). *द रीड-अलाउड हैण्डबुक* (6th एडिशन). न्यूयॉर्क, पेंग्विन.

वांग, एफ.वाई. एण्ड ली, एस.वाई. (2007). स्टोरी टेलिंग इज द ब्रिज. *इन्टरनेशनल जर्नल ऑफ फॉरेन लेंग्वेज टीचिंग, 3*(2), 30-35. (Available at http://www.tprstories.com/ijflt)

लेखक के बारे में : स्टीफन डी. क्रैशन सदर्न कैलिफोर्निया विश्वविद्यालय में एमेरिटस प्रोफेसर हैं। 1994 में भाषा विभाग से स्कूली शिक्षा की ओर रुख किया। आप भाषा, शिक्षा शोधार्थी एवं एक्टिविस्ट हैं। आप वर्तमान समय में द्वितीय भाषा ग्रहण के क्षेत्र में सबसे प्रभावी व्यक्तित्व हैं।

e-mail : skrashen@yahoo.com

अनुवादक : प्रीति मिश्रा, विद्या भवन शिक्षा सन्दर्भ केन्द्र, उदयपुर (राज.)।

स्रोत : *लेंग्वेज एण्ड लेंग्वेज टीचिंग,* 2.2.4, 1-7, जुलाई, 2013.

प्रारंभिक विद्यालय स्तर पर भाषा शिक्षण : शिक्षकों में भाषायी पूर्वाग्रह एवं जाँचने हेतु सीखने-सिखाने के साधन

श्वेता सिन्हा

प्राथमिक विद्यालयों के शिक्षक कक्षा में मातृभाषा के उपयोग को लेकर अक्सर कुछ पूर्वाग्रहों से ग्रसित होते हैं। यह लेख प्रभावी शिक्षण प्रक्रिया के लिये शिक्षकों के इस पूर्वाग्रहों से मुक्त होने की आवश्यकता पर विमर्श प्रस्तुत करता है। इन विमर्श का आधार 4 से 7 साल के 200 बच्चों पर किया गया एक अध्ययन है। प्रस्तुत लेख सीखने-सिखाने के कुछ साधन भी सुझाता है। ये साधन कक्षा में बच्चों की मातृभाषा का उपयोग करने हेतु शिक्षक के लिए मददगार होंगे।

प्रारंभिक स्तर पर पढ़ाने वाले शिक्षक की भूमिका

''प्रारंभिक शिक्षा'' कक्षा 1 से 8 तक से अपेक्षित है कि यह देश के भावी नागरिकों को तैयार करे। यह कहना अतिशयोक्ति नहीं होगी कि इस स्तर पर पढ़ाने वाले शिक्षक पूरे समाज की नींव बनाने का काम करते हैं। शिक्षक का एक महत्त्वपूर्ण गुण होना चाहिये कि वह पूर्वाग्रहों से मुक्त हो। उसके स्वयं के पूर्वाग्रह मानवता के लिये उसकी सेवा में कभी आड़े नहीं आने चाहिए और खासतौर पर तब जब वह बच्चों से बातचीत करे।

''भाषा विज्ञान'' और कुछ भाषायी पूर्वाग्रह

प्रारम्भिक स्तर की एक भावी शिक्षिका यह पूछ सकती है कि शिक्षा के स्नातक या स्नातकोत्तर स्तर पर भाषा विज्ञान के पर्चे जोड़े जाने की क्या आवश्यकता है। क्योंकि वह जानती है कि प्रत्यक्ष रूप से छात्रों को ये प्रकरण वह कभी नहीं पढ़ायेंगी। तब भी, भाषा विज्ञान का अध्ययन, कई मायनों में हम भाषा शिक्षकों के पूर्वाग्रहों को कम करता है।

भाषा विज्ञान हमें भाषा की प्रकृति, संरचना व हमारी बहुभाषी धरोहर से परिचित करवाता है। अमूमन तर्क दिये जाते हैं कि बोलियों का कोई व्याकरण नहीं होता, इनकी कोई लिपि नहीं होती, कोई साहित्य नहीं होता, ये बहुत छोटे समुदाय व छोटे क्षेत्र में ही बोली जाती हैं। भाषा विज्ञान हमें यह समझने में मदद करता है कि भाषाओं में कोई ऐसा अंतर्निहित गुण नहीं है जिसके आधार पर यह कहा जा सके कि भाषाएँ बोलियों से श्रेष्ठ हैं।

जब हम भाषा व सत्ता के बीच सम्बन्ध का अध्ययन करते हैं तब हमें पता चलता है कि भाषा व बोली में अन्तर का प्रश्न भाषा से कतई सम्बन्धित नहीं है। बल्कि यह एक राजनैतिक प्रश्न है जहाँ सभ्य लोगों द्वारा बोली जाने वाली भाषा एक तथाकथित "भाषा" का रूप ले लेती है और बोलचाल के अन्य प्रकारों को "बोली" का स्थान दे दिया जाता है। भाषा विज्ञान के अध्ययन से शिक्षक इस बात को सराहने लगते हैं कि प्रत्येक भाषा जो बच्चे कक्षा में लाते हैं समान रूप से समृद्ध व वैज्ञानिक होती है।

एक और बात जो स्पष्ट हो जाती है वह यह कि बच्चे की मातृभाषा वास्तव में कक्षा में शिक्षक के लिए एक संसाधन है। जब एक छः साल की बच्ची विद्यालय में प्रवेश लेती है तब वह अपने साथ अपनी मातृभाषा में स्कूल के सभी विषयों से संबंधित अवधारणाएँ भी लेकर आती है। यह शिक्षक के ऊपर निर्भर करता है कि वह उसके इस ज्ञान के प्रति संवेदनशील बने एवं इसका उपयोग कक्षा में करे।

आखिर में एक और महत्त्वपूर्ण बिन्दु, हम इस बात के लिए संवेदनशील बन पाते हैं कि बच्ची की मातृभाषा उसकी पहचान व अस्मिता का एक महत्त्वपूर्ण हिस्सा है। अगर बच्ची को यह अहसास करने पर मजबूर किया जाएगा कि उसकी मातृभाषा के लिए कक्षा में कोई स्थान नहीं है तब वह कक्षा की पूरी प्रक्रिया से अलग-थलग रह जायेगी और सीखने-सिखाने की प्रक्रिया से कभी जुड़ नहीं पायेगी।

अध्ययन

दिल्ली नगर निगम के तीन प्राथमिक विद्यालयों का एक आंरभिक अध्ययन किया गया। इस अध्ययन में 4 से 7 साल के लगभग 200 बच्चे सम्मिलित थे। इस बात का विशेष ध्यान रखा गया कि विविध भाषायी पृष्ठभूमि वाले बच्चे इसमें शामिल हों। इसके अंतर्गत गैर-हिन्दी भाषी क्षेत्र के बच्चों को "हिन्दी" माध्यम में पढ़ाये जाने पर उनके संज्ञानात्मक स्तर पर पड़ने वाले प्रभावों का अध्ययन किया गया।

अध्ययन के लिए मुख्य रूप से अवलोकन व साक्षात्कार का तरीका अपनाया गया। नीचे दी गई सारणी-1 विद्यार्थियों के भाषायी विभाजन सम्बन्धी जानकारी

को प्रदर्शित करती है।

सारणी-1 मातृभाषा के आधार पर विद्यार्थियों का विभाजन

(क)	दिल्ली-हिन्दी मातृभाषा वाले विद्यार्थी	70
(ख)	पंजाबी मातृभाषा वाले विद्यार्थी	40
(ग)	हरयाणवी (जाटु) मातृभाषा वाले विद्यार्थी	45
(घ)	बिहारी-हिन्दी मातृभाषा वाले विद्यार्थी	30
(ङ)	अन्य (बांग्ला, ओरिया, तमिल) मातृभाषा वाले विद्यार्थी	15

कक्षा में मूल्यांकन हेतु विभिन्न जाँचें की गयीं। इन जाँचों के अकादमिक प्रदर्शन के आधार पर विद्यार्थियों को पाँच श्रेणियों में बाँटा गया।

सारणी-2 I, II, III, IV, V श्रेणियों में विद्यार्थियों के विभाजन को प्रदर्शित करती है।

सारणी-2 अकादमिक प्रदर्शन के आधार पर विद्यार्थियों का विभाजन

श्रेणी		विद्यार्थियों की संख्या
I	उत्कृष्ट	10
II	बहुत अच्छा	30
III	अच्छा	40
IV	औसत	70
V	औसत से नीचे/अपर्याप्त	50

पहली तीन श्रेणियों के 80 विद्यार्थियों में से 40 विद्यार्थी समूह (क), 10 विद्यार्थी समूह (ख), 15 विद्यार्थी समूह (ग), 15 विद्यार्थी समूह (घ) से थे। समूह (ङ) का कोई भी विद्यार्थी इनमें शामिल नहीं था। (समूहवार वर्गीकरण के लिए सारणी 1 से मदद लें)

इन आँकड़ों को जब ग्राफ पर चित्रित किया गया तो इनसे प्राप्त परिणाम विस्मित कर देने वाले थे।

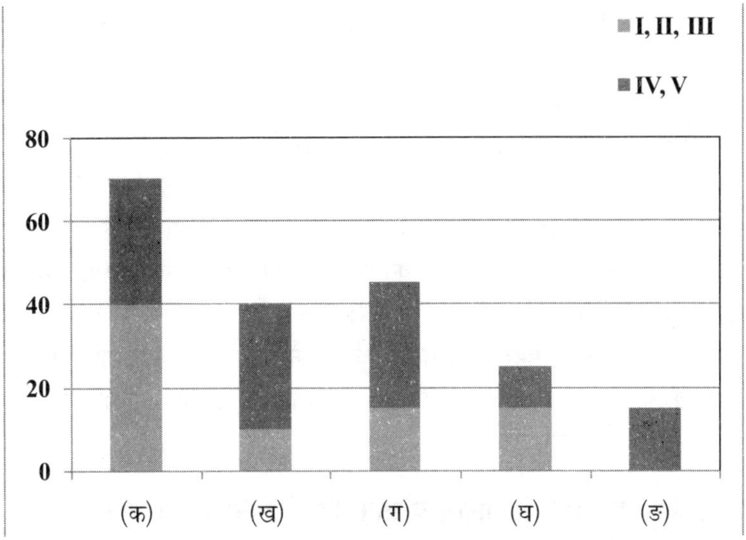

चित्र-1 अकादमिक प्रदर्शन के आधार पर विद्यार्थियों का विभाजन

ऊपर बने ग्राफ की व्याख्या करना सरल है। समूह "क" तथा "ग" सर्वश्रेष्ठ प्रदर्शन करने वाले समूह हैं। इन समूहों के कुल विद्यार्थियों में से क्रमशः 55 प्रतिशत तथा 50 प्रतिशत विद्यार्थियों ने अच्छे से लेकर उत्कृष्ट अकादमिक प्रदर्शन किया है। सबसे खराब प्रदर्शन समूह (ङ) का है जिसका कोई भी विद्यार्थी I, II, III श्रेणी में अपना स्थान नहीं बना पाया।

अतः यह पाया गया कि अकादमिक रूप से वे विद्यार्थी जिनकी मातृभाषा कक्षा के निर्देशों की भाषा से मेल खाती है उन विद्यार्थियों की तुलना में बेहतर प्रदर्शन करते हैं जो पाठ पढ़ाए जाने वाली भाषा को समझने के लिए जूझते रहते हैं।

यह अध्ययन प्रारम्भिक शिक्षा के दौरान शिक्षकों द्वारा बच्चों की मातृभाषा के उपयोग के महत्त्व पर ज़ोर देता है। हालांकि हमेशा प्रत्येक बच्चे से उसकी मातृभाषा में बातचीत करना एक शिक्षक के लिए सम्भव नहीं है। सीखने-सिखाने के कुछ नये साधनों के उपयोग से इस तरह की समस्या का हल मिल सकता है। इनमें से कुछ प्रयास निम्न प्रकार के हो सकते हैं–

(अ) विद्यालय में सीखने को बच्चों के दैनिक जीवन से जोड़ना

कक्षा में पढ़ायी जाने वाली विषयवस्तु अनिवार्य रूप से बच्चों के दैनिक जीवन से जुड़ी हो। शिक्षक एक उदाहरण देकर शुरुआत कर सकते हैं। वह (शिक्षक)

अपनी मातृभाषा के साथ-साथ कक्षा में पढ़ाई जाने वाली लक्षित भाषा में अपनी दिनचर्या के बारे में बात कर सकता/ती है (कचरू, 1992 पृ. 4)।

अपनी दिनचर्या का विवरण सुनाने के दौरान शिक्षक/शिक्षिका बातचीत में अक्सर प्रयोग आने वाले उन शब्दों का भी इस्तेमाल कर सकते हैं जिनको बच्चे आसानी से पहचान पायें। अब यही अभ्यास बच्चों के साथ दोहराया जा सकता है जिसमें कि बच्चे अपनी दिनचर्या के बारे में बतायें। एक ही घटना के बारे में मातृभाषा व अन्य भाषा में बातचीत करने से बच्चों को भी अपने भाषायी पूर्वाग्रहों को दूर करने में मदद मिलेगी। वे बच्चे जो अन्य (लक्षित) भाषा में इतने अच्छे नहीं हैं वे भी प्रसन्न महसूस करेंगे क्योंकि उनके पास अपनी मातृभाषा में बात करने के मौके अधिक होंगे। इस प्रकार की सोच से वे अधिक आत्मविश्वास के साथ सीखने की ओर अग्रसर होंगे।

(ब) हास्य का समावेश सीखने व ज्ञान की संभावनाओं को बढ़ाता है

हास्य, शिक्षक व बच्चों के बीच मित्रवत् सम्बन्ध व जुड़ाव पैदा करने में महत्त्वपूर्ण भूमिका अदा करता है। विद्यार्थियों को अपनी भाषा से सम्बन्धित हंसी मजाक के वाकिये सुनाने को प्रोत्साहित किया जाना चाहिए। विद्यार्थियों को समाज में हास्य की क्या भूमिका है यह पता लगाने को भी कहा जा सकता है जैसे कि अजनबीपन को तोड़ने में, सहजता लाने में, माहौल को खुशनुमा बनाने में, समाज में एक स्तर को प्राप्त करने में व सामाजिक व्याख्या/टिप्पणी करने में।

दो हिन्दी भाषी लोगों के बीच हो रहे संवाद की कल्पना कीजिये। इनमें से एक बिहारी-हिन्दी भाषी है तथा दूसरा दिल्ली-हिन्दी भाषी।

- हमको भूख लगा है। (बिहारी हिन्दी)
- और किसको भूख लगा है? (दिल्ली हिन्दी)
- हमको और किसी को नहीं। (बिहारी हिन्दी)
- तो 'मुझे' बोलो 'हमको' नहीं। (दिल्ली हिन्दी)

इस प्रकार के भाषायी अन्तर एक बहुभाषी कक्षा के वातावरण में आसानी से पहचाने जा सकते हैं और शिक्षक इस तरह की स्थितियों में उत्पन्न हास्य का उपयोग विभिन्न स्तरों के भाषायी अन्तरों की तरफ ध्यान आकर्षित करने के लिए कर सकता/ती है।

यहाँ इस बात की सिफारिश है कि यदि विद्यार्थियों को विभिन्न मातृभाषाओं

में अन्तर व समानता खोजने के अवसर दिये जायें तो वे निर्देशित भाषा के बारे में बहुत अधिक सीख सकते हैं। सीखने वाले विद्यार्थी इस समझ का उपयोग कर, अपने आपको अभिव्यक्त करने में और सहज महसूस करेंगे एवं अपनी खोयी हुई पहचान को भी पुनः प्राप्त कर पायेंगे (खौरी, रेबॉल्ड एण्ड सलीम, 2012)।

हास्य मनुष्य जीवन का एक अभिन्न अंग है और इस प्रकार मनुष्यों की भाषा के इस्तेमाल की अनुपम क्षमता का आधार भी है। वास्तव में यह उन कुछ सार्वभौमिक सत्यों में से एक सत्य है जो कि विश्व के सभी लोगों एवं ज्ञान पर लागू होता है (क्रुगर, 1996; ट्रेशनबर्ग, 1979)। सीखने-सिखाने की ऐसी प्रक्रियाएँ जिनमें हास्य भी शामिल हो, विद्यार्थियों की कक्षा में रुचि बनाये रखने में मददगार साबित होगी। कक्षा में बहुभाषिता की स्थिति में हास्य का अतिरिक्त पुट होने पर कक्षा रुचिकर होने के साथ-साथ जानकारीप्रद भी हो जाती है। आइये हम इस बात की नीचे दिये गये बिन्दुओं के सन्दर्भ में चर्चा करते हैं जिसमें हास्य एवं बहुसांस्कृतिक वातावरण एक सार्थक भूमिका अदा करता है।

(स) भारत में प्रचलित बहुसांस्कृतिक वातावरण का एक साधन के रूप में उपयोग

भारत देश बहुत सारी संस्कृतियों व जातियों का समागम बिन्दु है। हमारी मातृभाषा हमारी सांस्कृतिक धरोहर की पहचान है। इसलिए प्रत्येक संस्कृति को समान सम्मान देने में बच्चों की मातृभाषाओं को कक्षा में स्थान देना भी शामिल है।

आइये हम एक कक्षा में बांग्ला, हिन्दी व तमिल (प्रथम भाषा) बोलने वाले बच्चों की बातचीत की कल्पना करते हैं-

- आमी जोल खाए (बांग्ला प्रथम भाषा)
  (मैं पानी पीता/ती हूँ)
- जल खाए नहीं पी (हिन्दी प्रथम भाषा)
- बांग्ला में "खाए" क्रिया का उपयोग हिन्दी की "पी" क्रिया के स्थान पर भी होता है परन्तु दोनों स्थिति में अर्थ एक समान आता है (शिक्षक इस बात की व्याख्या करता/ती है)।
- / सरी, नान जलम कुडीकरें (तमिल प्रथम भाषा)
  (ठीक है, मैं पानी पीती/ता हूँ)।
- / कौन सा नान जल गया। (हिन्दी प्रथम भाषा)

आपसी बातचीत के इन अनुभवों/संवादों का उपयोग भाषा शिक्षिका/शिक्षक विभिन्न भाषाओं में समानता व अन्तर खोजने के लिए कर सकते हैं। इस प्रकार

यह प्रक्रिया एक कक्षा के वातावरण को बेहतर बनाने में मददगार हो सकती है। ऐसे वातावरण में विद्यार्थी न केवल बिना किसी भेदभाव के अपने आपको अभिव्यक्त कर पायेंगे बल्कि दूसरी भाषाओं व संस्कृति को स्वीकारना व सराहना भी सीखेंगे। इस तरह के अभ्यास सीखने वाले व शिक्षक दोनों की समझ बढ़ायेंगे।

उपदेश देने की बजाए करके देखना बेहतर है

ऊपर के खण्डों में बहुसांस्कृतिकता के बारे में की गई चर्चा से स्पष्ट हो जाता है कि एक कक्षा में स्वस्थ भाषायी वातावरण बनाये रखना कोई कठिन कार्य नहीं है। शिक्षक के लिए सभी बच्चों द्वारा घर पर बोली जाने वाली भाषा को बोलना अनिवार्य नहीं है। उसमें केवल बच्चों द्वारा बोली जाने वाली भाषाओं के प्रति खुलापन होना चाहिए। प्राथमिक उद्देश्य यह होना चाहिए कि बच्चे स्वयं अपने स्तर पर सोचें। एक बार जब यह उद्देश्य प्राप्त हो जाता है तो भाषा शिक्षण की यात्रा सार्थक हो जाती है।

सारांश

वस्तुतः छोटे बच्चों की समझ को ढालने के लिए प्रांरभिक कक्षाओं के शिक्षक के पास भरपूर अवसर होते हैं। यह भूमिका भाषा शिक्षकों के सम्बन्ध में अधिक महत्त्वपूर्ण एवं रुचिकर हो जाती है। भाषा हमारी पहचान का मूलभूत अंग है। अतः भाषा शिक्षण के अंतर्गत इस बात का विशेष ख़याल रखने की आवश्यकता है कि किसी भी बच्चे की पहचान की निन्दा ना हो। भाषा अभिव्यक्ति का भी सशक्त साधन है अतः एक शिक्षक को चाहिए कि पहले वह बच्चों को उनकी मातृभाषा में सहज होने के अवसर दे, इसके बाद उन्हें अन्य भाषा सीखने की ओर अग्रसर करे। एक भेदभावपूर्ण व दमित वातावरण में ''सीखने की प्रक्रिया'' अपना स्वरूप खो देती है। एक पूर्वाग्रहमुक्त वातावरण में इसकी सुन्दरता निखरकर सामने आती है।

सन्दर्भ

अग्निहोत्री, आर.के. एवं खन्ना, ए.एल. (1997). *प्रॉब्लेमेटाइजिंग इंगलिश इन इंडिया.* नई दिल्लीः सेज पब्लिकेशन.

कचरू, ब्रज.बी. (1982). *द अदर टंग : इंगलिश एक्रॉस कल्चर्स.* यू.एस.ए.: यूनिवर्सिटी ऑफ इलिनॉए प्रेस.

खौरी, के., रेबॉल्ड, एस. एण्ड सलीम, एल. (2012). *सेंसिंग ह्यूमर इन इंगलिश.* लंदन : मेकमिलन एजुकेशन.

क्रैशन, एस. (1985). *द इनपुट हाइपोथिसिसः इश्यू एण्ड इम्प्लिकेशन.* केलिफॉर्निया : लारेड़ो पब्लिशिंग को. इन्क.

क्रुगर, ए. (1996). द नेचर ऑफ ह्यूमर इन ह्यूमन नेचरः क्रॉस-कल्चरल कॉमनेलिटिज. *काउन्सेलिंग साइकोलॉजी क्वाटर्ली,* 9235-41.

ट्रेशनबर्ग, एस. (1979). जॉक टेलिंग एस ए टूट इन इएसएल (ESL)- TESOL *क्वाटर्ली, 13,* 89-99.

वॉयगोत्स्की, एल.एस. (1986). *थॉट एण्ड लेंग्वेज.* केम्ब्रिजः एम.आई.टी. प्रेस.

लेखिका के बारे में : श्वेता सिन्हा जवाहर लाल नेहरू विश्वविद्यालय के भाषा, साहित्य और संस्कृति विद्यालय के भाषा विज्ञान विभाग से पीएच.डी. है।

e-mail : apna1982@gmail.com

अनुवादक : यशोधरा कनेरिया, विद्या भवन शिक्षा सन्दर्भ केन्द्र, उदयपुर (राज.)।

स्रोत : *लेंग्वेज एण्ड लेंग्वेज टीचिंग,* 2.2.4, 31-34, जुलाई, 2013.

'बातें नहीं, बच्चो!'
भाषा कक्षा में संवाद, भिन्नता और सीखना

रेवा यूनुस

इस पर्चे में मैंने सामाजिक-आर्थिक रूप से कमज़ोर तबके के एक बच्चे के भाषा सीखने के अनुभवों का विश्लेषण किया है; शोध के समय ये बच्चा एक शहरी, काम फ़ीस वाले, निजी स्कूल में पढ़ता था। भारत की बहु-परतीय शिक्षा प्रणाली के चलते इस तबके के बच्चे अंग्रेज़ी माध्यम के निम्नस्तरीय कम फ़ीस वाले[i] निजी स्कूलों में पढ़ने के लिए मजबूर हैं। सामाजिक-आर्थिक भिन्नता के साथ-साथ अक्सर सांस्कृतिक सम्पदा और बच्चों के भाषा-प्रयोग के अनुभवों और क्षमताओं में भी अंतर पाया जाता है। लेकिन, आमतौर पर ये अंतर सुविधाविहीन बच्चों के लिए भाषा-शिक्षा का आधार बनाने के बजाय उनके उत्पीड़न कारण बन जाते हैं।

भाषा, सांस्कृतिक परिवेश और शिक्षा के बीच के रिश्तों के बारे में बात करने के लिए लैंकशियर व अन्य (1997) आदि की दी गयी 'डिस्कोर्स' की अवधारणा ख़ासी उपयोगी सिद्ध हुयी है। समाज में मौजूद विविध उपसमूहों के बात करने और सोचने के विशिष्ट तरीकों को 'डिस्कोर्स' कहा जाता हैं। यानि वो भाषायी और ग़ैर-भाषायी आचरण, मूल्य, उद्देश्य, धारणाएँ और पूर्वानुमान जिनका ये उपसमूह पालन करते हैं और जिन्हें अपनी नई पीढ़ियों को सिखाने की चेष्टा करते हैं। जहाँ 'डिस्कोर्स' के अन्य घटक उसके भाषा घटक का रूप निर्धारण करते हैं वहीं स्वयं उससे प्रभावित भी होते हैं।

सोचने, महसूस करने, समझने के जो बिलकुल शुरुआती तरीके होते हैं जिन्हें बच्चे अपने परिवारजनों और सम्बन्धियों से सीखते हैं, वो उनके प्राथमिक डिस्कोर्स कहलाते हैं। स्कूल जैसी सामाजिक संस्थाओं में भागीदारी के ज़रिये जिन डिस्कोर्स का हम हिस्सा बनते हैं वो द्वितीयक डिस्कोर्स कहलाते हैं। जिन बच्चों के प्राथमिक और द्वितीयक डिस्कोर्स में बहुत अंतर होता है, उन्हें स्कूल में अन्य बच्चों की तुलना में काम करने और आगे बढ़ने में अधिक दिक्कत महसूस होती

है। हमारी कल्पना से कहीं अधिक बच्चे इस स्थिति के चलते अपना आत्मविश्वास और पढ़ाई में रुचि खो बैठते हैं, और स्कूलों से बाहर कर दिये जाते हैं।

इस पर्चे में मैंने 'डिस्कोर्स' की अवधारणा के साथ 'बातचीत' और 'संवाद' पर बार्न्स और अलेक्ज़ेंडर ने जो काम किया है उसका भी इस्तेमाल किया है।

पियाजे के सीखने और सामाजिक रचनावाद के सिद्धान्त के आधार पर बार्न्स कहते हैं कि नये ज्ञान को आत्मसात करने और अपने तरीके से उपयोग में लाने के लिए हमें अपने पूर्व ज्ञान को टटोलना और रूपान्तरित करना पड़ता है। तो सीखने का मतलब ये हुआ कि बच्चा अपनी मौजूदा समझ पर काम करे; और इसका सबसे बढ़िया तरीका है 'बातचीत'! आगे बार्न्स कहते हैं कि भाषा सीखने-सिखाने की प्रक्रिया में लिखने और बोलने का अपना-अपना महत्त्व है और बच्चों के बोलने (या बातों) को अनदेखा नहीं करना चाहिए। हालाँकि, जैसा कि हम जानते हैं, भारतीय कक्षाओं में भाषा प्रयोग का एक ही तरीका मायने रखता है- लेखन।

बार्न्स प्रदर्शनात्मक और प्रारम्भिक बातचीत में अन्तर करना भी ज़रूरी समझते हैं। प्रदर्शनात्मक बातें जहाँ सुनाने वालों की उम्मीदों को ध्यान में रखकर (उनके द्वारा) ''मूल्यांकन'' हेतु गढ़ी जाती है, वहीं प्रारम्भिक बातों में अनिश्चिता झलकती हैः टूटे-फूटे और आधे अधूरे वाक्यों और दिशा परिवर्तनों से भरी। मगर ये प्रारम्भिक 'बात' ही नये ज्ञान को समझने और इस्तेमाल लायक बनाने में बेहद मददगार सिद्ध होती है। अलेक्ज़ेण्डर बात के इन्हीं दो रूपों के आधार पर 'बोले गये शब्दों के शिक्षणशास्त्र' की अवधारणा हमारे सामने रखते हैं। उनके अनुसार कक्षा संवाद का एक उद्‌देश्य और एक अन्तिम बिन्दु होता है, जो कि आम बातचीत में हो, ये ज़रूरी नहीं। चूंकि शिक्षक के लिये ये उद्‌देश्य स्पष्ट है, उनका काम ये होगा कि कक्षा में हुये इस संवाद को दिशा दें और सुनिश्चित करें कि बच्चे हतोत्साहित हुये बिना इस प्रकार के संवाद की मदद से अपनी समझ पर काम कर सकें। शिक्षक की भूमिका यही है कि जब भी ज़रूरत हो, इस तरह के संवाद[ii] को सुलभ/संभव बनाये और ध्यान रखें कि संवाद नकल या मात्र ''सही'' जवाबों तक सिमट कर न रह जायें।

इसीलिए भाषा के सीखने-सिखाने में 'बात' और 'संवाद' का सही इस्तेमाल करने के लिए बच्चों के अनुभवों और विचारों को कक्षा में पूरी जगह दी जानी चाहिये। इसके अलावा, जिन बच्चों के प्राथमिक डिस्कोर्स उनकी कक्षा में हुये डिस्कोर्स से भिन्न हैं, उनके साथ मिलकर शिक्षकों को इस भिन्नता[iii], और शिक्षण पर इसके प्रभाव को समझने की भी कोशिश करनी होगी। कक्षा में हुये

डिस्कोर्स में हिस्सेदारी के ज़रिये ये बच्चे अपने मौजूदा ज्ञान और भाषायी क्षमताओं के बल पर आगे बढ़ पायें ये भी शिक्षक को सुनिश्चित करना होगा।

ये केस स्टडी(iv) इन्दौर, मध्य प्रदेश में की गयी थी। इस स्टडी के समय अज्जू आठ साल का था- बेहद होशियार और खुशमिजाज़ लड़का, जिसकी आँखों में हमेशा हँसी टिमटिमाती रहती थी; उसे अपना और अपनी ग्यारह महीने की बहन का मनोरंजन करना भी ख़ूब आता था! उसकी माँ घरेलू कामगार थीं और पिता दिहाड़ी पर काम करने वाले श्रमिक। अज्जू की मातृभाषा निमाड़ी थी और वो हिन्दी भी बढ़िया बोलता था(v)। स्कूल के बाद वो या तो बहन की देखभाल करने माँ के साथ उनके काम पर जाता था, या घर ही पर बच्ची का ख़याल रखता था। उस समय वो घर के पास के एक काम फ़ीस वाले, निजी, अंग्रेज़ी-माध्यम के स्कूल में पढ़ रहा था। वो अंग्रेज़ी के अक्षर पहचान लेता था और वो शब्द भी पढ़ लेता था जो स्कूल में सिखाये गये होते थे। स्कूल के बाहर अज्जू में मैंने सीखने और अभिव्यक्ति की काफ़ी उत्सुकता देखी। स्कूल एक छोटी-सी इमारत में बसा था जिसमें एक 'कॉमन टॉयलेट' था और खेल का कोई मैदान नहीं था। स्कूल के कई शिक्षक अप्रशिक्षित या कम-प्रशिक्षित थे। पहली और दूसरी कक्षा में 6-6 बच्चे थे जो कि साथ, एक ही कमरे में पढ़ते थे। स्कूल की प्रधानाध्यापिका और अज्जू की अंग्रेज़ी की शिक्षिका, सुनीता, दोनों ही अंग्रेज़ी में ठीक से बात नहीं कर पाते थे।

मैंने इस स्टडी में ये समझने की कोशिश की है कि 'बात'/बातचीत के मामले में अज्जू का प्राथमिक डिस्कोर्स उसके कक्षायी डिस्कोर्स से किस तरह भिन्न था, और इसका कक्षा में 'बात' होने की सम्भावनाओं पर क्या असर हुआ। इससे हमें ये समझने में भी मदद मिलेगी कि जिन बच्चों के सांस्कृतिक परिवेश उन्हें वो सख़्त प्रशिक्षण नहीं दे सकते जिसके बिना स्कूल में सफलता असम्भव है, किस तरह कक्षा में होने वाले डिस्कोर्स में भी उनकी हिस्सेदारी मुश्किल हो जाती है।

क्या होता था भाषा कक्षा में

कक्षा और घर के सन्दर्भों में जो प्रमुख अन्तर मैंने पाये(vi), वो थेः अज्जू की प्रतिष्ठा/स्थिति, बात होने की शर्तें, अज्जू की भागीदारी, वयस्कों/बड़ों से उसके रिश्ते के 'अफ़ेक्टिव' घटक और वो विषय जिन पर बात होती है। कक्षा में सारी बातचीत वग़ैरह पर नियन्त्रण सुनीता का रहता था, ख़ासतौर पर बच्चों की बात पर(vii)। सिर्फ एक ही बच्ची थी जो आमतौर पर सुनीता के सवालों के सही जवाब देती थी; बाकी बच्चों को सिवा होमवर्क जमा करने या परीक्षाओं की तारीख़ें पूछने

के अलावा मैंने कभी सुनीता से बात करने की पहल करते नहीं देखा। सुनीता ही तय करती थीं कि बच्चों को किन शब्दों को समझने में मदद की जरूरत है; उन्हें बच्चों का एक-दूसरे से ये सब पूछना पसंद नहीं था। बच्चों से सुनीता की बात सिर्फ़ "निर्धारित/निश्चित उत्तर" (अलेक्ज़ेंडर, 2008) वाले प्रश्न करने, बच्चों के जवाबों का सही/गलत का मूल्यांकन करने और गलत उत्तरों पर डांटने तक सिमित थी। यदि बच्चे ऊबते, या हैरान-परेशान होते दिखते तो रुक कर किसी और तरीके से समझाने या पढ़ाने की कोई कोशिश नहीं की जाती थी।

सो कक्षा में बातचीत मात्र प्रदर्शनात्मक बात पर ही अटकी रह जाती थी और इसमें भी अज्जू को कभी हिस्सा लेते मैंने नहीं देखा। वो न सुनीता के प्रश्नों का उत्तर देता था न ही उनका ध्यान आकर्षित करने की कोई कोशिश ही करता था, सिवाय तब जब वो स्कूल से ग़ैरहाज़िर होता था। इन मौकों पर उसे स्कूल को गंभीरता से न लेने के लिए काफ़ी अपमान और व्यंग्य का सामना करना पड़ता था। इससे ठीक उल्टा, घर पर उसे प्रारम्भिक बात के भरपूर मौके मिलते थे। वो अक़्सर अपने पिता, दादाजी या ममेरे, चचेरे भाई-बहनों से हुयी बातों का ज़िक्र करता था; इससे लगता था कि इन लोगों से सवाल पूछने, इनके सामने फिल्मों या गाड़ियों पर अपनी राय रखने में उसे कोई असुविधा नहीं महसूस होती थी।

सुनीता के लिए किसी पाठ को समझने का मतलब था उसके कठिन शब्दों को समझना। वे नियमित रूप से शब्दार्थ लिखवातीं थीं और बच्चों पर इन्हें याद करने के लिए ज़ोर डालती थीं। मगर इसकी कोई कोशिश नहीं करती थीं कि नये शब्दों, विचारों, कहानियों या कविताओं को बच्चों के किन्हीं अनुभवों से जोड़ा जाये, कुछ जो बच्चों ने देखा, सुना, महसूस किया हो, या जिस पर भी सोचा हो या बात की हो। इससे ये भी लगता है कि क्लास में जो सिखाया गया हो, उसके अलावा बच्चों को कुछ पता होगा या करना आता होगा, ऐसी उम्मीद शिक्षक बच्चों से नहीं रखते। ख़ासतौर से ऐसा कुछ जिससे उन्हें भाषा सीखने में मदद मिले। ऐसी शिक्षण-पद्धति की जड़ में ये मान्यता छुपी होती हैं कि अपने सांस्कृतिक सन्दर्भ में अज्जू जैसे बच्चे कोई भावनात्मक या संज्ञानात्मक क्षमताएँ विकसित नहीं कर सकते। ज़ाहिर है कि सुनीता भी बच्चों को 'रिक्त पात्र'[(viii)] (फ़्रेरे '*उत्पीड़ितों का शिक्षा शास्त्र*') की तरह ही देखती हैं।

अपने 'प्राइमरी डिस्कोर्स' के माहौल/सन्दर्भ में अज्जू की स्थिति क्लास से बिलकुल अलग थी। अपनी बहन की देखभाल करके वो अपने परिवार को गुजारा चलने में मदद कर रहा था, क्योंकि अन्यथा उसकी माँ काम पर नहीं जा पातीं। घर पर वो लगातार अपनी बहन से बात कर रहा होता था, इन बातों के ज़रिये

वो भाई-बहन के रिश्ते, अपनी भूमिका और शिशुओं (उनके बर्ताव, ज़रूरतों और उनके विकास) को समझने की कोशिश कर रहा होता था। सवाल ये है कि, भाषा शिक्षण 'अर्थ-सृजन' की इस प्रक्रिया की संज्ञानात्मक, भावनात्मक और भाषा-विकास-सम्बन्धित महत्ता को नकारने पर क्यों तुला रहता है?

रिश्तों की प्रकृति में फ़र्क भी प्राथमिक और द्वितीयक डिस्कोर्स के बीच के फ़र्क का महत्त्वपूर्ण हिस्सा था। घर या स्कूल में औरों से अज्जू के रिश्ते भी उसके और उनके बीच की बात की गुणवत्ता और विषयवस्तु को निर्धारित करते हैं। परिवारजनों के साथ न सिर्फ़ उसे सुविधा का एहसास होता है, उसे ये विश्वास भी रहता है कि घरवाले उसका ख़्याल रखेंगे। सबसे ख़ास बात मुझे ये समझ में आई कि घर के लोग आमतौर पर अज्जू का पक्ष भी सुनते हैं और उसकी क़ाबिलियत को भी नज़रअन्दाज नहीं करते। इन रिश्तों के विपरीत, स्कूल में सुनीता के साथ उसके रिश्ते में से 'अफ़ेक्टिव' घटक नदारद रहता है। इसका एक कारण ये हो सकता है कि सुनीता जिस संस्थागत सन्दर्भ में काम कर रही थीं[(ix)], वो बच्चों के साथ उन्हें बेहतर रिश्ते बनाने की आज़ादी या मौका नहीं देते; मगर ये भी होता है कि अधिकतर शिक्षकों को गरीब बच्चों के निरक्षर अभिभावकों के प्रति अपना कोई ख़ास उत्तरदायित्व नहीं महसूस होता।

तो इसमें भी आश्चर्य की कोई बात नहीं थी कि सुनीता अक्सर बच्चों को सज़ा की धमकी देती थीं, उनका मज़ाक उड़ाती थीं और उन्हें सजा भी देती थीं। फलस्वरूप, स्कूल में कदम रखते ही अज्जू की जिज्ञासा से चमकती आँखें मंद पड़ जाती थीं, उसकी उमड़ती-घुमड़ती हँसी खो जाती थी। वो बेहद चुप, चौकन्ना और सजग हो जाता था; उसका सहज स्नेहभाव कहीं दुबक जाता था और उसका चैन फुर्र हो जाता था। स्कूल और घर के बीच एक फ़र्क ये भी था कि स्कूल में वो बस एक छात्र था; उसके अंदर जो भाई या बेटा था उसे बाहर झाँकने की इजाज़त नहीं थी। भले ही घर पर पिता के पीने के कारण झगड़ा हुआ हो, स्कूल में तो बस उसे शब्दों के अर्थ याद करने से मतलब होना चाहिए। स्कूल में घर की चिन्ता करने का हक कैसे हो सकता है? अज्जू और अन्य बच्चों को अक्सर किताबों या स्कूल ड्रेस की दुर्गति के कारण भी डाँट पड़ती थी। अज्जू के पास किताबों को सुरक्षित रखने की कोई जगह नहीं होती थी और इस वजह से कई बार उन्हें चूहे कूतर जाते थे। सुनीता बच्चों को अक्सर इसके लिए भी डांटतीं थीं कि उनके लिए मेहमान और त्योहार ज़्यादा ज़रूरी थी, पढ़ाई नहीं[(x)]। मगर ऐसा क्यों होता है इसे समझने के लिए ये उदाहरण देखिये: अज्जू की माँ नैतिक और आर्थिक मदद के लिए अपने मायके पर आश्रित थीं, तो उनसे

सम्बन्ध बना के रखना अज्जू के परिवार के लिए ज़रूरी था यही कारण थे कि अज्जू को अपने तेज़ दिमाग़ का इस्तेमाल सीखने के लिए करने के बजाय, स्कूल के नियम-कायदे समझने और अप्रिय अनुभवों से बचने में ख़र्च करना पड़ता था।

आख़िरी महत्त्वपूर्ण पहलू ये है कि स्कूली किताबों में अक्सर ऐसे लोगों, जगहों और विचारों के बारे में बातें होती थी जो कि अज्जू जैसे बच्चों के लिए नितान्त अपरिचित थीं। मगर बच्चों को कभी इसका समय या आज़ादी नहीं मिलती थी कि वो अपने तरीके से इन नये विचारों को समझने और इनसे जुड़ने की कोशिश करते। अगर वो अंग्रेज़ी पढ़ना-लिखना या बोलना अपने अनुभवों के सन्दर्भ में सीख पाता तो उसमें कहीं ज़्यादा आत्मविश्वास होता और वो इतना दबाव भी नहीं महसूस करता। जैसे, उसकी बहन की बदमाशियों के बारे में, या 'शार्पनर' ढूँढ़ने की उसकी अनोखी तरक़ीब[xi] के बारे में बोलने या लिखने का मौका उसके लिए अद्भुत प्रेरणा का काम करते। साथ ही, इस सबका उसकी 'सेल्फ एस्टीम' पर भी अच्छा असर पड़ता क्योंकि इससे उसके अनुभवों और विचारों को भी मूल्य मिलता और उसके सीखने की क्षमता को भी।

अज्जू के साथ की गयी केस स्टडी से ये तो स्पष्ट है कि पाठ्यचर्या के रचनाकर्ता ये नहीं जानते/सोच पा रहे हैं कि किसी बच्चे की एक भाषा में जो काबिलियत है, उसके बलबूते किस तरह वो अन्य भाषायें भी सीख सकता है। इस कारण अज्जू की निमाड़ी और हिन्दी में जो दक्षता है[xii], उसे अंग्रेज़ी की कक्षा में पूरी तरह से दरकिनार कर दिया जाता है। एक नयी भाषा उस पर थोपी जाती है, मगर उसे ये समझने में कोई मदद नहीं की जा रही है कि इस नयी भाषा को जानना क्यों ज़रूरी है, वो कैसे इस भाषा से एक सम्बन्ध स्थापित कर सकता है (*या 'उस से जुड़ सकता है'*) और निमाड़ी और हिन्दी के सन्दर्भ में जो उसकी भाषायी क्षमताएँ हैं उन्हें अंग्रेज़ी सीखने में कैसे उपयोग में ला सकता है।

आख़िरी महत्त्वपूर्ण बिन्दु ये है कि सुनीता का अपना अंग्रेज़ी भाषा और भाषा के शिक्षणशास्त्र का ज्ञान बहुत सीमित था; वे कई बार समझाने में गलती कर देती थीं, बहुत क्लिष्ट हिन्दी में समझाने लगती थीं, या बच्चों द्वारा स्वर और अक्षर पहचानने में की जाने वाली गलतियाँ नज़रअंदाज़ कर देती थीं।

हम किन बातों की चिन्ता करें

ये तो साफ़ है कि अज्जू जो भी है और जो कुछ भी जानता है 'क्लासरूम डिस्कोर्स' उस सबको नकारते ही हैं; उसका इस्तेमाल या उसकी परख नहीं कर पाते। बच्चों, टीचरों और पाठ्यचर्या के बीच के सम्बन्धों का जो संस्थागत रूप

है उसमें इसकी कोई गुंजाइश नहीं है कि भाषा-अर्जन में 'बात' की भूमिका को स्वीकारा जाये। न ही बच्चों के अनुभवों और भाषा-अर्जन के बीच के रिश्ते को समझने की कोई गुंजाइश है। तो फिर क्लास में ऐसा संवाद कैसे स्थापित हो सकता है, जो सीखने-सिखाने में सहयोगी हो? डेनिज़न (1969) ने सही कहा है: यदि उसे अनुभव से विलग कर दिया जाये, तो ज्ञानार्जन मुमकिन ही नहीं है। लेकिन इनके बीच का सम्बन्ध इसी शर्त पर जीवित रह सकता है कि कक्षा में बच्चों और बड़ों के बीच के रिश्ते में भी सच्चाई हो।

एक और ग़ौरतलब बात ये है कि सुनीता खुद भी इसी स्कूल में पढ़ीं हैं। मतलब, कम से कम उस उम्र में तो वो लगभग इसी तरह की सामाजिक-आर्थिक पृष्ठभूमि से रही होंगी। फिर भी वे बच्चों की क्षमताओं, उनकी मजबूरियों और परेशानियों को समझ नहीं पाती है; और उसी तरह की कम गुणवत्ता वाली शिक्षा बच्चों को दे रही हैं जो उन्हें मिली होगी। ऐसे में डेनिज़न की इस बात पर भी ग़ौर करना ज़रूरी हो जाता है कि टीचर बच्चों के साथ पूरी सच्चाई से मिलें ताकि वे बच्चों की सीखने में यथासंभव मदद कर सकें। मगर, हमारी शिक्षा नीतियाँ और स्कूलों के प्रशासनिक ढाँचे टीचरों को इसकी मोहलत ही कहाँ देते हैं? टीचरों को ये प्रशिक्षण भी कहाँ दिया जाता हैं कि वो अपने शिक्षण, उससे जुड़ी समस्याओं और अपनी विकास पर विचार करने की अहमियत जान पायें? उन्हें ये समझने का भी मौका नहीं मिलता है कि उनके शैक्षणिक-अनुभवों और सामाजिक-आर्थिक परिवेश का उनके शिक्षण और विद्यार्थियों से क्या सम्बन्ध है। ऐसी स्थिति में जब टीचर और बच्चों दोनों के ही अनुभव क्लास के अन्दर नहीं लाये जा सकते तो उनके बीच संवाद भी कैसे हो सकता है?

जैसा कि अलेक्ज़ेंडर (2008) ने कहा है, हमारा साक्षरता, शिक्षा और लोकतंत्र के बीच के सम्बन्धों को समझना भी ज़रूरी है। शिक्षा में विद्यार्थियों की पूरी हिस्सेदारी से ही शिक्षा और लोकतंत्र में ठीक सम्बन्ध स्थापित हो पायेगा। बच्चे अपने मत, विचारों और भावनाओं पर सोच सकें और उन्हें अभिव्यक्ति दे सकें, ये सम्भावना तो भाषा-कक्षाओं में होती ही नहीं है। यानि, भाषा-कक्षा बच्चों की 'आवाजें' विकसित करने की नहीं, उन्हें दबाने का कारण बन जाती है, असल आवाज़ को भी और प्रतीकात्मक को भी। अज्जू जैसे बच्चे, जिनके लिए स्कूली शिक्षा ही सामाजिक-आर्थिक प्रगति का ज़रिया बन सकती है, उनके लिए इससे बढ़कर शिक्षा में और शिक्षा के ज़रिये और कोई शोषण नहीं हो सकता।

अन्त-टिप्पणियाँ

(i) श्रीवास्तव (2006) से ली गई शब्दावली एवं वर्गीकरण। यह शहरी इलाकों के ऐसे स्कूलों की श्रेणी से सम्बन्धित है जिनमें मुख्य तौर से निम्न सामाजिक-आर्थिक पृष्ठभूमि के परिवारों के बच्चे आते हैं। इन स्कूलों का आकर्षण इस बात में है कि ये अंग्रेज़ी में शिक्षा देते हैं जो अधिकतर राजकीय स्कूल नहीं करते ।

(ii) तर्क यह नहीं दिया जा रहा कि सीखने के लिए केवल बातचीत की ज़रूरत है बल्कि इसे शिक्षक के ख़ज़ाने का महत्त्वपूर्ण हिस्सा होना चाहिए और इसी प्रकार इस्तेमाल किया जाना चाहिए।

(iii) पाठ्यचर्या निर्माताओं और शिक्षक-प्रशिक्षकों द्वारा, और न ही शिक्षकों या स्वयं शिक्षार्थियों द्वारा इन्हें विशिष्ट सामाजिक-आर्थिक संदर्भों में कमियों की तरह देखा जाना चाहिए।

(iv) सभी नाम बदल दिये गए हैं। शोध पद्धति के बारे में : मैंने बच्चे की हिन्दी और अंग्रेज़ी दोनों कक्षाओं का अवलोकन किया, दोनों कक्षाओं को एक ही अध्यापिका पढ़ा रही थी। मैंने ग़ैर-मौखिक बातचीत और व्यवहारों पर टिप्पणियाँ लिखित में दर्ज की और स्कूल के प्रधानाध्यापक एवं शिक्षक की अनुमति ले कर पूरी कार्यवाही को भी दर्ज किया। अध्ययन में भागीदारी के लिए अज्जू और उसकी माँ से मैंने पहले ही अनुमति ले ली थी। मैंने अज्जू के घर पर मेरी, अज्जू और उसकी बहन के बीच हुई बातचीत को भी रिकार्ड और विश्लेषित किया। इस पूरी रिर्काडिंग का लिप्यंतरण मैंने स्वयं किया।

(v) इंदौर और आस-पास के इलाकों में बड़ी संख्या में लोगों की पहली भाषाएँ मालवी और निमाड़ी हैं। अधिकांश लोग सहज रूप से द्विभाषी हैं और धाराप्रवाह हिन्दी बोलते हैं। अज्जू ने स्कूल में प्रवेश मिलने से पहले ही हिन्दी सीख ली थी। लेकिन लिखना और पढ़ना उसने स्कूल आ कर ही सीखा था और हिन्दी में कहानियों की किताबें पढ़ना उसे बहुत पसंद था।

(vi) प्राथमिक संवाद केवल घर में होने वाली घटनाओं तक ही सीमित नहीं होते परन्तु अज्जू के मामले में वे उसकी पहुँच में थे। अज्जू एक उच्च मध्यमवर्गीय बस्ती के पास स्थित निर्माण-स्थल के समीप रहता था। इस लिए उसके कोई दोस्त नहीं थे जिनके साथ वह खेल सके। आमतौर पर

एक मजदूर का परिवार निर्माणाधीन इमारतों में चौकीदारी का काम करता है और कभी-कभी मज़दूर को इस काम के लिए कुछ अधिक मेहनताना मिल जाता है। इसलिए प्राथमिक संवाद पर एकत्र आँकड़े और तथ्य परिवार के सदस्यों के साथ अज्जू की बातचीत और मेरे अवलोकनों से उपलब्ध हुए हैं।

(vii) अज्जू और मेरे बीच हुई एक बातचीत के अंश :

अज्जू : वो तो को...मैं तो जरा भी नहीं करता क्योंकि सबको मार पड़ती है, मुझे नहीं अच्छा लगता कि मुझे भी मार पड़े।

रेवा : नहीं वो...और भी तो कुछ बात कर सकते हैं, जिससे मार नहीं पड़े (हल्की हंसी)।

अज्जू : मैडम से ही बोलना पड़ता है, मैं तो उनसे... मैडम से ही करता हूँ कि मार ना पड़े।

ज़ाहिर है कि 'मैडम' के बातचीत के बारे में बहुत कड़े विचार हैं (कक्षा की रिकॉर्डिंग से):

मैडम (तीखे, नापसन्दगी दर्शाते कटु लहजे में) : 'और अपने स्कूल में भी अगर अपन अनुशासन से रहेंगे तो अपने टीचरों को भी अच्छा लगेगा, समझ में आया? जैसे कि अगर तुम स्कूल में पढ़ने आते हो तो पढ़ो; बातचीत करने आते हो तो पढ़ो... बातचीत करों। बातचीत करने आते हो क्या स्कूल में? पढ़ने आते हो ना? तो फिर पढ़ाई करा करो, बातचीत मत किया करो, जैसे तुम लोग करते हो बीच-बीच में। तुम को बातचीत करने के लिए लंच का समय दिया जाता है, उस समय में तुम बातचीत करो, कुछ भी करो।

(viii) पाउलो फ्रेरे के शिक्षा की ''बैंकिंग अवधारणा'' के सिद्धांत से। सन्दर्भ अंत में दिये गए हैं।

(ix) इंदौर के अन्य कम फ़ीस वाले निजी विद्यालयों के शिक्षकों की तरह सुनीता को भी कम वेतन मिलता है। वह खुद भी अंग्रेज़ी नहीं जानती है लेकिन उसे स्वयं को यह साबित करना होता है कि वह बच्चों को नियन्त्रित कर सकती है और समय पर पाठ्यक्रम पूरा करवा सकती है। स्कूल दो पारियों में चलता है, कालांश काफ़ी छोटे होते हैं। इसके अलावा, बच्चों को स्कूल में खेलने, चित्र बनाने या अन्य कुछ करने का समय नहीं दिया जाता। उनके पास विभिन्न विषय पढ़ने के लिए लगातार पाँच-छः कालांश होते हैं, और उसके बाद वे घर चले जाते हैं। भोजनावकाश भी काफ़ी छोटा

होता है। पूरा माहौल निराशाजनक, आनन्द-रहित और दमघोटू होता है।

(x) सुनीता स्कूल नहीं आने वाले एक बच्चे पर व्यंग्य कस रही है :
लड़का : "मैडम जी हमारे यहाँ मेहमान आए थे।"
स्वाभाविक था, वह इस के बारे में काफी उत्साहित था। परन्तु सुनीता की प्रतिक्रिया यह थी–
सुनीता : "मेहमान जरूरी है, अपनी क्लास जरूरी थोड़ी ही है। है कि नहीं? सही है ना? है ना मेहमान जरूरी है, स्कूल आना जरूरी नहीं है!

(xi) अंजलि अक्सर अज्जू का शॉर्पनर उनके पलंग के नीचे फेंक दिया करती थी। उसने बिना खुद बिस्तर के नीचे देखे उसे वहाँ से निकालने का एक तरीका निकाल लिया था। शॉर्पनर को निकालने के लिए वह शॉर्पनर के ब्लेड के चुम्बकीय गुण, एक टूटी हुई खिलौना गाड़ी के पहिये और कहीं पड़ा हुआ मिला एक चुम्बक इस्तेमाल में लाया। उसने मुझे सम्पूर्ण प्रक्रिया हिन्दी में समझायी और करके भी दिखाया।

(xii) हिन्दी पर उस की पकड़ और स्वयं को अभिव्यक्त करने की क्षमता का यह एक उदाहरण है–
अज्जू : ला दे दे।
अंजलि जिस वस्तु से खेल रही थी, अज्जू कह रहा था कि वह उसे दे दे।
रेवा : (हँसते हुए) देगी नहीं।
अज्जू (उल्लासपूर्ण हँसी के साथ) : खेल री कबड्डी!

यह 'प्रतीकात्मकता' का एक उदाहरण है : अंजलि अपने हाथ की वस्तु अज्जू को देने का नाटक कर रही थी, असल में दे नहीं रही थी। वह उसकी इन हरकतों को 'कबड्डी' कहा करता था; कबड्डी-खेल जिसमें खिलाड़ी को अपने उन विरोधियों को चकमा देना होता है जो उसे पकड़ने की कोशिश कर रहे होते हैं।

सन्दर्भ

अलेक्ज़ेंडर, रॉबिन (2008). कल्चर, डायलॉग एण्ड लर्निंगः नोट्स ऑन एन इमर्जिंग पैडागॉजी. नील मर्सर एण्ड स्टीव हॉड्किन्सन (सम्पादक) में *एक्स्प्लोरिंग टॉक इन स्कूल* (पृष्ठ 91-113) लंदनः सेज पब्लिकेशन्स्.

बार्नस, डगलस (2008). एक्सप्लोरेटरी टॉक फ़ॉर लर्निंग. नील मर्सर एण्ड स्टीव हॉड्किन्सन (सम्पादक) में *एक्स्प्लोरिंग टॉक इन स्कूल* (पृष्ठ 1-15) लंदनः सेज पब्लिकेशन्स्.

डेनीसन, जॉर्ज (1969). द लाइव्स ऑव चिल्ड्रनः *द स्टोरी ऑव द फ़र्स्ट स्ट्रीट स्कूल* (पृष्ठ 73-84) न्यूयॉर्कः रैण्डम हाऊस.

फ्रेरे, पाउलो (1972). *पैडागॉजी ऑव द ऑपरेस्ड,* ग्रेट ब्रिटेन में शीड एण्ड वार्ड द्वारा प्रथम प्रकाशित, पेंग्विन एडीशन, पृष्ठ 40-51.

लैंक्शियर, कोलिन, गी, जेम्स पॉल, नॉबेल, मिशेल तथा सील, क्रिस (1997). लैंग्वेज एण्ड सोशल प्रोसेस. *चेंजिंग लिट्रेसीज़* (पृष्ठ 25-37) में बकिंघमः ओपन युनिवर्सिटी प्रेस.

श्रीवास्तव, पी. (2006). प्राइवेट स्कूलिंग एण्ड मेंटल मॉडल्स अबाउट गर्ल्स स्कूलिंग इन इण्डिया, कम्पेयरः *अ जर्नल ऑव कम्पैरेटिव एण्ड इन्टरनेशनल एजुकेशन, 36*(4), 497-514, रिट्रीव्ड फ्रॉम http://dx.doi.org/10.1080/03057920601024958.

लेखिका के बारे में : रेवा युनूस ने टाटा इन्स्टीट्यूट ऑफ सोशल साइंसिज़, मुम्बई से एम.ए. एज्युकेशन (एलिमेन्टरी) किया है।

e-mail : reva.yunus@gmail.com

अनुवादक : लेखिका द्वारा किया गया है।

स्रोत : *लेंग्वेज एण्ड लेंग्वेज टीचिंग.* 3.1.5, 6-11, जनवरी 2014.

पठन : संकेतों का सामंजस्यीकरण

सोनिका कौशिक

पढ़ने की दक्षता शायद स्कूल में सिखाई जाने वाली दक्षताओं में सबसे महत्त्वपूर्ण है। स्कूली पाठ्यचर्या के तहत इसका प्रयोग भाषा-शिक्षण तक ही सीमित नहीं है, बल्कि पाठ्यचर्या के कई क्षेत्रों में होता है। इसीलिए, पढ़ने यानि पठन में सफलता के निहितार्थ अन्य विषयों के लिए भी हैं। एक महत्त्वपूर्ण दक्षता होने के बावजूद यह खास तौर से प्राथमिक कक्षाओं के लिए चिन्ता का एक विषय बनी हुई है। देखने में आ रहा है कि बच्चों को सिखाई जाने वाली पठन की दक्षताएँ लम्बे दौर तक नहीं बनी रहतीं और टिकाऊ न होने के चलते अर्थपूर्ण पठन में भी तब्दील नहीं हो पातीं।

पठन की प्रक्रिया पर होने वाला समकालीन अनुसन्धान इसकी परिकल्पना अर्थ-निर्माण की प्रक्रिया के रूप में करता है। भिन्न-भिन्न विषय-क्षेत्रों में किये गये अलग-अलग अनुसन्धान, अर्थ के महत्त्व पर बल देने की बात पर एकमत दिखाई देते हैं (टील एवं सल्ज़्बी, 1986)। मगर स्कूलों में व्यावहारिकता में प्रयोग होने वाली भाषा सीखने-सिखाने की प्रक्रियाएँ अक्सर अर्थ-निर्माण के पहलू की अनदेखी करती हैं और भाषा के यांत्रिक पहलू को अधिक महत्त्व देती हैं। कुमार (2009) के मुताबिक, भारत के प्राइमरी स्कूलों में बच्चों द्वारा, वाक्यों को शब्दों और शब्दों को अक्षरों में तोड़ कर पढ़ना एक आम बात है (पृष्ठ 79)। सिन्हा (2000) का कहना है कि पठन की कल्पना एक ऐसे अभ्यास के रूप में करना जिसके तहत लिखित भाषा का एक मौखिक पर्याय या समानार्थी तलाशा जाता है, अर्थ-निर्माण के लिए बाधा है जो अर्थबोध को भी बाधित करता है।

यह लेख कक्षा-3 के एक बेहतर और एक कमज़ोर पाठक की पठन प्रक्रिया को जाँचता है। यह इस बात का भी विश्लेषण करता है कि वे किन अलग-अलग तरीकों से पढ़ने की क्षमता को विकसित करते हैं और पढ़ने के दौरान आने वाली चुनौतियाँ का सामना किस प्रकार करते हैं।

भाषा-संकेतों की व्यवस्था

गुडमैन (1996) भाषा की चार संकेत-व्यवस्थाओं के सामंजस्यपूर्ण ढंग से काम करने के महत्त्व पर बल देते हैं। ये व्यवस्थाएँ हैं अर्थ-विज्ञान, वाक्य-विज्ञान, लिपि-विज्ञान (ग्राफ़ोफ़ोनिक्स) और व्यावहारिक अर्थ-क्रिया विज्ञान (प्रैग्मैटिक्स)। अर्थपूर्ण या सफल पठन के लिए आवश्यक है कि ये चारों व्यवस्थाएँ एक-दूसरे के साथ ताल-मेल से चलें। अर्थ-विज्ञान भाषा में अर्थ से सम्बद्ध होता है और वाक्य-विज्ञान किसी भी भाषा में वाक्य की संरचना या शब्द व्यवस्था से। उदाहरण के लिए, हिन्दी में क्रिया हमेशा कर्म के बाद आती है जब कि अंग्रेज़ी में कर्म से पहले। लिपि-विज्ञान भाषा में प्रतीक-चिह्न और ध्वनि के बीच रिश्ते से सम्बद्ध है। उदाहरण के लिए, हिन्दी में ध्वनि 'क' का सम्बन्ध केवल एक प्रतीक-चिह्न या अक्षर से है। व्यावहारिक अर्थ-क्रिया विज्ञान किन्हीं विशेष संदर्भों में भाषा के विशेष प्रयोग के बारे में है।

पाठक द्वारा केवल एक या दो ही संकेत-व्यवस्थाओं पर अत्यधिक बल देना या एक या अधिक व्यवस्थाओं को पूरी तरह दरकिनार कर दिया जाना पठन और उसके अर्थ को गम्भीर तौर पर प्रभावित कर सकता है। पठन में अर्थ की केन्द्रीयता को नकारा नहीं जा सकता या यों कहें कि उस के साथ समझौता नहीं किया जा सकता।

संकेतों का विश्लेषण भी पठन के विश्लेषण की एक तकनीक है जिसे अंग्रेज़ी में 'मिस्क्यू एनैलिसिस' कहते हैं। इस की मदद से हम देख सकते हैं कि पाठक इन संकेत-व्यवस्थाओं का प्रयोग किस तरह करता है, यह देखना फिर चाहे बस 'एक झलक' बराबर ही क्यों न हो। इस तकनीक को विकसित करने वाले शख़्स थे- केनेथ गुडमैन (रोहड्स एवं शैन्क्लिन, 1993)। गुडमैन ने 'मिस्क्यू' शब्द का प्रयोग उन चूकों के लिए किया जिन्हें आमतौर पर पठन में की जाने वाली गलतियाँ मान लिया जाता है। इस शब्द को प्रयोग में लाने का मकसद था कि शब्द 'एरर' (यानि ग़लती) की नकारात्मक अर्थ-छवि से बचा जा सके। इस तकनीक के तहत बच्चों द्वारा पढ़ते समय की जाने वाली 'गलतियों' को हमदर्दी की नज़र से देखा जाता है और इस बात की जाँच की जाती है कि क्यों और कैसे पाठक पाठ की विषयवस्तु से 'भटक' गया। दिलचस्प बात यह है कि इस विश्लेषणात्मक प्रक्रिया से प्रकट होता है कि हर तरह के पाठक पढ़ते समय इस प्रकार की चूकें करते हैं।

लेख के आगे आने वाला खण्ड बताता है कि चारों व्यवस्थाएँ कितने जटिल तरीकों से एक साथ काम करते हुए अर्थ-निर्माण करती हैं। भाषा के इस

बहुव्यवस्थाई ढांचे का इस्तेमाल करते हुए दो बच्चों के पठन को जाँचा गया है। 'अच्छा' और 'बुरा' पाठक- इस शब्दावली का प्रयोग आमतौर पर अनुसन्धान से जुड़े साहित्य में किया जाता है। लेकिन यहाँ इरादा बच्चों को वर्गीकृत करने का नहीं है बल्कि उन गुणात्मक भिन्नताओं को सामने लाने का है जो उनके पठन के दौरान हमारे सामने आती हैं।

चूकें : पठन की प्रकृति

कक्षा-3 के दो बच्चों को पढ़कर सुनाने के लिए एक नई कहानी '*देहाती की गाय*' (शंकर, 1999) दी गई। इन में से एक बच्चा पठन में अच्छा था और दूसरा बहुत अच्छा नहीं था (या यों कहें कि उसे पढ़ने के लिए संघर्ष करना पड़ रहा था)। दोनों बच्चों के पठन को रिकॉर्ड किया गया और बाद में चूकों की प्रकृति या मूल पाठ से भटकाव का अध्ययन करने के लिए विश्लेषण किया गया। विश्लेषण से उनके द्वारा की गई चूकों और परिणामस्वरूप उनके पठन में गुणात्मक स्तर की भिन्नताओं के बारे में जानकारी मिली। यहाँ बच्चों द्वारा पढ़े गए पाठ के एक हिस्से की चर्चा की जाएगी।

पाठ-'क' को ध्यान में रखें। यह उस पाठक के पठन का उदाहरण है जो अच्छा पाठक नहीं था। वह पहले ही वाक्य (वा.1) में तीन चूकें करता है। पहली चूक है शब्द '*गाँव*' को '*गा*' और '*व*' में बाँटना- अनुस्वार को पूरी तरह अनदेखा कर दिया गया। वह शब्द के दोनों हिस्सों को मिलाने की चिन्ता नहीं करता और आगे बढ़ जाता है। फिर इसी वाक्य में (वा.1) वह 'गाय' शब्द को 'गया' पढ़ता है और 'थी' को 'था' (यानि लिंग का प्रयोग सही नहीं था)। स्थानीय स्तर के हिसाब से तो 'था' 'गया' के साथ मेल खाता लगता है। 'गया' और 'था' शब्द 'गाय' और 'थी', से मिलते-जुलते से दिखाई देते हैं इसलिए जहाँ तक शब्द-विशेष का सम्बन्ध है, इन 'चूकों' को दरकिनार किया जा सकता है। लेकिन बच्चे द्वारा पढ़े गए पूरे वाक्य की बनावट को जाँचा जाए तो उसके परिणाम में मिलने वाला अर्थ बहुत संतोषजनक नहीं लगता। दूसरा वाक्य (वा.2) चूकों से भरा है लेकिन वे ऐसी हैं कि स्वयं ही ठीक की जा सकती हैं। पाठक दूसरे शब्द, 'प्रतिदिन' को छोड़ देता है, शब्द 'पाँच' को 'पान' और 'च' में विभाजित कर देता है और फिर दोनों को जोड़ कर 'पाँच' ध्वनित करता है- इस बार नासिक ध्वनि *अनुस्वार* को भी शामिल करता है। इसी तरह शब्द 'किलो' में भी विभाजन और मिलान किया जाता है। 'दूध' पढ़ने के बाद पाठक 'देती' की बजाय 'दिया' पढ़ता है, इस चूक को ठीक करता है, और फिर 'थी' की बजाय 'है' पढ़ता है। शब्द 'प्रतिदिन' के

छोड़ दिये जाने और 'थी' की बजाए 'है' के प्रयोग से वाक्य पूरा अर्थ देता है हालाँकि दूसरे वाक्य (वा.2) का काल बदल गया है और वह पहले वाक्य के कालानुकूल नहीं है। 'है' वाली चूक समझ में नहीं आती क्योंकि दिखाई दे रहा है कि विषयवस्तु हमें उस तक नहीं ले जाती। वाक्य 3 (वा.3) में 'बेच' को 'पहुन' और 'चा' पढ़ा गया, जिन्हें जोड़ा जाए तो बनेगा 'पहुँचा'। यह सब तब तक सार्थक लगता है जब तक कि हम 'उस' तक नहीं पहुँचते, जिसे 'उसे' पढ़ा जाता है, और फिर शब्द 'पैसे' के साथ ही वाक्य-संरचना ढहने लगती है। वाक्य-3 के अन्त में 'रहना' के बहुवचन रूप 'रहते थे' का प्रयोग किया गया। यह एकवचन कर्ता 'देहाती' और 'उसे' के साथ परस्पर मेल नहीं खाता है। वाक्य-4 में शब्द 'गाँव' फिर आता है और अब बच्चा उसे पहले से अलग तरह से पढ़ता है। अब अनुस्वार उच्चारित किया जाता है और दीर्घ स्वर 'आ' छोड़ दिया जाता है। वह आगे बढ़ता है, और जब शब्द 'विवाह' आता है तो उसका पढ़ना डगमगाने लगता है। वह दो बार इस शब्द को पढ़ने की कोशिश करता है, पहले तो उसके टुकड़े करके और फिर दोनों हिस्सों को मिला कर या पूरा शब्द पढ़ने की कोशिश कर के। दोनों ही स्थितियों में शब्द बनता ही नहीं। एक बार फिर वह 'हो' की बजाए 'है' बोलता है तो काल बदल देता है और 'रहा' को ध्वनित करने और मिलाने का असफल प्रयास करता है तथा अन्त में 'था' की बजाए 'थ' बोलता है। वाक्य-5 में भी वह इसी तरह बोलता है। दिलचस्प बात तो यह है कि वह शुरू के कुछ वाक्यों में आसानी से पढ़े गए शब्दों को अब बोलने में लड़खड़ाता है- 'देहाती' और 'दूध' ऐसे ही दो शब्द हैं। पाठ- 'क' के वाक्य-5 में वह शब्द 'विवाह' को पढ़ने के तीन असफल प्रयास करता है।

इस बच्चे के पठन के विश्लेषण से स्पष्ट दिखाई देता है कि पठन की आमतौर पर अपनाई गयी उसकी रणनीति शब्द के हिस्सों को ध्वनित करने और फिर उन्हें आपस में मिलाने की रहती है। और अधिकतर होता यह है कि इस रणनीति का अनुकरण करते हुए वह पाठ के सही शब्द तक नहीं पहुँच पाता। लेकिन हार माने बिना वह या तो उस गैर-शब्द पर ही रह जाता है या शब्द का कोई ऐसा रूप पढ़ता है जो हिन्दी में स्वीकार्य तो है मगर वाक्य संरचना के हिसाब से अनुपयुक्त है। वाक्य-5 में 'सकेग' और 'उहे' और पाठ- 'क' के वाक्य-4 में 'वीह' इसी प्रकार के गैर-शब्दों के उदाहरण हैं। बच्चा अक्षरों और मात्राओं से अवगत है और वह इस ज्ञान का प्रयोग पढ़ने के लिए करता है मगर विलगता में। यह अजीब लगता है कि वह इस ज्ञान का प्रयोग कहीं तो प्रभावशाली तरीके से करता है और कहीं इसका प्रयोग नहीं कर पाता। इससे अन्दाजा लगाया जा सकता है कि केवल लिपि-विज्ञान (ग्राफ़ोफ़ोनिक्स) का उपयोग आप को पठन

में बहुत दूर तक नहीं ले जा सकता। इस मामले में बच्चा अपने हिन्दी भाषा की वाक्य संरचना के ज्ञान को अपनी वर्णमाला के ज्ञान की सहायता के लिए सक्रिय तौर पर आगे नहीं ला रहा है। इससे भी अधिक महत्त्वपूर्ण है कि वह शायद यह नहीं जानता कि पढ़ना अर्थ के लिए होता है। इसीलिए वह पाठ के वैश्विक, व्यापक अर्थ को बचाये रखने का कोई प्रयास नहीं करता। स्पष्ट है कि वह कुछ स्थानों पर सुसंगत वाक्यांश निर्मित करता है लेकिन अन्य स्थानों पर अर्थ को पूरी तरह त्याग देता है और अन्धाधुन्ध, अव्यवस्थित तरीके से शब्दों को ध्वनित करता है। वह पिछले वाक्यों में निर्मित अर्थ को आगे ले जाने या उस की बुनियाद को पुख़्ता करने के बारे में चिन्तित नहीं है। हाँ, यह बात भी है कि आमतौर पर अधिकतर वृत्तान्त भूतकाल में होते हैं और मुमकिन है कि अक्सर प्रयोग में आने वाली इस विधा की जानकारी के चलते यह बच्चा एक वाक्य से दूसरे में काल न बदलने के लिए प्रवृत्त रहा हो।

उसी पाठ के उसी खण्ड को एक बेहतर पाठक द्वारा पढ़ा गया तो तीन चूकें हुईं। बेहतर पाठक के लिए पठन-नमूना पाठ- 'ख' के वाक्य-2 में बच्चा 'दूध' के बाद शब्द 'एक' जोड़ देता है लेकिन फिर वापस जाता है और 'दूध' से आगे का हिस्सा पढ़ता है, मगर इस बार बिना 'एक' के। पहले वाले पाठक की ही तरह वह भी वाक्य-4 में 'विवाह' शब्द पर आ कर लड़खड़ाता है, शायद इसलिए कि वह उतना अधिक प्रयोग में नहीं आता जितना कि उसका पर्यायवाची 'शादी'। वह दो बार कोशिश करता है, पहली बार 'वान' बोलते हुए, जो शब्द में किसी भी तौर पर नहीं है, फिर 'विहा' बोलता है जिससे वह शब्द का थोड़ा सा छोर पकड़ता है, और अन्ततः वह शब्द को ठीक पढ़ लेता है। वाक्य-5 में शब्द 'सकेगा' को पढ़ने में अनिश्चितता दिखायी देती है। स्पष्ट है कि यह बच्चा अपने पठन की निगरानी कर रहा है, उस पर नज़र रखे हुए है और परिवर्तित तथा अनुचित वाक्य-रचना के प्रति सजग है- वह 'एक' शब्द को जोड़ तो देता है मगर तुरन्त वाक्य को दोहराते हुए उसे ठीक करता है। उस का ध्यान एक ही समय पर कहानी की वाक्य-संरचना तथा निर्मित हो रहे अर्थ, दोनों पर है और वह शब्द के अक्षरों पर ध्यान देने की चुनिन्दा रणनीति का प्रयोग करता है।

दोनों बच्चों द्वारा किए गए पठन के विश्लेषण में शब्द 'विवाह' दिलचस्प साबित होता है। कमज़ोर पाठक उसे पढ़ने के अधिक प्रयास करता है और ध्वनि के हिसाब से उसे उच्चारित करने के अधिक नज़दीक है। वह 'वी व ह' कहने तक तो आ जाता है मगर दुनिया के बारे में अपने ज्ञान को प्रयोग में नहीं लाता और उसका ध्यान लगातार शब्द को विभाजित करने और फिर मिलाने पर ही रहता है। पिछले वाक्यों का पठन उसे किसी भी तरह मदद नहीं करता क्योंकि

उसके पठन से कोई सुसंगत अर्थ नहीं निकलता। इसलिए उसका पठन निरन्तर ढहता चला जाता है। दूसरा बच्चा लगातार अपने पठन के अर्थ पर नज़र रखता है और पथ से हटते हुए या चूक करते हुए भी अर्थ को बनाए रखता है।

निष्कर्ष

चूकों का विश्लेषण हमें यह सुनने को प्रेरित करता है कि बच्चे पठन की अपनी क्षमताओं के बारे में हमें क्या बता रहे हैं और किस तरह की सहायता की उन्हें दरकार है। पठन की धारणा यदि केवल इस रूप में हो कि इसके तहत शब्दों को मात्र ध्वनि देना है या यह लिखे हुए को खोलने-स्पष्ट करने का अभ्यास मात्र है तो शिक्षक के तौर पर बच्चों के पठन में सहायता की हमारी सामर्थ्य सीमित रहती है। ज़्यादातर तो पठन के लिए संघर्ष करते बच्चे को बस वर्ण और मात्राएँ अच्छे से सीखने को कहा जाता है (कौशिक, 2004) लेकिन यह सुझाव असल में पठन-प्रक्रिया की जटिलता को अनदेखा करता है। वह बच्चे को यह भी सम्प्रेषित करने में असफल रहता है कि उसे भाषा-सम्बन्धी अपने सम्पूर्ण ज्ञान- उसकी वाक्य-संरचना, शब्दार्थ, वर्ण-ध्वनि सम्बन्ध को सक्रियता से एकीकृत करना होगा और इसका केन्द्रीय लक्ष्य होगा- अर्थ-निर्माण के लिए पठन। हमें बच्चों द्वारा पठन के दौरान की गई गलतियाँ ठीक करने की अपनी भूमिका को फिर से परिभाषित करने की आवश्यकता है (ओवोकी तथा वाई गुडमैन, 2002)।

मूल पाठ : देहाती की गाय

वाक्य-1 एक गाँव वाले के पास एक गाय थी।
वाक्य-2 वह प्रतिदिन पाँच किलो दूध देती थी।
वाक्य-3 देहाती दूध बेचकर उस पैसे से मज़े से रहता था।
वाक्य-4 गाँव के पास ही कहीं विवाह हो रहा था।
वाक्य-5 लोग उस देहाती के पास यह पता लगाने आये कि वह विवाह के समय उन्हें कितना दूध दे सकेगा।

पाठ 'क' कमज़ोर पाठक का पठन नमूना

वाक्य-1 एक गाव वाले के पास एक गया था।
वाक्य-2 वह पाँच-पाँच की लो किलो दूध दिया देती है।
वाक्य-3 देहाती दूध पहुँचा कर उस पैसे से मजे से रहते थे।
वाक्य-4 गाँव के पास ही कही वह रह रहे थे।

वाक्य-5 लोग उस देहाती के पास यह पता लगने आये थे कि वह उसे कितने दूध दे सकेग।

पाठ 'ख' बेहतर पाठक का पठन नमूना

वाक्य-1 एक गाँव वाले के पास एक गाय थी।

वाक्य-2 वह प्रतिदिन पाँच किलो दूध एक दूध देती थी।

वाक्य-3 देहाती दूध बेचकर उस पैसे से मज़े से रहता था।

वाक्य-4 गाँव के पास ही कही विवाह हो रहा था।

वाक्य-5 लोग उस देहाती के पास यह पता लगाने आये कि वह विवाह के समय उन्हें कितना दूध दे सकेगा।

सन्दर्भ

गुडमैन, के. (1996). *ऑन रीडिंग.* पोर्टस्माउथ, एन एचः हाइनमेन.

कौशिक, एस. (2004). *टीचर्स असम्प्शंस अबाउट अर्ली रीडिंग.* अप्रकाशित एम.एड. शोधकार्य. दिल्ली विश्वविद्यालय, दिल्ली.

कुमार, के. (2009). *व्हट इज़ वर्थ टीचिंग?* नई दिल्लीः ओरिएंट ब्लैक स्वान.

ओवोकी, जी. एण्ड गुडमन, वाइ. (2002). *किड्वाचिंगः डाक्युमेन्टिंग चिल्ड्रन्स लिटरेसी डवेलप्मेन्ट.* पोर्टस्माउथ, एन एचः हाइनमैन.

रोड़ज़, एल.के. एण्ड शैंकलिन, एन. (1993). *विंडोज़ इन्टू लिटरेसीः एसेसिंग लर्नर्स के-8.* पोर्टस्माउथ, एन एचः हाइनमैन.

शंकर. (1999). मूर्खों का स्वर्ग में 'देहाती की गाय' (पृष्ठ 4-5). नई दिल्लीः चिल्ड्रन्स बुक ट्रस्ट.

सिन्हा, एस. (2000). अक्वायरिंग लिटरेसी इन इण्डियन स्कूल्स. *सेमिनार, 493,* 38-42.

टील, डब्ल्यू एण्ड सल्ज़्बी, ई. (1986). इमर्जेन्ट लिटरेसी ऐज़ अ पर्सपेक्टिव फ़ॉर इग्ज़ामिनिंग हॉअ यंग चिल्ड्रन्स बिकम राइटर्स एण्ड रीडर्स. ड्ब्ल्यू टील एण्ड ई. सल्ज़्बी (सम्पादक), *इमर्जेन्ट लिटरेसीः राइटिंग एण्ड रीडिंग* (पृष्ठ vii-xxv½ में नॉरबुड, एन जेः एब्लेक्स.

लेखिका के बारे में : सोनिका कौशिक दिल्ली विश्वविद्यालय के शिक्षा विभाग से इमर्जेन्ट लिटरेसी (अर्ली रीडिंग एण्ड राइटिंग) में पीएच.डी. कर रही हैं।

e-mail : sonikakaushik@yahoo.co.in

अनुवादक : रमणीक मोहन, आजकल स्वतंत्र रूप से लेखन और अनुवाद का कार्य करते हैं।

स्रोत : *लेंग्वेज एण्ड लेंग्वेज टीचिंग,* 3.1.5, 12-15, जनवरी 2014.

पहली व दूसरी भाषा में पढ़ना सीखने की प्रक्रिया

सावन कुमारी

भारत भाषायी विविधताओं वाला देश है। इस भाषायी विविधता का सम्बन्ध औपनिवेशीकरण, प्रवास, राजनैतिक प्रभाव, अलग-अलग धार्मिक व नृजातीय अल्पसंख्यकों की उपस्थिति से है, ऐसा कहा जा सकता है (श्रीधर, 1996)। इसी के फलस्वरूप देश के विभिन्न भागों में अलग-अलग भाषाएँ मौजूद हैं जो शिक्षा तंत्र की जटिलता को ज्यादा बढ़ा देती हैं। स्कूल पाठ्यक्रम हेतु कौन सी भाषा का चुनाव किया जाय, यह भाषा शिक्षा का एक मुख्य सरोकार है। हमारे इस बहुभाषी देश में अंग्रेज़ी ने एक अलग ही स्थान बनाया है। यह पठन-पाठन की भाषा मानी जाती है व दुनिया को जानने समझने का माध्यम भी (NCF 2005)।

भाषायी पाठ्यचर्या का एक बुनियादी हिस्सा है—पढ़ना सीखना। सिन्हा (2012) के मुताबिक स्कूल में समझकर पढ़ना सीखना महत्त्वपूर्ण है क्योंकि समझकर पढ़ना सीखना हरेक विषय में सफलतापूर्वक ज्ञान निर्माण करने के लिये जरूरी है। और यही वजह है कि दो भाषाओं में पढ़ना सीखना जिसमें अंग्रेज़ी भी सम्मिलित है, भारत में एक मुख्य चुनौती है।

अब द्विभाषी कक्षाएँ देश में अपवाद स्वरूप नहीं हैं क्योंकि एक तरह से लगभग हर कक्षा ही द्विभाषी है। हालांकि द्विभाषा क्या है इसे परिभाषित करना आसान नहीं है। द्विभाषा के सन्दर्भ में दो बिल्कुल विपरीत मत मौजूद हैं। एक तरफ एडवर्ड (2000) कहते हैं कि "प्रत्येक व्यक्ति द्विभाषी होता है" उनके अनुसार दुनिया में कोई व्यक्ति ऐसा नहीं है जो अपनी मूल भाषा के अलावा किसी अन्य भाषा के शब्द न जानता हो, कम से कम कुछ शब्द तो वह जरूर जानता होगा। दूसरी तरफ हैं ब्लूमफील्ड जो बहुभाषिकता को कुछ इस तरह परिभाषित करते हैं "दो भाषाओं पर मूल भाषा जैसा अधिकार" (हेमर व ब्लान्स 2005 पृ. 56)।

एडवर्ड व ब्लूमफील्ड के नज़रिये के बीच भी कई अन्य परिभाषाएँ मौजूद हैं। मैकनमारा (1967) के अनुसार एक द्विभाषी वह व्यक्ति है जो अपनी मातृभाषा

के साथ-साथ किसी अन्य भाषा में भी न्यूनतम योग्यता रखता है। यह न्यूनतम योग्यता चार भाषायी कौशलों में से किसी एक में हो सकती है। यह परिभाषा एडवर्ड की परिभाषा के काफी करीब है। ली (2000) तीस विभिन्न प्रकार की द्विभाषिकता के बारे में चर्चा करने के बाद बताते हैं कि द्विभाषिक होने का तात्पर्य दो भाषाओं के उपयोग में सक्षम होने से है।

भारत में द्विभाषिकता दोनों स्वरूपों में मौजूद है। हालांकि द्विभाषिकता के आधार पर कक्षा का वर्गीकरण संभव नहीं है क्योंकि कक्षाओं में कौनसी दो भाषाएँ उपयोग में ली जाती हैं इसमें भी काफी विविधता है। इस विविधता के बहुत से कारण हैं। उनमें से एक कारण हो सकता है अलग-अलग तरह के स्कूलों का होना यथा प्राइवेट स्कूल, सरकारी स्कूल, सरकारी सहायता प्राप्त स्कूल इत्यादि। ये सभी स्कूल द्विभाषिकता को मानते हैं व प्रयोग भी करते हैं। हाँ, यह जरूर है कि इन सभी में द्विभाषिकता की स्थिति व प्रकार अलग-अलग हैं। इस विविधता के बावजूद हर सीखने वाले से यह अपेक्षा होती है कि उसे स्कूल में पढ़ाई जाने वाली दो भाषाओं को सीखना ही है।

न केवल द्विभाषिकता को परिभाषित करना जटिल है बल्कि प्रथम भाषा (L1) तथा द्वितीय भाषा (L2) की अवधारणाएँ जिनके बारे में यह लेख बात करता है, की भी कई श्रेणियाँ हैं।

प्रथम भाषा, मूलभाषा, मातृभाषा इत्यादि शब्द अक्सर एक दूसरे के स्थान पर अदल-बदल कर प्रयोग किये जाते हैं। इस लेख में L1 से तात्पर्य बच्चे द्वारा अर्जित की गई प्रथम भाषा या मातृभाषा या मूल भाषा से है। जहाँ तक L2 का सवाल है इसकी भी कई परिभाषाएँ मौजूद हैं। स्टर्न (1983) इसे सरकारी मान्यता प्राप्त भाषा के रूप में परिभाषित करते हैं (से.उ. मेजिया 2002)। वहीं एलिस (2003, 3) के अनुसार L2 यानि मातृभाषा को छोड़कर कोई भी अन्य भाषा। इस परिभाषा के अनुसार भारत जैसे बहुभाषिक देश में बहुत सी द्वितीय भाषाएँ संभव हैं। लेकिन इस लेख में, मैं विशेष रूप से एक द्वितीय भाषा के रूप में अंग्रेज़ी के बारे में बात करूंगी।

लेख मुख्यतः दो हिस्सों में है। पहला हिस्सा पढ़ने की प्रक्रिया के बारे में है व दूसरा हिस्सा L1 व L2 में पढ़ना सीखने में अन्तर के बारे में बात करता है।

पढ़ना माने क्या?

कोई भी पठन सामग्री अपने आप में पूर्णतः स्पष्ट नहीं होती। दूसरे शब्दों में पूरा अर्थ पठन सामग्री में ही निहित हो ऐसा नहीं होता, पाठक पठन सामग्री

को अर्थपूर्ण बनाता है। पठन सामग्री, सन्दर्भ व पाठक आपस में संवाद करते हुए अर्थ का निर्माण करते हैं अतः पढ़ने में पाठक की भूमिका बहुत महत्त्वपूर्ण है (गुडमैन 1967, एडंरसन 1984)। गुडमैन पढ़ने को एक ऐसी प्रक्रिया के रूप में देखते हैं जिसमें पाठक दी गई जानकारी का प्रयोग करते हुये लगातार अर्थ निर्माण की प्रक्रिया में जुटा रहता है। पाठक पठन सामग्री के साथ-साथ अन्य स्रोतों से उपलब्ध जानकारी का भी उपयोग करता है।

पढ़ने की प्रक्रिया के दौरान पाठक पहले सोच-विचार कर अनुमान लगाता है और तब अपने अनुमानों की पुष्टि करता है या उनसे असहमत होता है। पाठक अपने पास उपलब्ध पूर्व ज्ञान व जानकारियों का उपयोग करते हैं- अनुमान लगाने में व जो चीज़ें उन्होंने टुकड़ों-टुकड़ों में सीखी हैं उनको स्मृति में रखने तथा जो चीज़ उन्होंने नयी सीखी है उसे, जिसे वे पहले से जानते हैं उसमें जोड़ने के लिये।

पाठकों के पास उपलब्ध पूर्व ज्ञान में भी बहुत फ़र्क हो सकता है। इसमें भाषायी ज्ञान, सन्दर्भ, विषय वस्तु से परिचय, सांस्कृतिक ज्ञान, पठन सामग्री के बारे में जानकारी इत्यादि सम्मिलित है। अगले हिस्से में मैं लिखित जानकारी (ग्राफिक), वाक्य रचना व अर्थ सम्बन्धी जानकारी इत्यादि की, पढ़ने की प्रक्रिया की क्या भूमिका होती है, इस बारे में बात करूंगी।

लिखित जानकारी, वाक्य रचना व अर्थ सम्बन्धित जानकारी

गुडमैन के अनुसार पाठक के पास तीन तरह की जानकारी उपलब्ध रहती है। पहली लिखित जानकारी जो आँखों के जरिये पाठक ग्रहण करता है, बाकी दो तरह की जानकारी यानि वाक्य सम्बन्धी व अर्थ सम्बन्धी पाठक स्वयं जुटाता है जब वह पढ़े हुए को प्रोसेस करना शुरू करता है। चूंकि पाठक का उद्देश्य अर्थ समझना होता है अतः यह भी पाठक ही तय करता है कि अर्थ प्राप्त करने के लिए उपलब्ध तीनों प्रकार की जानकारी में से कौन सी जानकारी को कितना उपयोग में लेना है (केम्बॉर्न 1977)।

उदाहरण के लिए 'Ram is playing football', इस वाक्य में जब पाठक राम शब्द देखता है तभी वह अंदाजा लगा लेता है कि आगे आने वाला शब्द 'is' होगा। इस प्रक्रिया में पाठक को सहायक क्रिया व वाक्य स्तर के नियम मदद करते हैं। 'is' पढ़ने के बाद फिर से वाक्य संरचना सम्बन्धी समझ यह संकेत देती है कि मुख्य क्रिया, सहायक क्रिया के अनुसार होगी और सामान्य तौर पर वहाँ कोई भी शब्द यथा पूर्वसर्ग, संयोजक शब्द या अन्य नहीं आ सकता। ज्यादा कुशल पाठक यह सोच सकते हैं कि 'not' का प्रयोग हो सकता है अथवा क्रिया

विशेषण आ सकता है। पाठक अब आगे आने वाले शब्द का प्रथम अक्षर 'p' देखते हैं। यह 'p' अन्य बहुत सी संभावनाओं को हटा देता है जैसे writing, eating, smoking इत्यादि। और तो और यह भी अंदाजा लगाया जा सकता है कि p के बाद कौन सी ध्वनियाँ आ सकती हैं क्योंकि p के बाद कोई भी ध्वनि आ जाये ऐसा मुमकिन नहीं है, कुछ विशेष ध्वनियाँ ही आ सकती हैं। उदाहरण के लिये pb, pz इत्यादि अंग्रेज़ी में अस्वीकार्य हैं। वाक्य व अर्थ सम्बन्धी ये दो महत्त्वपूर्ण हिस्से प्रथम व द्वितीय भाषा में पढ़ना सीखने के दौरान अलग-अलग स्तर पर विकसित होते हैं। प्रथम भाषा में पढ़ना सीखना जब शुरू होता है तब तक इस भाषा का तंत्र पूरी तरह विकसित हो चुका होता है लेकिन द्वितीय भाषा में भाषा तंत्र का विकसित होना तथा पढ़ना सीखना दोनों लगभग साथ-साथ चलते हैं और पढ़ना सीखना धीरे-धीरे विकसित होता है। एक अन्य बात जो द्वितीय भाषा में पढ़ना सीखने को चुनौतीपूर्ण बना देती है वह यह कि इसमें पाठक जानकारी हेतु मुख्यतः पठन सामग्री पर ही निर्भर रहता है, किसी अन्य तरह के भाषायी इनपुट (यथा अर्थ सम्बन्धी, सांस्कृतिक) देने में वह असमर्थ होता है। साथ ही पहली भाषा की वाक्य संरचना की समझ जो काफी सटीक होती है, पाठक को पढ़ने के लिये प्रोत्साहित करती है। जबकि दूसरी भाषा के सन्दर्भ में इसका अभाव होता है। हालांकि पढ़ने का मुख्य उद्देश्य अर्थ समझना होता है और उस हेतु पाठक वाक्य, अर्थ व भाषायी नियमों की समझ आवश्यकता अनुसार काम में लेता है।

गुडमैन (1973) के मुताबिक पाठक अपनी भाषायी संरचना की समझ जो उसने मौखिक भाषा सीखते हुए हासिल की है, का उपयोग कर व्याकरिणक संरचना के बारे में अन्दाजा लगाता है (केम्बॉर्न 1977)। अगले भाग में, L1 व L2 में पढ़ना सीखने की प्रक्रिया में क्या अन्तर है इस बात पर चर्चा करूँगी।

L1 व L2 पढ़ना सीखना

पढ़ना अपने आप में एक चुनौतीपूर्ण कार्य है फिर चाहे वह L1 में हो या L2 में। यद्यपि द्वितीय भाषा में पढ़ना सीखना ज्यादा चुनौतीपूर्ण है। चलिये हम यह देखने का प्रयास करते हैं कि द्वितीय भाषा में यह ज्यादा चुनौतीपूर्ण क्यों है? यद्यपि दोनों भाषाओं में पढ़ना सिखाने में अन्तर स्वाभाविक है और इसके विभिन्न कारण हैं पर यह लेख मुख्यतः भाषायी व प्रक्रियात्मक अन्तरों, अलग-अलग तरह के भाषायी अनुभवों तथा सीखने व अर्जन में अन्तर के सन्दर्भ में इनकी बात करता है।

भाषायी व प्रक्रियात्मक अन्तरः शब्द भंडार, व्याकरण व संवाद सम्बन्धी ज्ञान

शुरुआती पाठक L1

ग्रेब (2012) के अनुसार प्रत्येक सीखने वाले के लिए पढ़ना सीखने की शुरुआत बहुत ही फरक-फरक तरह से होती है। यदि L1 व L2 के बारे में भाषायी ज्ञान के आधार पर बात करें तो प्रथम भाषा में पढ़ना सीखने की जब शुरुआत होती है तब तक सीखने वाला अपनी भाषा में संप्रेषण करना सीख चुका होता है। इसका तात्पर्य है कि 6, 7 वर्ष की उम्र तक आते-आते जब बच्चों को औपचारिक रूप से पढ़ना सिखाया जाता है तब तक उनके पास अच्छा शब्द भंडार विकसित हो चुका होता है (लगभग 6000 शब्द)। इस समृद्ध शब्द भंडार के साथ-साथ उनके पास निहित होता है भाषा की व्याकरणिक संरचना का ज्ञान। दूसरे शब्दों में उनके पास एक पूर्ण विकसित भाषायी तंत्र होता है। यहाँ पढ़ना सीखते वक्त मुख्यतः बच्चों को भाषा व उसके विभिन्न हिस्सों में सम्बन्ध बनाना सीखना होता है। यह अपने आप में पेचीदा प्रक्रिया है लेकिन उन्हें अपनी पूर्ण विकसित मौखिक भाषा से काफी मदद मिलती है।

शुरुआती L2 पाठक

L1 में पढ़ना सीखने वालों की तुलना में L2 पाठकों के पास इतना समृद्ध शब्द भण्डार नहीं होता। अतः उनके लिए यह संभव नहीं होता कि वे किसी नये बोले जाने वाले शब्द को अपने पास उपलब्ध शब्द भंडार में मौजूद शब्दों से मिला पाएं। लिहाजा अधिकांश L2 पढ़ना सीखने वाली स्थितियों में, पढ़ने में मददगार अक्षर ध्वनि सम्बन्ध देखने की क्षमता का लाभ नहीं मिल पाता क्योंकि द्वितीय भाषी विद्यार्थी बोले गये शब्द का, उस शब्द से सम्बन्ध नहीं देख सकते जिसको कि वे मौखिक रूप से जानते हैं क्योंकि वे उस शब्द के मौखिक रूप को ही नहीं जानते हैं।

यहाँ द्वितीय भाषा पढ़ना सीखने वालों का कार्य दुगुना हो जाता है—पहले शब्द को जानना व फिर उस शब्द को उसके लिखित रूप से जोड़ कर पहचानना। अतः L2 पढ़ना सीखने में इस नयी भाषा के मैपिंग सिस्टम को सीखना भी शामिल होता है जो सीखने वाला अर्जित करने की प्रक्रिया में होता है।

ग्रेब और स्टोलर (2002) बताते हैं कि संवाद कैसे करना है इसके बारे में ज्ञान होना भी पढ़ना सीखने के तरीके व रणनीतियाँ बनाने में सहायता करता है। पाठक न केवल भाषा की संरचना के बारे में अंदाजा लगा लेते हैं बल्कि वे

पठन सामग्री में आगे क्या-क्या आएगा इस बारे में भी अंदाजा लगा पाते हैं। पठन सामग्री की रचना से जान-पहचान, समझकर पढ़ने में मदद करती है क्योंकि पठन सामग्री की रचना की परिपाटी भी अलग-अलग भाषाओं में अलग-अलग होती है। अतः इसके बारे में जानकारी समझने को आसान बनाती है।

विभिन्न प्रकार के भाषायी अनुभव

दूसरी भाषा सीखने और ऊपर वर्णित भाषायी ज्ञान में अन्तर का एक मुख्य कारण है द्वितीय भाषा में पढ़ने व लिखित सामग्री से अन्तःक्रिया करने के अनुभव। द्वितीय भाषा सीखने वाले अधिकांश पाठकों को छपी हुई सामग्री पढ़ने के पर्याप्त मौके नहीं मिलते अतः वे इस भाषा का धाराप्रवाह रूप से उपयोग नहीं कर पाते। न ही उनको ऐसे शब्द भंडार विकसित करने के अनुभव मिलते हैं जो नये शब्दों को सीखने के लिए एक आधार का काम करें। प्रथम व द्वितीय भाषा पढ़ना सीखने की स्थितियों में यह अन्तर बहुत महत्त्वपूर्ण हैं क्योंकि प्रथम भाषा सीखने वालों को छपी हुई सामग्री का पर्याप्त अनुभव मिलता है फलतः कुछ ही वर्षों में वे सहज रूप से उस भाषा में कुशलता हासिल कर लेते हैं।

स्मिथ (1983) अपने निबन्ध ''पढ़ना मुश्किल बनाने के 12 आसान तरीके'' में बताते हैं कि पढ़ना सीखना जटिल व कुशलता की मांग करने वाली प्रक्रिया है जिसमें पढ़ने के लगभग सारे नियम, सारे संकेत और फीडबैक केवल पढ़कर ही प्राप्त किये जा सकते हैं। बच्चे पढ़कर ही पढ़ना सीखते हैं। वे आगे बताते हैं कि बच्चों को पढ़ना सीखने में मदद करने का तरीका है पढ़ने को आसान बनाया जाये। वह साइकिल चलाना सीखने का उदाहरण देते हुए बताते हैं कि साइकिल चला कर ही बच्चे साइकिल चलाना सीखते हैं इसी तरह पढ़ना भी पढ़कर ही सीखा जा सकता है।

अर्जन और सीखना

क्रैशन (से.उ. एलिम 2003) अर्जन व सीखने में अन्तर की व्याख्या करते हैं। अर्जन का तात्पर्य सहज भाषायी विकास की प्रक्रिया से है। अर्जन में लक्षित भाषा का उपयोग मूल भाषा-भाषी व्यक्ति के साथ विभिन्न अर्थपूर्ण सन्दर्भों में होता हैं; जबकि सीखना औपचारिक है व होशोहवास में होता है। और सीखने में ज़ोर भाषा के गठन व उसके प्रकार्यों पर ज्यादा होता है न कि अर्थ पर। क्रैशन यह दावा करते हैं कि सीखने को अर्जन में नहीं बदला जा सकता। सिर्फ अर्जित की हुई भाषा ही सहज व धाराप्रवाह बातचीत के लिए उपयोग में ली जा सकती

है और यह भी कि प्रथम भाषा हमेशा वास्तविक परिस्थितियों व अर्थपूर्ण संदर्भों में ही सीखी जाती है।

जैसा कि हमने पहले भी चर्चा की है एक पूर्ण विकसित भाषायी तंत्र का होना, समझकर पढ़ना सीखने में मददगार होता है। और जैसा कि चर्चा से भी स्पष्ट है यह तंत्र प्रथम भाषा में तो मौजूद होता है लेकिन द्वितीय भाषा में नहीं और इसलिये प्रथम भाषा में पढ़ना सीखना दूसरी भाषा में पढ़ना सीखने से निहायत ही फरक होता है।

निष्कर्ष

बेशक दूसरी भाषा में पढ़ना सीखना, पहली भाषा में पढ़ना सीखने की तुलना में काफी चुनौतीपूर्ण होता है। एक बेहतर विकसित भाषायी तंत्र न केवल भाषा के विभिन्न हिस्सों व उनके सम्बन्ध के बारे में ज्ञान से निर्मित होता है बल्कि इसके विकसित होने में उस भाषा को बोलने वाले लोगों की संस्कृति, सन्दर्भ, उनके द्वारा भाषा को उपयोग में लिये जाने के तरीके व उनके इतिहास की भी महत्त्वपूर्ण भूमिका होती है।

दूसरी भाषा पढ़ना सीखने में न केवल प्रथम भाषा में पढ़ना सीखने हेतु किये गये प्रयत्न मददगार होते हैं बल्कि प्रथम भाषा की संस्कृति, सन्दर्भ, इतिहास इत्यादि भी मदद करते हैं क्योंकि तब पाठक भाषा के ज्ञान के साथ-साथ इस ज्ञान से भी लैस होता है। पाठक को अब सिर्फ इन उपलब्ध संसाधनों का उपयोग करते हुए एक नया भाषायी तंत्र विकसित करना होता है। और इस नये भाषायी तंत्र में भी केवल भाषा व उसके विभिन्न हिस्सों के बारे में ही जानकारी नहीं होती बल्कि प्रथम भाषा की ही तरह संस्कृति, सन्दर्भ व अपना इतिहास भी होता है। भारत की संस्कृति का अंग्रेज़ी भाषा से सम्बन्ध का एक लम्बा इतिहास है।

अतः दोनों भाषाओं के संसाधनों का उपयोग सीखने व समझने में इजाफ़ा करता है। इसके अलावा भाषा अर्थ पूर्ण सन्दर्भों में अर्जित की जाती है; अतः एक तरह से कुछ भी सीखने का तात्पर्य है भाषा सीखना। इसलिये प्रथम भाषा के उपलब्ध संसाधनों का उपयोग करते हुए अंग्रेज़ी शिक्षण को और प्रभावी बनाया जा सकता है।

अन्त में, भारत में कक्षाएँ बहुभाषिक हैं। दूसरी भाषा में पढ़ना सीखना प्रथम भाषा में पढ़ना सीखने से बहुत फरक है। भाषायी व प्रक्रियात्मक फरक तो उनमें से कुछ ही है। इन कारकों के अलावा यह स्पष्ट है कि दूसरी भाषा में पढ़ना सीखने की प्रक्रिया में प्रथम भाषा व दूसरी भाषा के भाषायी तंत्र में भी

संवाद होता है। हालांकि यह केवल भाषायी तंत्र ही नहीं होता जो कि पाठक को पठन सामग्री समझने में मदद करता है, कुछ अन्य कारक भी पढ़ने की प्रक्रिया को प्रभावित करते हैं जैसे पाठक की भूमिका, सन्दर्भ, पढ़ने का उद्देश्य, विषय, पढ़ने में किया गया प्रशिक्षण इत्यादि। यह सभी कारक द्वितीय भाषा में पढ़ते समय भी महत्त्वपूर्ण भूमिका अदा करते हैं।

सन्दर्भ

एण्डरसन, आर.सी. एण्ड पीयरसन, पी.डी. (1984). स्कीमोथ्योरेटिक व्यू ऑफ बेसिक प्रोसेसेज इन रीडिंग, इन पी.डी. पीयरसन, एम. केमिल, आर. बर्र एण्ड पी. मोसेन्थल (एडिटर्स), *हैण्डबुक ऑफ रीडिंग रिसर्च,* वॉल्यूम-1, (pp 255-291), न्यूयॉर्क : लोंगमैंन.

ब्लूमफील्ड, एल. (1933). *लेंग्वेज.* लंदनः एलन एण्ड अनविन.

केम्बॉर्न, बी. (1977). गेटिंग टू गुडमैनः एन एनालिसिस ऑफ द गुडमैन मॉडल ऑफ रीडिंग विथ सम सजेशन्स फॉर इवेल्यूशन. *रीडिंग रिसर्च क्वाटरली, 12,* 605-636.

एडवर्ड, जे.वी. (2000). फॉउण्डेशन्स ऑफ बाइलिंग्वलिज़्म इन एम.एल. कामिल, पी.बी. मोसेन्थल, पी.डी. पीयरसन एण्ड आर बर्र (एडिटर्स) *हैण्डबुक ऑफ रीडिंग रिसर्च.* वॉल्यूम-3, (पीपी. 813-834) माहवाह. एन.जे.ः लारेंस एब्रोन एसोसिएट्स.

एलिस, आर. (2003). *सैकण्ड लेंग्वेज एक्वीजिशन.* न्यूयॉर्कः आक्सफोर्ड यूनिवर्सिटी प्रेस.

गुडमैन, के. (1967). रीडिंगः अ सायकोलिंग्विस्टिक गेसिंग गेम. *जर्नल ऑफ द रीडिंग स्पेशलिस्ट, 6,* 126-135.

गुडमैन, के. (1973). मिसक्यूजः विण्डो ऑन द रीडिंग प्रोसेस इन के.एस. गुडमैन (एडिटर्स). *मिसक्यू एनालिसिसः एप्लिकेशन टु रीडिंग इन्स्ट्रकशन कैम्पेन-अरबाना.* इलिनॉयः एरिक क्लीयरिंग हाऊस ऑन रीडिंग एण्ड कम्यूनीकेशन, एनसीटीई.

ग्रेब, डब्ल्यू. (2012). *रीडिंग इन अ सैकण्ड लेंग्वेजः मुविंग फ्राम थ्यरी टु प्रेक्टिस.* न्यूयॉर्कः केम्ब्रिज यूनिवर्सिटी प्रेस.

ग्रेब, डब्ल्यू एण्ड स्टॉलर, एफ. (2002). *टीचिंग एण्ड रिसर्चिग रीडिंग.* न्यूयॉर्कः लोंगमैन.

हेमर्स, जे.एफ. एण्ड ब्लेंक, एम.एच.ए. (2005). *बाइलिंग्वलिटी एण्ड बाइलिंगलिज़्म* (II एडिशन). केम्ब्रिजः क्रेम्ब्रिज यूनिवर्सिटी प्रेस.

क्रेशन, एस.डी. (1982). *प्रिंसिपल्स एण्ड प्रेक्टिस इन सैकण्ड लेंग्वेज एक्वीजिशन.* ऑक्सफोर्डः पर्गमॉन.

ली.वी. (एडिटेड) (2000). *द बाइलिंग्वल रीडर.* लंदनः रूटलेज.

मैकनमारा, जे. (1967). द बाइलिंग्वलूस लिंग्विस्टिक परफारमेन्स. *जर्नल ऑफ सोशल इश्यू, 23,* 58-77.

मेजिआ, ए. (2002). *पावर, प्रेस्टीज एण्ड बाइलिंग्लिसमः इन्टरनेशनल परर्स्पेक्टिव ऑन एलीट बाइलिंग्वल एजुकेशन.* बफ्रेलो. न्यूयॉर्कः मल्टीलिंग्वल मेटर्स.

नेशनल काउन्सिल ऑफ एजुकेशनल रिसर्च एण्ड ट्रेनिंग (एनसीइआरटी 2005) *नेशनल फोकस ग्रुप पोजीशन पेपर ऑन टीचिंग ऑफ इग्लिंश,* न्यू दिल्लीः एन.सी.ई.आर.टी.

सिन्हा, एस. (2012). रीडिंग विदाउट मीनिंगः द डॉयलमा ऑफ इण्डियन क्लासरूम्स, *लेंग्वेज एण्ड लेंग्वेज टीचिंग, 1*, 22-26.

स्मिथ, एफ. (1983). *एसेज इन टु लिटरेसीः सलेक्टेड पेपर्स एण्ड सम आफ्टरथॉट्स*. लंदन : हाइनमैन एजुकेशनल बुक्स.

श्रीधर, के.के. (1996). लेंग्वेज इन एजुकेशनः माइनोरिटीज एण्ड मल्टीलिंग्वलिज़्म इन इण्डिया, *इन्टरनेशनल रिव्यू ऑफ एजुकेशन, 42*(4), 327-347.

स्टर्न, एच.एच. (1983). *फण्डामेन्टल कॉन्सेप्ट ऑफ लेंग्वेज टीचिंग*. ऑक्सफोर्डः ऑक्सफोर्ड यूनिवर्सिटी प्रेस.

लेखिका के बारे में : सावन कुमारी, दिल्ली विश्वविद्यालय के शिक्षा विभाग में पीएच.डी. स्कॉलर हैं।

e-mail : sargamsaha82@gmail.com

अनुवादक : रजनी द्विवेदी, विद्या भवन शिक्षा सन्दर्भ केन्द्र, उदयपुर (राज.)

स्रोत : *लेंग्वेज एण्ड लेंग्वेज टीचिंग*, 3.2.6, 27-31, जुलाई 2014.

कक्षा में संसाधन के तौर पर बहुभाषिकता : शिक्षकों के अनुभव

सुनीता मिश्रा

भूमिका

दुनिया के कुछ अन्य देशों की तरह भारत भी निपट बहुभाषी देश है—यहाँ पाँच अलग-अलग भाषा-परिवारों से सम्बद्ध बहुत सारी भाषाएँ हैं। 1961 की जनगणना (जो अब तक की जनगणनाओं में सबसे विश्वसनीय मानी गई है) में यहाँ 1652 भाषाएँ दर्ज की गईं जिन में से 87 भाषाओं का प्रयोग प्रिंट-मीडिया में किया जाता है, 71 का रेडियो पर और 47 का स्कूलों में शिक्षण के माध्यम के तौर पर। 'कमोबेश एकभाषी' नीति अपनाने वाले या एकभाषी होने का स्वांग भरने वाले किसी देश के वासी के लिए यह बहुत ही हैरत और चौंकाने वाली बात हो सकती है।

मगर इस सम्बन्ध में भारत की शिक्षा व्यवस्था के तहत आने वाले भिन्न-भिन्न हितधारकों के लिए भिन्न-भिन्न मुद्दे अहमियत रखते हैं। नीति-निर्माताओं के लिए केवल भाषाओं की बड़ी संख्या ही एक चुनौती नहीं है। उन्हें एक ही समय पर कई सरोकारों से उलझना पड़ता है- मातृ-भाषा शिक्षण की आवश्यकता; प्रौद्योगिकीय प्रगति के साथ कदम से कदम मिला कर चलने की कोशिश करते हुए मुख्यधारा की भाषा की ओर बढ़ना; मूल-भाषाओं को संरक्षण देते हुये आधुनिक और विदेशी भाषाओं को भी जगह देना, तथा इन सब लक्ष्यों को हासिल करने के प्रयास में सामाजिक-राजनैतिक सामंजस्य बनाए रखना। माता-पिता के लिए शिक्षा में सब से महत्त्वपूर्ण है उससे प्राप्त होने वाला लाभ तथा रोजगार। लेकिन, नीतियों और सिद्धांतों के मामले में ज़मीनी स्तर पर क्या हश्र होगा, यह तय करने में शिक्षक और विद्यार्थी केन्द्रीय भूमिका निभाते हैं। यह लेख दिल्ली के कुछ सरकारी स्कूलों की प्राइमरी कक्षाओं से सम्बद्ध कुछ शिक्षकों के अनुभवों पर आधारित केस स्टडी पेश करता है।

आम तौर पर पाई जाने वाली स्थिति

दिल्ली में प्राइमरी स्तर की एक सामान्य कक्षा में क्षेत्र, धर्म, जाति और भाषा के लिहाज़ से, आमतौर पर बच्चों में विविधता पाई जाती है। सीखने-सिखाने के नज़रिये से इन कारकों पर नज़र डालें तो सब से अधिक और दूरगामी निहितार्थ भाषायी विविधता के होते हैं। कई भाषाओं का होना सिखाने व सीखने के लिए ही नहीं, मूल्यांकन के लिए भी एक 'मुसीबत' माना जाता है। लेकिन असल में अधिकतर अध्ययन जो सीखने पर बहुभाषाओं के प्रभाव जानने हेतु किए गए हैं, इसके उलट ही सिद्ध करते हैं।

भारत (पटनायक, 1990; मोहन्ती, 1989; दुआ, 1986; झिंगरन, 2005) तथा विदेश (कमिन्स, 1981; स्कत्नब-कैंगस, 2008) में हुए कई अध्ययनों ने पक्के तौर पर यह दर्शाया है कि कैसे मातृभाषाओं की उपेक्षा के चलते समाज के हाशिये पर स्थित तबकों के बच्चों में प्रदर्शन से सम्बद्ध गम्भीर समस्याएँ पैदा होती हैं। इन अध्ययनों से यह भी सामने आया है कि अन्य भाषाओं के ज्ञान के साथ-साथ शिक्षण अगर मातृभाषा के माध्यम से हो तो इन बच्चों के सीखने में बहुत हद तक बेहतरी आती है। राष्ट्रीय पाठ्यचर्या की रूपरेखा 2005 स्पष्ट तौर पर कहती है कि मातृभाषा में शिक्षा कक्षा में समृद्ध आदान-प्रदान तथा शिक्षार्थियों की अधिक भागीदारी के लिए मददगार होगी तथा सीखने के बेहतर नतीजे मिलेंगे। यह बात स्कत्नब-कैंगस (2008) द्वारा पुष्ट हुई है- वे इस बात पर विस्तार से चर्चा करती हैं कि किस प्रकार भाषा पहचान की एक सशक्त निशानी और प्रतीक है, तथा किस प्रकार यह बात जो सीखा गया है उसके प्रदर्शन से भी जुड़ती है।

आचार्य (1984) बच्चे के लिए प्रासंगिक 'सांस्कृतिक विषयवस्तु' के अभाव को प्रारम्भिक शिक्षा के स्तर पर 26% ड्रॉप-आउट का कारण मानते हैं और मातृभाषा इस प्रासंगिक 'सांस्कृतिक विषयवस्तु' के केन्द्र में है। इसी तरह झिंगरन (2005) इस ओर ध्यान दिलाते हैं कि 12% से अधिक बच्चों को सीखने से सम्बन्धित गम्भीर किस्म की कमियों और प्रतिकूल परिस्थितियों का सामना करना पड़ता है क्योंकि उन्हें प्राथमिक स्तर पर अपनी मातृभाषा में शिक्षा उपलब्ध नहीं हो पाती।

मौजूदा अध्ययन

इस लेख की कोशिश है कि कुछ शिक्षकों के उन प्रयासों को सामने लाया जाए जिनके तहत बहुभाषिता को सीखने-सिखाने की प्रक्रिया के लिए एक बाधक मानने की बजाय, एक मूल्यवान संसाधन के तौर पर कक्षा में इस्तेमाल किया

गया। (ये वे शिक्षक थे जिन्होंने बहुभाषिता को एक दस्तूर के तौर पर स्वीकारने के विचार और कक्षा में उसके रचनात्मक प्रयोग के प्रति सकारात्मक प्रतिक्रिया दर्शायी)। यहाँ इस्तेमाल हुए आँकड़ों में इन शिक्षकों के साथ बहुभाषिता के मुद्दे पर अनौपचारिक चर्चाएँ तथा टिप्पणियाँ शामिल हैं। इन में से कुछ शिक्षक मेरे सहकर्मी भी रहे हैं।

वृत्तान्त-1

जब यहाँ दर्ज वृत्तान्त घटित हुआ, तब सुश्री अरुणा कक्षा-5 की शिक्षिका थीं। उन की कक्षा में 38 विद्यार्थी थे जिनमें से करीब एक-तिहाई पिछले 3-4 सालों के दौरान दिल्ली में आ कर बसे थे। अपनी कक्षा में अरुणा का सामना बंगाली के अलावा हिन्दी के कम से कम चार अलग-अलग क्षेत्रीय रूपों से हुआ। उन्होंने इस बहुभाषिता को अपने रोज़मर्रा के शिक्षण में शामिल करने की कोशिश की। इसके लिए उन्होंने शब्दों के अर्थ और वाक्य-रचना की बातों पर ध्यान केन्द्रित करते हुए सब विषय-क्षेत्रों में एक समग्र, व्यापक नज़रिया अपनाया। उदाहरण के लिए, उनकी एक कक्षा में ग्रामीण तथा शहरी इलाकों में इस्तेमाल होने वाले विभिन्न तरह के ईंधन पर चर्चा हुई। उन्होंने अपने विद्यार्थियों से कहा कि वे अपने मूल निवास स्थान में भोजन पकाने, वाहन चलाने आदि के लिए प्रयोग में आने वाले ईंधन के बारे में बात करें। बच्चों ने अपनी-अपनी क्षेत्रीय भाषा से कई तरह के उदाहरण प्रस्तुत किये। जैसे, 'गोबर' के कई नाम थे- मसलन 'उपले', 'गोसे' और 'कण्डे'। कई अन्य आम-प्रचलित शब्द भी चर्चा में आये।

वृत्तान्त-2

सुश्री शशि ने जब शिक्षण प्रारम्भ किया तो वे काफी कम आयु की थीं, और इसी वजह से उन्हें कक्षा-4 के कुछ ऐसे बच्चों को सम्भालने में काफी मुश्किल आयी जो अन्य बच्चों से 5-6 साल बड़े थे। ये बच्चे अन्य बच्चों से अलग भाषायी समुदाय के भी थे। वे हरियाणा से थे और अन्य बच्चे उनकी भाषा नहीं बोल पाते थे। उन्होंने अपना अलग समूह बना लिया था, और वे बहुत आक्रामक रुख़ अपनाते थे- शिक्षकों के प्रति भी। एक दिन सुश्री शशि, जो उन बड़े बच्चों के भाषायी समुदाय से ही थीं, ने उनसे उनकी अपनी ही भाषा में बात कीं। इस आदान-प्रदान ने उन्हें इन बच्चों के साथ तुरन्त एक रिश्ता कायम करने में मदद की क्योंकि वे अब उनके साथ खुद को जोड़ पा रहे थे और अपनी ही भाषा प्रयोग करने की वजह से अधिक सहज भी महसूस कर रहे थे। इस घटना ने कक्षा में इन बच्चों के सामान्य व्यवहार और भागीदारी को भी बहुत प्रभावित

किया। इस के बाद से सुश्री शशि ने अपने पाठों को तैयार करते समय बाकी की कक्षा की भाषायी आवश्यकताओं के साथ-साथ इन बच्चों की आवश्यकताओं को भी ध्यान में रखना शुरू कर दिया।

वृत्तान्त-3

प्रीति की कक्षा में उत्तर प्रदेश से एक बच्ची थी जो कक्षा के अन्य बच्चों से अलग भाषा बोलती थी। उस के माता-पिता अभी कुछ ही महीने पहले उत्तर-प्रदेश से आए थे। वह कक्षा में अधिक कुछ शिरकत नहीं करती थी और जब कोई उस के सम्पर्क में आने की कोशिश करता तो वह खोई-खोई सी दिखाई देती। एक दिन इस बात पर चर्चा चल रही थी कि घर के विभिन्न हिस्सों को क्या कहा जाता है। प्रीति ने हर किसी से पूछा कि उन के घरों, गाँवों आदि में 'टॉयलेट' को क्या कहा जाता है। उत्तर-प्रदेश से आयी लड़की ने कुछ झिझकते हुए कहा कि उसकी भाषा में उसे 'गुसलख़ाना' कहते हैं। प्रीति ने उसे कहा कि वह सब के साथ कुछ अन्य शब्द भी साझा करे जो घर के अन्य हिस्सों के लिए प्रयोग किए जाते हैं। उन शब्दों को दोहराया गया और उसकी भाषा को आदर देते हुए उन्हें ब्लैकबोर्ड पर भी लिखा गया। इस बात ने उस लड़की में इतना विश्वास पैदा कर दिया कि उसने अपनी संस्कृति की कई बातें साझा करनी शुरू कर दीं। प्रीति ने पाया कि उसे पेड़-पौधों और जानवरों के बारे में कक्षा के अन्य बच्चों के मुकाबले कहीं अधिक गहरा ज्ञान था, और प्रीति ने इसे इन चीज़ों पर चर्चा के लिए एक संसाधन के तौर पर प्रयोग किया।

वृत्तान्त-4

अक्षय की कक्षा के विद्यार्थियों के बीच 5-6 भाषाएँ थीं, और हिन्दी के कम से कम 4 रूप। उन्होंने अपने शिक्षण में अलग-अलग भाषाओं में कहानियाँ सुनाने और दोहराने के तरीके को इस्तेमाल करते हुए बहुभाषी रवैया अपनाया। उन्होंने पाया कि जब बच्चे अपनी-अपनी मातृभाषा में कहानियाँ सुनाते तो वे कई भाषाओं को आपस में गड्ड-मड्ड कर देते थे। उन्होंने यह भी कोशिश की कि बच्चे कक्षा में उपलब्ध, अंग्रेज़ी समेत विभिन्न भाषाओं की तुलना करें—उनके शब्दार्थ तथा वाक्य-रचना को देखें। उन्होंने कुछ भाषाओं के कुछ फिल्मी गीतों और कविताओं को आधार बना कर पढ़ने-लिखने की दक्षताओं पर काम किया और पाया कि बच्चे लिखने में अधिक दिलचस्पी लेते थे, ख़ास तौर पर तब जब विषयवस्तु सन्दर्भित हो।

इन सब वृत्तान्तों से कुछ दिलचस्प समानताएँ सामने आयीं–

1. शिक्षार्थियों की घर की भाषा को स्थान दिया जाए तो सीखने की उनकी इच्छा पर जबरदस्त मनोवैज्ञानिक असर पड़ता है। इन सब शिक्षकों ने बताया कि जिन विद्यार्थियों की घर की भाषा को स्थान दिया गया, उन की ओर से कक्षा में भागीदारी का स्तर बहुत बढ़ गया। एक मामले में तो शिक्षक-शिक्षार्थी सम्बन्ध में बहुत बेहतरी भी आयी।
2. बहुभाषी नज़रिया अपनाया जाए तो कक्षा में सीखने-सिखाने के माहौल पर सकारात्मक प्रभाव पड़ता है और इसका लाभ अल्पसंख्यक-समूह को ही नहीं, बहुसंख्यक-समूह को भी प्राप्त होता है- दोनों के ज्ञान का आधार फैलता और समृद्ध होता है। मनोवैज्ञानिक दृष्टिकोण से देखें तो समकक्षों में आपसी सहिष्णुता और आदर का भाव पैदा होता है, जो ज्ञानार्जन के एक सकारात्मक वातावरण के लिए अति आवश्यक है।
3. शिक्षकों द्वारा एक बात की ओर ध्यान दिलाया गया- अन्यों की भाषा को स्वीकार करने और अपनी गृहभाषा में अभिव्यक्ति के प्रति बड़ी कक्षाओं (जैसे कि आमतौर पर कक्षा-5) के बच्चों के मुकाबले छोटी कक्षाओं के बच्चे अधिक उदार दिखे। लेकिन यह स्वीकार्यता भी शिक्षक के प्रोत्साहन पर निर्भर थी। यह शायद इस वजह से हो कि मूल्यांकन की शर्तों का अनुकरण, जिन में 'उचित' और 'मानक' भाषा के प्रयोग की बात शामिल है, बड़ी कक्षाओं में अधिक सख़्ती से किया जाता है। साथ ही, उनसे की जा रही अपेक्षाओं के बारे में बड़ी कक्षाओं के विद्यार्थी अधिक जागरुक और सजग रहते हैं– और इसीलिए उनमें घर की भाषा के प्रयोग का विरोध रहता है क्योंकि उसे 'मानक' और परीक्षा के लिए उपयुक्त नहीं माना जाता।

निष्कर्ष

लेख में चर्चा में आयी विभिन्न केस स्टडी से आशा जगती है कि शिक्षा के दर्शनशास्त्रीय आधारों और वास्तविक व्यवहार के बीच के अन्तर को कम किया जा सकता है। शिक्षा-व्यवस्था उस विविधता और विभिन्नता के प्रति कुछ अधिक सहिष्णु बन सकती है जो भारत के समाज की प्रकृति का एक महत्त्वपूर्ण प्रतीक है। हालाँकि ये वृत्तान्त और कुछ संवेदनशील शिक्षकों के इनसे मिलते-जुलते अनुभव भविष्य की एक अच्छी, खिली-खिली सी तस्वीर प्रस्तुत करते प्रतीत होते हैं, कड़वा सच तो यह है कि यह बदलाव केवल कक्षा में और केवल शिक्षकों द्वारा नहीं लाया जा सकता। इस दलील की पुष्टि ऊपर दी गयी तीसरी केस

स्टडी से होती है। यह क्यों है कि बड़े बच्चों के मुकाबले छोटे बच्चे भिन्नता और अलग तरह की बात को स्वीकार करने के प्रति अधिक खुला दिल और दिमाग रखते हैं? यह इसीलिए है क्योंकि पूरी व्यवस्था; भाषायी असमानताओं से सम्बद्ध सामन्तीय सोच; भाषा के श्रेणीबद्ध वर्गीकरण और अपेक्षाओं को अकेले शिक्षक या विद्यार्थी नहीं बदल सकते। एक ओर तो शिक्षक से आशा की जाती है कि वह भारतीय कक्षाओं के बहुभाषी पहलू के प्रति संवेदनशील हो; दूसरी ओर लिखित मूल्यांकन अब भी एकभाषीयता की आशा रखता है, स्कूली व्यवस्थाएँ अब भी अलग से अंग्रेज़ी माध्यम के सेक्शन जारी रखे हुए हैं और उच्च-शिक्षा की सामग्री अब भी अल्पसंख्यक भाषाओं में उपलब्ध नहीं है (विडम्बना तो यह है कि जब लिखित सामग्री की उपलब्धता की बात आती है तो हिन्दी भी हाशिये पर दिखाई देती है)।

यह दृश्य केवल शिक्षा-व्यवस्था तक सीमित नहीं है। इससे भी बड़ा एक मुद्दा है—भूतपूर्व पीढ़ियों द्वारा लम्बे समय से संचित 'सांस्कृतिक पूंजी' के संरक्षण का। प्रतिदिन कई भाषाएँ ख़त्म हो रही हैं, और स्कत्नब-कैंगस के शब्दों में, यह 'भाषायी नरसंहार' बहुत ही तेज़ दर से घटित हो रहा है—स्कूल जाने वाले अधिकतर बच्चों और प्रवासी वयस्कों की घर की भाषाओं के लिए स्थान लगातार घटता चला जा रहा है।

सन्दर्भ

आचार्य, पी. (1984). प्रॉब्लम्स ऑफ एजुकेशन ऑफ द वीकर सेक्शन्स ऑफ द रूरल कम्युनिटी. *आई.सी.एस.एस.आर रिसर्च एब्स्ट्रैक्ट्स क्वार्टर्ली, 13*(3 & 4), 29-40.

सेन्सस ऑफ इण्डिया. (1961). गवर्नमेन्ट ऑफ इण्डिया.

कमिन्स, जे. (1981). द रोल ऑफ प्राइमरी लैंग्वेज डवेल्पमेन्ट इन प्रमोटिंग एजुकेश्नल सक्सेस फ़ॉर लैंग्वेज माइनॉरिटी स्टुडेंट्स. लेबुह, एफ़.सी. (सम्पादक) *स्कूलिंग एण्ड लैंग्वेज माइनॉरिटी स्टुडेंट्सः अ थिअरिटिकल फ्रेमवर्क* (पृष्ठ 3-49) में. लॉस एंजेलीस, सी.एः इवैलुएशन, डिसेमिनेशन एण्ड असेस्मेन्ट सेन्टर, कैलिफ़ोर्निया स्टेट युनिवर्सिटी.

दुआ, एच.आर. (1986). लैंग्वेज यूज़, एटिट्यूड्स, एण्ड आइडेंटिटी अमंग लिंग्विस्टिक माइनॉरिटीज़ः अ केस स्टडी ऑफ दक्खनी उर्दू स्पीकर्स इन मैसूर. *सी.आई.आई.एल. सोश्योलिंग्विस्टिक सीरीज़.* वॉल्यूम 8. सी.आई.आई.एल., मैसूर.

झिंगरन, डी. (2005). *लेंग्वेज डिसएड्वैंटेजः द लर्निंग चेलेंजिज़ इन प्राइमरी एजुकेशन.* नई दिल्लीः ए.पी.एच. पब्लिशिंग कॉरपोरेशन.

मोहन्ती, ए.के. (1989). सायकोलॉजिकल कन्सीक्वेंसिस ऑव मदर-टंग मेन्टेनेंस एण्ड द लैंग्वेज ऑफ लिटरेसी फ़ॉर लिंग्विस्टिक मायनॉरिटीज़ इन इण्डिया. *सायकॉलजी एण्ड डेवेलपिंग सोसायटीज़, 2*(1), 31-51.

एन.सी.ई.आर.टी.(2005). *नैश्नल करिकुलम फ्रेमवर्क.* एन.सी.ई.आर.टी. नई दिल्ली.
पटनायक, डी.पी. (सम्पादक). (1990). *मल्टिलिंगुअलिज़्म इन इण्डिया.* क्लीवडन (यू.के.) एण्ड फ़िलेडेल्फ़िया (पी.ए.) : मल्टिलिंगुअल मैटर्स.
स्कत्नब्स-कैंगस, टी. (2008). *लिंग्विस्टिक जेनोसाइड इन एजुकेशन- और वर्ल्डवाइड डाइवर्सिटी एण्ड ह्यूमन राइट्स?* दिल्ली : ओरिएन्ट ब्लैकस्वान.

लेखिका के बारे में : सुनीता मिश्रा वर्तमान में दिल्ली विश्वविद्यालय के इंस्टिट्यूट ऑफ होम इकानॉमिक्स के एलिमेंटरी एजुकेशन विभाग में भाषाविज्ञान पढ़ाती हैं। वे जवाहरलाल नेहरू विश्वविद्यालय से शिक्षा में पीएच.डी. भी कर रही हैं। उन की दिलचस्पी के क्षेत्रों में भाषा और बोध, बहुभाषिता और सामाजिक संरचनावाद शामिल हैं।

e-mail : suneeta-m76@gmail-com

अनुवादक : रमणीक मोहन, आजकल स्वतंत्र रूप से लेखन और अनुवाद का कार्य करते हैं।

स्रोत : *लेंग्वेज एण्ड लेंग्वेज टीचिंग,* 3.2.6, 14-17, जुलाई 2014.

संसाधन के तौर पर बहुभाषिकता का उपयोग

रजनी द्विवेदी

भाषा को समझना

यदि हमारे पास भाषा न हो तो क्या हम स्वयं के इंसान होने के बारे में सोच सकते हैं? भाषा के बग़ैर हम कैसे होते? हमारा समाज कैसा होता? हम विचारों को एक दूसरे से कैसे साझा करते? क्या हम स्वयं के द्वारा किये गये कार्यों के बारे में, हमारे आस-पास जो घट रहा है उसके बारे में, चिंतन कर पाते? क्या यह सब हम रिकार्ड कर पाते? क्या बीते समय को जानना व अपने इतिहास को जानना हमारे लिये संभव हो पाता? क्या भविष्य की योजना बनाना संभव हो पाता? क्या हम नित नये प्रयोग व शोध करने में समर्थ हो पाते? प्रश्नों की सूची अन्तहीन है। ज़ाहिर सी बात है, भाषा के बग़ैर इनमें से कोई भी चीज़ संभव नहीं है। भाषा इंसान होने का एक महत्त्वपूर्ण गुण है।

लम्बे समय तक भाषा को सिर्फ संप्रेषण के साधन के रूप में देखा जाता था। हालांकि अब यह स्पष्ट हो चला है कि यह भाषा की बहुत संकीर्ण समझ है। भाषा का उपयोग बहुत व्यापक है। संप्रेषण के अतिरिक्त भाषा इंसान को सोचने, कल्पना करने, अनुभव करने और विश्लेषण करने का भी सामर्थ्य देती है, इस तरह यह ज्ञान-निर्माण करने का एक सशक्त ज़रिया है।

सामान्यतः भाषा से हम समझते हैं हिन्दी, अंग्रेज़ी या कोई विशेष भाषा। हालांकि कोई भी व्यक्ति न तो कोई एक विशेष भाषा ही बोलता है और न ही उसकी कोई नियत किस्म है।

भारत के सन्दर्भ में देखा जाये तो प्रायः प्रत्येक भारतीय बहुत सी भाषाओं व उनके विविध प्रकारों का उपयोग करता है। इस तरह से सांस्कृतिक, धार्मिक व प्रजातीय विविधता के साथ-साथ हमारे यहाँ भाषायी विविधता भी है। असल में इतनी सारी भाषाएँ हैं कि किसी एक व्यक्ति के लिए इन सभी को समझना संभव नहीं है। लेकिन बहुभाषिकता का तात्पर्य यह नहीं है कि व्यक्ति को सारी

भाषाएँ सीखनी ही हैं; बल्कि इसका अर्थ यह है कि व्यक्ति सभी भाषाओं व उन भाषाओं को बोलने वालों का सम्मान करे।

विभिन्न भाषाओं में असमानताओं की अपेक्षा समानताएँ ज्यादा हैं, यह बात आश्चर्यचकित करने वाली है। उदाहरण के लिये, सभी भाषाओं में स्वर व व्यजंन ध्वनियाँ होती हैं (निस्संदेह इनकी संख्या अलग-अलग हो सकती है)। इसी तरह सभी भाषाओं के अधिकांश शब्दों में स्वर-ध्वनियों व व्यजंन-ध्वनियों का क्रम व्यंजन-स्वर-व्यंजन-स्वर एकान्तर होता है व एक सामान्य वाक्य में कर्ता, कर्म व क्रिया होगी (इनका क्रम अलग-अलग हो सकता है)।

बहुभाषिकता को कक्षा में एक संसाधन के रूप में कैसे उपयोग लिया जा सकता है, यही इस लेख का मुख्य विषय है। पहले हिस्से में कुछ ठोस उदाहरणों की मदद से भारत की भाषायी स्थिति को समझने का प्रयास है। अगला हिस्सा बहुभाषिकता को बढ़ावा देने की आवश्यकता क्यों है और इसे कक्षा में एक संसाधन के रूप में कैसे उपयोग लिया जा सकता है, इस बारे में है। अन्तिम हिस्से में बताया गया है कि सीखने को रूचिपूर्ण व अर्थपूर्ण बनाने के लिए भाषाओं में समानता व असमानता का लाभ कैसे उठाया जा सकता है।

भारत में बहुभाषिकता

नीचे तीन विभिन्न जगहों के अवलोकन दिये गये हैं।

अवलोकन-1

यह उदयपुर की एक प्राथमिक शाला की कक्षा-1 का अवलोकन है। कक्षा में कुल 25 बच्चे थे। अधिकांश बच्चे हिन्दी व मेवाड़ी (उदयपुर व उसके आस-पास के इलाकों में बोली जाने वाली भाषा) को धारा-प्रवाह बोल सकते थे। ये बच्चे अंग्रेज़ी के शब्द भी जानते थे व उनका प्रयोग करने में सक्षम थे। मुझसे व शिक्षकों से बातचीत करते समय वे हिन्दी का प्रयोग करते थे लेकिन अपने दोस्तों से बात करते समय, समूह कार्य करते समय, खेलते वक्त या मध्याह्न भोजन के समय वे अपनी स्थानीय भाषा में ही बात करते थे।

अवलोकन-2

यह अवलोकन रायपुर, छत्तीसगढ़ में स्थित एक कार्यालय का है। वहाँ लगभग 50 कर्मचारी साफ़-सफ़ाई व ऐसे ही अन्य कार्यों के लिये नियुक्त थे। उनमें से अधिकांश 3-4 भाषाएँ समझते थे व उनका उपयोग कर सकते थे। उनसे बातचीत

के दौरान मुझे यह भी पता चला कि वे न केवल छत्तीसगढ़ी व उसके विविध प्रकार बोल सकते थे बल्कि हिन्दी व कुछ-कुछ अंग्रेज़ी भी बोल सकते थे। इस समूह के अधिकांश व्यक्ति ऐसे थे जो कभी स्कूल भी नहीं गये थे, लेकिन वे 3-4 भाषाएँ धारा-प्रवाह बोल सकते थे।

अवलोकन-3

हाल ही में मुझे असम शिफ़्ट होना पड़ा। यहाँ मैं एक छोटे से गाँव में रह रही हूँ। यहाँ के अधिकांश लोग जो प्रौढ़ हैं, शायद ही कभी स्कूल गये हों। लेकिन लगभग सभी तीन-चार भाषाएँ बोल सकते हैं। इन भाषाओं में सम्मिलित हैं—मुडांरी, किसानी, आसामी, नेपाली, बंगाली और थोड़ी हिन्दी।

ये अवलोकन देश की भाषायी विविधता को समझने में मदद करते हैं। ये इस तथ्य को भी पुख़्ता करते हैं कि भारत एक बहुभाषी देश है और यहाँ दो या तीन भाषाओं को जानना/बोलना एक सामान्य बात है। यह स्थिति सारे देश में है चाहे वह पश्चिम में राजस्थान हो या पूर्व में स्थित छत्तीसगढ़ और असम।

ये अवलोकन बताते हैं कि एक से अधिक भाषाएँ जानना मुश्किल कार्य नहीं है (यदि आपके वातावरण में एक से अधिक भाषाएँ हैं तो)। ये अवलोकन इस बात को भी स्पष्ट करते हैं कि हम में से हरेक के पास एक से अधिक भाषाएँ सीखने की क्षमता होती है। सवाल यह है कि तब स्कूल में भाषा सीखना इतना कठिन क्यों हो जाता है?

कक्षा की बहुभाषिकता को समझना, सराहना

बहुत से बच्चे स्कूल जाने से पहले ही एक से अधिक भाषाएँ अर्जित कर लेते हैं। लेकिन स्कूल में भाषा सीखना एक मुश्किल कार्य होता है। ऐसा क्या है कि बच्चों को नई भाषा सीखने से डर लगता है? विविध भाषाओं को औपचारिक रूप से सीखने का सामर्थ्य होने के बावजूद भी क्यों बच्चे स्कूल में पढ़ाई जाने वाली भाषा सीखने में अरुचि दर्शाते हैं? क्यों वे यह तथ्य शिक्षक से साझा नहीं करते कि उन्हें पहले से कुछ भाषाएँ आती हैं? ये सभी बातें बहुभाषिक कक्षा के बारे में सोचने की मांग करती हैं? बहुभाषिकता का तात्पर्य है कि लोगों के पास न केवल विभिन्न भाषाएँ बोलने की क्षमता होती है बल्कि उनके पास अपनी भाषा को बोलने की स्वतंत्रता भी होती है। इसका आशय यह भी है कि किसी भाषा-विशेष की पृष्ठभूमि से आने वालों को न तो नीची दृष्टि से देखा जाता है और न ही उन्हें हँसी का पात्र बनाया जाता है। यदि ऐसा कुछ हम कक्षा में कर

पायें तो वह कक्षा बहुभाषी होगी। हालांकि यह सब कैसे होगा, यह बहुत स्पष्ट नहीं है। बहुभाषिकता को भाषा सीखने में एक अवरोध माना जाता है क्योंकि यह धारणा है कि यदि दो-तीन भाषाएँ एक साथ सीखी जा रही हों तो 'लक्षित भाषा' पूरी शुद्धता के साथ नहीं सीखी जा सकती। इस स्टीरियोटाइप को तोड़ने की आवश्यकता है। यह लोकतांत्रिक मूल्यों को प्राप्त करने में रुकावट तो पैदा करता ही है, बच्चों की सीखने की प्रक्रिया को भी बाधित करता है।

बच्चे जो जानते हैं, उससे शुरुआत करके आगे बढ़ना, स्कूल के ज्ञान को बच्चों के दैनिक जीवन के अनुभवों से जोड़ना आदि सीखने पर सकारात्मक प्रभाव डालते हैं। एक तीन से चार साल की बच्ची न केवल अपनी भाषा के नियम जानती है बल्कि वह यह भी जानती है कि कब बोलना है, किससे बोलना है व कैसे बोलना है। कक्षा को एकभाषी समझने वाले शिक्षक न तो बच्चे की भाषा सीखने की क्षमता को सराहते हैं और न ही उनकी इस भाषायी सामर्थ्य का पूरा उपयोग करते हैं।

जिस कक्षा में पाठ्यक्रम ख़त्म करने पर ज़ोर दिया जाता है वहाँ भाषा को भी एक विषय की तरह लिया जाता है। जबकि भाषा सीखने का प्राथमिक उद्देश्य है कि बच्चे कक्षा में सुरक्षित महसूस करें। कक्षा का वातावरण ऐसा हो कि बच्चे अपने अनुभवों को साझा कर पायें, घर की भाषा व स्कूल की भाषा में सम्बन्ध देख पायें, सवाल कर पायें और धीरे-धीरे भाषा सीखने में उनकी रुचि उत्पन्न हो। यह उद्देश्य तभी प्राप्त हो सकता है जब कक्षा की अंतःक्रियाओं में सभी भाषाओं को स्थान एवं मान्यता मिले। साथ ही विभिन्न शैक्षिक कार्यक्रमों तथा शिक्षकों द्वारा बच्चों तथा उनके समुदायों में बोली जाने वाली भाषाओं को समझने तथा कक्षा में उनका उपयोग करने के प्रयास हों। विभिन्न शोधों ने बार-बार यह दर्शाया है कि भाषायी प्रवीणता, शैक्षिक उपलब्धि, संज्ञानात्मक लचीलापन व सामाजिक सहनशीलता इत्यादि का बहुभाषिता से सीधा व महत्त्वपूर्ण सम्बन्ध है।

विभिन्न विषयों में एक-दूसरे से जुड़ाव होता है, यह काफी सुपरिचित अवधारणा है। एक बहुभाषी कक्षा यह संभव करती है कि बच्चे विभिन्न भाषाओं में समानता/असमानता देख पायें। भाषाओं का विश्लेषण करते समय बच्चे विभिन्न तरह के कौशलों को भी विकसित करते हैं। उदाहरण के लिये—आँकड़े एकत्र करना, उनका अवलोकन करना व विश्लेषण करना तथा निष्कर्षों पर पहुँचना। ये सभी कौशल अन्य विषयों के लिये भी महत्त्वपूर्ण हैं, चाहे वह विज्ञान हो, गणित हो अथवा इतिहास।

एक अच्छी कक्षा वह मानी जाती है जहाँ बच्चों को वे जैसे हैं वैसे ही स्वीकार

किया जाता है व जहाँ बच्चे सीखने की प्रक्रिया में मशगूल रहते हैं। हम सभी जानते हैं कि भाषा इंसान का एक महत्त्वपूर्ण हिस्सा है। इसके बग़ैर स्वयं के बारे में, समाज के बारे में सोच पाना कठिन है।

बच्चों की भाषा को स्वीकारने, उसका सम्मान करने का तात्पर्य है बच्चों को सम्मान देना। यदि हम चाहते हैं बच्चे कक्षा को अपना समझें तो जरूरी है कि बच्चों की भाषा को कक्षा में स्थान दिया जाये। बच्चे उसी वातावरण में सीखते हैं जहाँ वे महसूस करते हैं कि उनकी भी कोई अहमियत है। बच्चों को यह महसूस होना चाहिये कि वे, उनके घर, समुदाय, भाषा, संस्कृति सभी महत्त्वपूर्ण हैं (NCF 2005)। इस सन्दर्भ में एक बहुभाषी कक्षा ही आगे बढ़ने का उपयुक्त तरीका हो सकती है।

बच्चों का किसी कार्य में पूर्ण रूप से मशगूल होना तभी संभव हो पाएगा जब वे दिये गये कार्य को अच्छी तरह समझें, यह महसूस करें कि चुनौती उनके स्तरानुकूल है, टॉस्क से अपने लिये कुछ अर्थ बना पायें और कार्य को करने का उद्देश्य समझ पायें। प्रायः ऐसा होता है कि बच्चे टॉस्क को ही नहीं समझ पाते क्योंकि यह उस भाषा में नहीं होता जो वे अच्छी तरह जानते हैं। इसलिए कक्षा में होने वाली ऐसी बहुत सी बातों को वे समझ नहीं पाते और धीरे-धीरे कक्षा से उनका जुड़ाव घटता चला जाता है। ख़त्म होता यह जुड़ाव बच्चों को हतोत्साहित करता है, उनके आत्मविश्वास को चोट पहुँचाता है और धीरे-धीरे वे अपने संगी-साथियों के साथ सीखने के मौके भी खो देते हैं; अपना आत्मविश्वास, स्वाभिमान व अध्ययन के प्रति रुचि भी खो देते हैं।

कक्षा में

क्या पढ़ायें? कैसे पढ़ायें? किस तरह की पाठ्यपुस्तकें काम में ली जायें, शिक्षकों व बच्चों की क्या भूमिका हो? ये सभी प्रश्न इस बात से जुड़ते हैं कि हम किस तरह की शिक्षा चाहते हैं। यह प्रश्न इस प्रश्न से सम्बन्धित है कि हम किस तरह का समाज चाहते हैं? अगले हिस्से में हम यह देखेंगे कि बहुभाषिता कक्षा में एक उपयोगी संसाधन कैसे है? हम इस बारे में भी चर्चा करेंगे कि बहुभाषिता भाषा-शिक्षण व शिक्षा के उद्देश्यों को प्राप्त करने में कैसे मदद करती है।

कुछ गतिविधियाँ

गतिविधियाँ करने के लिये शिक्षक स्वयं सोच सकते हैं कि वे इन्हें कैसे करवाना चाहेंगे। कुछ बिन्दु मददगार होंगे।

1. बच्चों को यह न महसूस होने दें कि कुछ भाषाएँ अन्य भाषाओं से बेहतर होती हैं।
2. जो भाषाएँ बच्चे सहजता व सुगमता से बोल सकते हैं, उन्हें वह बोलने की स्वतंत्रता दें।
3. मानक भाषा बोलने के लिये दबाव न डालें।
4. बच्चों को अपने परिवार, दोस्तों, खिलौनों व अन्य के साथ हुये अनुभवों के बारे में बात करने की स्वतंत्रता दें।

एक ऐसी कक्षा के बारे में सोचें (कक्षा 1 व 2) जहाँ दो-तीन भाषा बोलने वाले बच्चे हैं। शिक्षिका बच्चों की भाषा बोलने में असमर्थ है। यह शिक्षक के लिये काफ़ी चुनौतीपूर्ण स्थिति है कि शुरुआत कैसे हो? ऐसे में वह अन्य शिक्षकों से या फिर बड़े बच्चों से मदद ले सकती है।

ऐसी कुछ गतिविधियाँ करवायी जा सकती हैं, जैसे- जो चीज़ वे सबसे ज़्यादा पंसद करते हैं, उसका चित्र बनायें। जानवरों के चित्रों, यातायात के साधनों अथवा कक्षा में उपलब्ध वस्तुओं के नाम बतायें। जब बच्चे नाम बतायें तब शिक्षिका उन नामों को बोर्ड पर लिखें या फिर अपनी नोटबुक में लिखें (बच्चों के लिये नहीं बल्कि खुद के लिये, जिससे शिक्षिका स्वयं इन शब्दों को जान सके क्योंकि अगली बार यह गतिविधि करवाते समय इस तरह की जानकारी से मदद मिलेगी)।

संगीत की कोई सीमा नहीं होती। इसलिये संगीत से भी शुरुआत की जा सकती है। बच्चे कविता गा सकते हैं। भाव-भंगिमाओं या बिना भाव-भंगिमाओं के भी। इससे न केवल शिक्षक को बल्कि बच्चों को भी विभिन्न ध्वनियों से तथा नयी भाषा के विभिन्न शब्दों से रूबरू होने का मौका मिलेगा।

बच्चे क्या-क्या जानते हैं यह पता लगाते हुये व बच्चों के बारे में समझ बनाते हुए शिक्षक बच्चों को कक्षा की प्रक्रियाओं में भाग लेने के लिये प्रेरित कर सकते हैं। बच्चों की भाषा को कक्षा में स्थान मिलने से बच्चों का स्वाभिमान बढ़ेगा, जिससे उनका अपनी योग्यताओं में आत्मविश्वास भी बढ़ेगा। इसके लिये शिक्षक को बहुत धैर्य रखने की ज़रूरत होगी क्योंकि यह चुनौतीपूर्ण कार्य है व बहुत समय की मांग करता है। कई बार बहुत प्रयास करने के बाद भी कई बच्चे कुछ भी नहीं बोलते।

इस तरह की गतिविधियों के साथ-साथ शिक्षिका वर्ण, शब्द, लिपि व वाक्य की शुरुआत भी कर सकती है। जिस मानक-लिपि (बंग्ला, हिन्दी, गुजराती, आसामी) में बच्चे लिखना चाहते हैं उन्हें उसमें लिखने की स्वतंत्रता होनी चाहिये। एक बार बच्चे कक्षा में उपलब्ध भाषाओं से परिचित हो जायें और उन्हें यह

यकीन हो जाये कि वे किसी भी भाषा का प्रयोग कर सकते हैं, शिक्षिका उन्हें नहीं टोकेंगी, तब उन्हें और चुनौतीपूर्ण कार्य दिये जा सकते हैं। उदाहरण के लिये उन्हें छोटे-छोटे वाक्यों की कहानी, कविता का अनुवाद करने को कहा जा सकता है; विभिन्न भाषाओं से ऐसे शब्दों का ढूँढ़ना जिनके अर्थ समान हैं, भी एक अर्थपूर्ण काम हो सकता है।

उच्च कक्षाओं (जैसे कक्षा 5, 6, 7) में बच्चों को थोड़े और जटिल प्रोजेक्ट्स दिये जा सकते हैं। जैसे, बच्चे सर्वे करें व पता लगायें कि उनके गाँव/समुदाय/मोहल्ले में कौन-कौन सी भाषाएँ बोली जाती हैं। बच्चों के पाँच-पाँच के समूह बनाये जा सकते हैं। उनसे यह चर्चा की जा सकती है कि सर्वे हेतु उन्हें क्या-क्या करना होगा। जैसे–

1. सर्वे 20-30 दिन में पूरा करना है। कुल कितने परिवारों को सम्मिलित करना होगा (20-30 परिवार हो सकते हैं जो गाँव/मोहल्ले में अलग-अलग जगहों पर रहते हों)? सामाजिक, आर्थिक स्तर भी सर्वे हेतु एक वर्ग हो सकता है। (शिक्षिका को यह समझने में मदद करनी होगी कि सामाजिक, आर्थिक वर्ग से क्या तात्पर्य है?) इस तरह से भाषायी प्रोफाइल बनाने हेतु थोड़े गणितीय कौशलों की भी आवश्यकता होगी–जैसे सारणी बनाना, प्रतिशतता, तुलना करना इत्यादि।
2. एक और गतिविधि हो सकती है, पाठ्यपुस्तक की कहानी/कविता का अनुवाद करना। जिन पुस्तकों से कविता/कहानी चुनी जायेंगी वे बच्चों की पाठ्यपुस्तकें ना हों बल्कि जूनियर वर्ग की कक्षाओं की पुस्तकें होंगी। गतिविधि समूह में करवायी जा सकती है। जब दो-तीन कहानियों-कविताओं का अनुवाद हो जाये तब बच्चों द्वारा ही ये रचनाएँ छोटे बच्चों के साथ साझा की जा सकती हैं। इस तरह की अन्तःक्रिया बच्चों को न केवल यह आत्मविश्वास देगी कि वे दूसरों को सीखने में मदद कर सकते हैं बल्कि इससे उनमें छोटे बच्चों के प्रति ज़िम्मेदारी की भावना व संवेदनशीलता का भी विकास होगा।

ये गतिविधियाँ सिर्फ़ सुझाव के लिये हैं। ऐसी और भी गतिविधियाँ बनायी जा सकती हैं। साथ ही कक्षा में ये गतिविधियाँ कैसे होंगी, यह शिक्षक, बच्चों एवं उपलब्ध सन्दर्भ पर निर्भर करता है। यदि कक्षा में 50-60 बच्चे हैं (जो हमारे देश के सन्दर्भ में सही है) और 5-6 भाषाएँ हैं तब इन गतिविधियों को कर पाना वास्तव में चुनौतीपूर्ण कार्य है।

सन्दर्भ

एन.सी.ई.आर.टी. (2005). *नेशनल करिकुलम फ्रेमवर्क,* नई दिल्लीः एन.सी.ई.आर.टी.

एन.सी.ई.आर.टी. (2005). पोजिशन पेपर 1.3: *नेशनल फोकस ग्रूप ऑन टीचिंग ऑफ इण्डियन लेंग्वेजेज* (एनसीएफ 2005) नई दिल्ली, एन.सी.ई.आर.टी.

लेखिका के बारे में : रजनी द्विवेदी, विद्या भवन शिक्षा सन्दर्भ केन्द्र, उदयपुर (राज.) के लिए काम करती हैं।

e-mail : rajni@vidyabhawan.org

अनुवादक : अनुवाद लेखिका ने स्वयं किया है।

स्रोत : *लेंग्वेज एंड लेंग्वेज टीचिंग,* 2.2.4, 27-30, जुलाई, 2013.

भाषा शिक्षा और समाज : भारत में बहुभाषिकता

अंकित सराफ

परिचय

समाज व भाषाओं की दृष्टि से देखें तो भारत एक विशाल देश है। समाज व भाषाओं की यह विशालता न केवल बहुत बड़ी है बल्कि कई विविधता लिए हुए है और इसलिए किसी सामान्य समाज व उसकी भाषाओं की तुलना में फरक भी है। इस भाषायी विविधता की जान है बहुभाषिकता। 1.27 सौ करोड़ की जनसंख्या वाले इस देश की बहुभाषिकता का रूप असाधारण है; यहाँ 1600 मातृभाषाएँ हैं जो घटकर लगभग 200 भाषायें रह जाती हैं, साथ ही यहाँ अल्पभाषीय समुदाय भी हैं जो कई यूरोपीयन देशों की तुलना में काफी बड़े हैं (अन्नामलई 2001)।

ली वी (2000) के अनुसार भाषा मानवीय गुण है; यह हमारे साथ-साथ ही विकसित होता है। एकभाषिता जो सामान्य परिस्थितियों में भी एक दुर्लभ परिघटना है, भारत जैसे देश के सन्दर्भ में कल्पना से भी परे है जहाँ लम्बे समय से अंग्रेज़ी स्वदेशी भाषाओं के साथ-साथ फली-फूली है। वास्तव में इतने बड़े पैमाने पर बहुभाषिकता का होना विद्‌वानों को भी अचरज में डाल देता है कि, 'यदि ऐसी बहुभाषिकता है तो यहाँ संप्रेषण कैसे होता है और कैसे सामाजिक सम्बन्ध बरकरार रहते हैं' (अन्नामलई 2001)।

चिरकाल से ही भारत एक बहुभाषी देश रहा है। ज्ञात इतिहास के आधार पर कहें तो लगभग चार हजार सालों से विभिन्न भाषायी परिवार यहाँ साथ-साथ रहे हैं एवं विकसित हुए हैं व उनमें निरंतर संवाद होता रहा है। अब इनकी एक अखिल भारतीय पहचान बन चुकी है जो अपने आप में दो तरह से अनूठी है– पहला वाक्यों की संरचना की दृष्टि से व दूसरा एक दूसरी भाषा के शब्दों को साझा करने के सम्बन्ध में (प्रसाद 1979)।

असल में अब दुनिया भी भूमण्डलीकरण के ऐसे दौर में प्रवेश कर चुकी है जहाँ द्विभाषिकता/बहुभाषिकता की परिघटना एक मानक बन चुकी है।

बहुभाषिकता, विभिन्न भाषाओं का समावेश व स्कूल की भूमिका

भारत में बहुभाषिकता यहाँ की ऐतिहासिक पृष्ठभूमि का परिणाम है और इससे यहाँ की सांस्कृतिक विविधता की भी झलक मिलती है। बहुभाषिकता को कायम रखने व उसकी प्रकृति को बदलने में स्कूल एक महत्त्वपूर्ण भूमिका अदा करता है। भारतीय भाषाओं का विकास किस तरह किया जायेगा इसकी योजना स्कूल के स्तर से ही शुरू हो जाती है क्योंकि सैद्धान्तिक रूप से ऐसा माना जाता है कि ऐसा करने से बहुभाषिक आधार बना रहेगा।

विद्यार्थियों में विभिन्न भाषाओं को सीखने की प्रेरणा उत्पन्न होने का कारण वे विभिन्न फायदे होते हैं जो नयी-नयी भाषाएँ सीखने पर एक अतिरिक्त लाभ के रूप में उन्हें प्राप्त होते हैं। ये विभिन्न फायदे हैं; अच्छी नौकरी प्राप्त करना या विविध प्रकार के सिनेमा को देखना, समझना, विभिन्न पत्र-पत्रिकाओं को पढ़ना व यात्रा करना।

अल्पसंख्यक बच्चे जो भाषा अपने घर पर बोलते हैं व जिस भाषा का प्रयोग वे स्कूल में करते हैं, इन दोनों भाषाओं में अन्तर ही उन बच्चों की एक खास विशेषता है। यदि बच्चों की घर पर बोली जाने वाली भाषा को कक्षा-कक्ष में नीचा समझा जाता है; उसका मजाक बनाया जाता है; और उनसे यह अपेक्षा की जाती है कि वे भी स्कूल में पढ़ाई जाने वाली भाषा में दक्षता विकसित करें ताकि वे बहुसंख्यक बच्चों के समान अध्ययन कार्य कर सकें परन्तु इस हेतु उन्हें कोई आकादमिक मदद नहीं दी जाती, तो इस तरह का व्यवहार उनमें हीन भावना को जन्म देता है। यह उनके व्यक्तित्व को भी प्रभावित करता है। इसलिए कहा गया है कि भाषा एक अप्रभावी शिक्षा तंत्र होने का कारण भी है और लक्षण भी। यदि लक्षणों के सन्दर्भ में बात करें तो निम्न सामाजिक स्तर, अवसरों की कमी और इसकी वजह से होने वाले सामाजिक भेदभाव का अप्रत्यक्ष कारण सिर्फ भाषा ही है।

बहुभाषिकता, बहुनस्लीयता व बहुसांस्कृतिकता भारत की विशेषता है और यही विशेषता इस जरूरत को भी रेखांकित करती है कि स्कूली शिक्षा की पाठ्यचर्या में विभिन्न भाषाओं का समावेश होना चाहिए। अध्ययन बताते हैं कि पाठ्यक्रम में विभिन्न भाषाओं के समावेश को स्कूली शिक्षा के विभिन्न भागीदारों द्वारा अतिरिक्त बोझ नहीं समझा जाता। लेकिन इस तरह के समावेशी पाठ्यक्रम के उद्देश्यों को प्राप्त करने में विद्यार्थियों को पाठ्यचर्या, सीखने-सिखाने की प्रक्रियाओं व सीखने-सिखाने के माहौल से सम्बन्धित कुछ कठिनाइयों का सामना करना पड़ता है। इनमें से कुछ महत्त्वपूर्ण कठिनाइयों को, उनके स्तर को ध्यान

में रखते हुए घटते क्रम में नीचे दिया गया है—

- विभिन्न भाषाओं का व्याकरण सीखने में गड़बड़ी (सीखने-सिखाने की प्रक्रिया)।
- भाषा का प्रयोग करने के मौके नहीं होना (माहौलगत)।
- घर पर सीखने-सिखाने की मदद न होना (माहौलगत)।
- सीखने के लिये बहुत से विषयों का होना (पाठ्यचर्या)।

अधिकांश शिक्षक माहौलगत और पाठ्यचर्या संबंधित कठिनाइयों को ही प्रमुख बताते हैं। उनकी नज़र में भाषा सीखने-सिखाने की प्रक्रियाओं में सबसे कम समस्या आती है लेकिन विद्यार्थियों के सन्दर्भ में इसका उल्टा होता है। उनके नज़रिये से सबसे कम समस्या पाठ्यचर्या के क्षेत्र में आती है।

इन कठिनाइयों के बावजूद विद्यार्थी भाषा सीखने की दिशा में प्रयासरत रहते हैं, पहला क्योंकि वे सीखना चाहते हैं और दूसरा उनके माता-पिता भी ऐसा करने हेतु उन्हें प्रोत्साहित करते रहते हैं (श्रीवास्तव, शेखर और जयराम, 1978)।

बहुभाषिकता; वैयक्तिक व कक्षा

एकभाषिता का ताना-बाना ऐसा है कि दो भाषाओं का होना सरदर्द समझा जाता है, तीन भाषाओं का होना नुकसानदेह व अलाभकारी और बहुत सी भाषाओं का होना बेतुका/निरर्थक। लेकिन जब विभिन्न भाषाओं का होना जिंदगी का सबसे बड़ा सच हो और अस्तित्व को बनाये रखने की शर्त हो तो ऐसी स्थिति में अपनी पसंद की भाषा के उपयोग पर प्रतिबन्ध लगाना बेकार है। एक ही भाषा का उपयोग न केवल नुकसानदेह है बल्कि बेतुका भी है।

वर्तमान शिक्षा तंत्र लोगों को एक भाषी बनाना चाहता है वह भी प्रभुत्व वाली भाषा में। पटनायक (1981) के शब्दों में यह धारणा कि प्रभुत्व वाली भाषा ही शिक्षा का माध्यम होनी चाहिए बहुत से बच्चों को न केवल अपनी मातृभाषा सीखने से वंचित करती है बल्कि यह प्रभुत्व वाली भाषा में भी कम उपलब्धि स्तर का कारण बनती है। इसलिए इस बात में कोई संशय नहीं है कि बच्चों द्वारा स्कूल छोड़ने व शिक्षा में आगे न बढ़ पाने का कारण भी भाषा ही है। बहुत हद तक आदिवासी क्षेत्रों में अधिकांश लोगों का पढ़ना-लिखना न सीखने का कारण भी यही है कि राज्य भी यह धारणा स्वीकारता है कि कोई एक प्रभुत्व वाली भाषा होनी चाहिए धारणा इसी के चलते अन्य भाषाओं के सीखने-सिखाने के सन्दर्भ में कोई योजना ही नहीं बनायी जाती।

कई बार हम शिक्षाविदों को इस तरह की बात करते हुए सुनते हैं ''बहुभाषिकता जिंदगी की एक महत्त्वपूर्ण सम्पत्ति जरूर है लेकिन सीखने-सिखाने की प्रक्रिया में यह बहुत बड़ा रोड़ा है''। इस तरह के कथन बहुभाषिकता के बारे में दो दावे करते हैं; एक वास्तविक जिंदगी के सन्दर्भ में व दूसरा सीखने-सिखाने की प्रक्रिया के सन्दर्भ में। इन दोनों ही संदर्भों में बहुभाषिकता की अवधारणा यद्यपि एक जैसी है लेकिन एक व्यक्ति पर लागू होती है और एक कक्षा पर। साथ ही साथ इस अवधारणा की समझ से यह प्रतीत होता है कि बहुभाषिकता का तात्पर्य है एक ही जगह पर एक से अधिक भाषाओं का उपस्थित होना। एक पुरानी कहावत है ''दो भाषाएँ जानने वाला व्यक्ति दो व्यक्तियों के बराबर है।'' ऐसा इसलिए क्योंकि वह व्यक्ति जो विभिन्न भाषाएँ बोलने में सक्षम है वह विभिन्न भाषायी पृष्ठभूमि से आने वाले व्यक्तियों से आसानी से बातचीत कर सकता है। इसीलिए यह बहुत संभावना है कि उसके सामाजिक सम्बन्ध वृहद होंगे और वह आसानी से नयी जगह पर सामंजस्य बिठा लेगा। अतः बहुभाषिकता व्यक्ति को बहुत स्वायत्ता प्रदान करती है और एक अन्य भाषायी संस्कृति को स्वीकारने में मददगार की भूमिका अदा करती है। यदि कोई अप्रवासी मूल-निवासियों की भाषा बोल सकता है तो वह अस्थाई तौर पर ही सही, उस मूल समुदाय का सदस्य ही समझा जाता है। मूल भाषियों द्वारा यह स्वीकार्यता उस व्यक्ति में सुरक्षा की भावना लाती है और इस तरह से उसके आगे बढ़ने के लिये काफी महत्त्व रखती है।

बहुभाषिकता अपने साथ-साथ विभिन्न भाषाओं में उपलब्ध साहित्य को पढ़ने, समझने व लिखने के अवसर भी लाती है। यह भी एक महत्त्वपूर्ण संसाधन है क्योंकि इससे व्यक्ति को विभिन्न दृष्टिकोणों व संहिताबद्ध एवं संचित ज्ञान के भंडार से रूबरू होने का अवसर मिलता है। एक ऐसी दुनिया जहाँ शक्ति का तात्पर्य है पढ़ने-लिखने का ज्ञान होना, लेकिन उस ज्ञान तक सीमित लोगों की ही पहुँच है। एक बहुभाषी व्यक्ति के पास निश्चित रूप से दूसरों से अधिक मौके उपलब्ध हैं। अलग-अलग भाषाएँ बोलने की योग्यता रखने वाले व्यक्ति की तुलना में अलग-अलग भाषाओं में पढ़ने-लिखने की क्षमता रखने वाले व्यक्ति को ज़्यादा फ़ायदे मिलते हैं।

वास्तव में इस दुनिया में जहाँ भौगोलिक सीमाएँ लुप्त हो रही है वहाँ सत्ता में ऐसे लोगों का मिलना मुश्किल है जो बहुभाषिक नहीं हैं। बहुभाषिकता राजनैतिक फायदा भी मुहैया करवाती है और इसीलिए महत्त्वपूर्ण है।

पर एक बहुभाषी कक्षा का होना व एक बहुभाषी व्यक्ति (बच्चा) होना, दोनों

दो फरक बातें हैं। बहुभाषी कक्षा में भिन्न-भिन्न भाषायी पृष्ठभूमि वाले विद्यार्थी एक ही छत के नीचे साथ-साथ होते हैं। लेकिन वे सभी आपस में बातचीत करते हों ऐसा हो भी सकता है व नहीं भी और ऐसी स्थिति शिक्षिका के लिये चुनौतीपूर्ण होती है। क्योंकि यदि शिक्षिका जो भाषा बोलती है बच्चे उस भाषा को समझ नहीं पाते तो शिक्षिका उनकी सीखने-सिखाने में मदद नहीं कर सकती। इस तरह की चुनौतियों के कई उदाहरण हैं और यही एक बड़ी वजह है कि इस तरह की कक्षा में जाने से शिक्षक हिचकिचाते हैं। साथ ही सीखने-सिखाने की प्रक्रिया का विस्तार कक्षा से परे भी होता है, जैसे बहुभाषी व्यक्तियों के लिये पाठ्यपुस्तकें लिखना और भिन्न-भिन्न भाषा बोलने वाले व्यक्तियों हेतु संवेदनशीलता की भावना विकसित करना। लिहाज़ा यह शिक्षक की जिम्मेदारी हो जाती है कि वह सीखने-सिखाने की प्रक्रिया के जरिये एक उपयुक्त माहौल तैयार करे क्योंकि द्वितीय भाषा सीखना इस बात पर निर्भर करता है कि भाषा सीखने के औपचारिक सन्दर्भ कैसे निर्मित होते हैं (अग्निहोत्री, खन्ना और सचदेव 1998) और इस तरह से शिक्षक के सामने एक दुरूह चुनौती होती है, एक डर सा होता है।

इस डर का होना जायज है लेकिन वस्तुतः यह डर इसलिए होता है क्योंकि हम भाषा के विभिन्न पक्षों से बेखबर होते हैं। हम यह भूल जाते हैं कि बच्चे किसी भी परिस्थिति के अनुसार स्वयं को ढालने की क्षमता रखते हैं और यह भी कि सीखने वाले बच्चे व उसके वातावरण के बीच आपसी तालमेल होता है।

बहुभाषी कक्षा में विद्यार्थियों के बीच एवं विद्यार्थी व शिक्षक के मध्य कोई बातचीत नहीं होती, यह एक अतिशयोक्तिपूर्ण कथन है। ''बहुभाषिकता एक रोड़ा है'' यह दावा मानता है कि सम्प्रेषण संभव नहीं है। पर यथार्थ में ऐसी स्थितियाँ जिनमें बातचीत बिल्कुल भी संभव न हो वह बहुत समय तक नहीं रहती क्योंकि धीरे-धीरे लोग सम्प्रेषण करना सीख ही जाते हैं। इसी तरह कक्षा में भी शिक्षक व विद्यार्थी दोनों ही परिस्थितियों को अनुकूल बनाने के लिये प्रयास करते हुए एक-दूसरे से बातचीत करना सीख ही जाते हैं। हम सभी इस तरह के भाषायी व्यवहार करते हैं और इसका कारण है कि हमारी प्रकृति ही बहुभाषिक है।

इस भाषायी अनुकूलनता के विपक्ष में यह तर्क दिया जा सकता है कि ऐसी कक्षा में जहाँ बातचीत करना ही मुश्किल हो वहाँ विदेशी भाषा पढ़ाना मुश्किल होगा। इस तरह की परिस्थितियों में नई भाषा सीखने के लिए व्यक्ति के पास इंस्ट्रूमेंटल मोटिवेशन (यानि व्यवहारिक, वास्तविक कारणों के लिए भाषा सीखना जैसे- अच्छी नौकरी पाने हेतु, वेतन बढ़ाने हेतु या शिक्षा में ऊँची डिग्री प्राप्त करने के लिए) व इंटीग्रेटिव मोटिवेशन (यानि किसी समाज व उसकी संस्कृति को

समझने के लिए प्रेरणा) होना चाहिये (अग्निहोत्री, खन्ना और सचदेव 1998)। लेकिन यह उस कक्षा के सन्दर्भ में सही होगा जो कि एक भाषी है यानि बहुभाषी कक्षा का बिल्कुल उलटा। एक बहुभाषी कक्षा-कक्ष में बातचीत करने का उत्साह जरूर होगा। यह बात उन बच्चों के सन्दर्भ में भी खरी उतरती है जो ऐसे नगरों में पले बढ़े होते हैं जहाँ भिन्न-भिन्न भाषायी पृष्ठभूमि वाले अप्रवासी रहते हैं। ये बच्चे न केवल अधिकांश लोगों द्वारा बोली जाने वाली भाषा को सीख लेते हैं बल्कि अन्य भाषाएँ भी सीख लेते हैं। और अधिक से अधिक भाषाएँ सीखने की प्रेरणा भी उनमें विकसित होती है।

समस्या की जड़ इस बात में भी है कि हम बहुभाषिकता को कैसे समझते हैं? प्रायः ऐसा समझा जाता है कि बहुभाषिकता यानि एक से अधिक भाषाएँ सीखना। चूंकि भाषा की सीमाएँ छलनी के समान होती है अतः एक भाषा दूसरी भाषा में आसानी से घुलमिल जाती है और इसलिए ''एक भाषा'' जैसी अवधारणा का कोई अस्तित्व नहीं है और प्रत्येक व्यक्ति बहुभाषी है (अग्निहोत्री, 2007)। पुनः सारी इंसानी भाषाएँ ऐसे घटकों के रूप में कार्य करती हैं जिनमें एक आन्तरिक सामंजस्य होता है। और इन घटकों से जो पैटर्न बनते हैं वह सीमित होते हैं। उदाहरण के लिए 'राम जो सबसे लम्बा है उसने काली कमीज पहन रखी है'। इस वाक्य को हम जैसे चाहें वैसे नहीं लिख सकते और यदि परिवर्तन करके भी लिखेंगे तो हमें भाषायी घटकों को ध्यान में रखते हुए परिवर्तन करना होगा जैसे 'काली कमीज़ पहन रखी है राम जो सबसे लंबा है उसने'। यानि राम व उसकी विशेषता साथ-साथ रहेगी। ये पैटर्न अलग-अलग हो सकते हैं उदाहरण के लिए यदि क्रिया अन्त में और क्रिया मध्य में आने वाले आधार पर भाषाओं का विश्लेषण करें तो हम देखेंगे कि जिन भाषाओं में क्रिया अंत में आती है जैसे कि हिन्दी वहाँ परसर्ग होता है जैसे ''मेज़ पर''। लेकिन जिन भाषाओं में क्रिया मध्य में आती है वहाँ पूर्णसर्ग आता है जैसे 'ऑन द टेबल' में पहले 'on' आता है।

एक बहुभाषी कक्षा जो बच्चों को इस तरह के भाषा विश्लेषण के मौके उपलब्ध कराती है और भाषा सीखने की प्रक्रिया के लिए बहुत फायदेमन्द होती है।

अब सवाल आता है बहुभाषी कक्षा में अन्य विषयों को सिखाने व उनसे सम्बन्धित चुनौतियों का, तो इस सन्दर्भ में तर्क यह है कि शब्दों व उनके अर्थ के बीच मनमाना सम्बन्ध होता है अतः दो भाषाओं में अर्थ के सम्बन्ध में कोई समानता नहीं होती। लेकिन यह तर्क तब तक ही सही लगता है जब तक हम गहराई में जाकर यह समझने का प्रयास नहीं करते कि बहुभाषी बच्चे भिन्न-भिन्न भाषाओं के शब्दों में सम्बन्ध कैसे बनाते हैं? जब हम थोड़ा गहराई में जाकर

समझने का प्रयास करते हैं तब यह तर्क भी गलत हो जाता है।

एक बहुभाषी दिमाग शब्दों को अलग तरीके से समझता है। जब एक शुद्ध भाषा का विचार अनुपस्थित होता है तब बच्चे एक नये शब्द भंडार को अर्जित कर लेते हैं जिसमें भाषाओं के आधार पर कोई वर्गीकरण नहीं होता।

निष्कर्ष

एक असमानतावादी समाज जहाँ सामाजिक व आर्थिक स्तरीकरण है वहाँ शायद शिक्षा ही नियंत्रण का आधारभूत घटक है। भाषा के उपयोग, एक कुलीन संभ्रान्त वर्ग का निर्माण, असमान अवसर और सामाजिक व आर्थिक असमानता, इन सभी के बीच पास्परिक सम्बन्धों को समझने की मुख्य कुंजी भाषा है। स्कूलों में पढ़ाई जाने वाली मातृभाषा (जो कि घर में बोली जाने वाली मातृभाषा से अलग होती है) थोपे जाने वाले मानक और आरोपित (सुपर इमपोस्ड) भाषाएँ न केवल मौजूद असमानताओं को बढ़ाती हैं बल्कि उन जगहों पर भी असमानताओं को जन्म देती हैं जहाँ वह पहले अस्तित्व में ही नहीं थी। इस तथ्य को स्वीकारते हुए कि भारत का भाषायी परिदृश्य काफी जटिल है, हमने शिक्षा में आने वाली भाषायी समस्याओं को (उनकी प्रधानता और शिक्षा की पूरी रूपरेखा में उनके व्यावहारिक महत्त्व की तुलना में) पर्याप्त तवज्जो नहीं दी है।

यह जरूरी है कि शिक्षा में भाषा के उपयोग को लेकर व्यावहारिक तरीके अपनाये जायें और इस बारे में भी सोचा जाये कि एक बहुलतावादी समाज में भाषा की मानकता निर्धारित करने के क्या तरीके हो सकते हैं? बहुभाषी व बहुसांस्कृतिक शिक्षा यह मांग करती है कि उच्चारण में विविधता को लेकर एक सकारात्मक दृष्टिकोण होना चाहिए। इसके साथ-साथ यह कुछ हद तक योजना बनाने, कक्षा व सीखने वाले की भाषा में प्रवीणता और पढ़ने-पढ़ाने के कौशल की भी मांग करती है। भाषा, समाज व शिक्षा के मध्य एक द्वंद्वात्मक रिश्ता है और इस रिश्ते की समझ के बगैर सामाजिक व सांस्कृतिक प्रक्रियाओं की समझ को पूरा नहीं समझा जा सकता।

सन्दर्भ

अग्निहोत्री, आर.के. (2007). टुवर्डस अ पैडागॉजीकल पैराडाइम रूटेड इन मल्टीलिंग्वलिटी. *इन्टरनेशनल मल्टीलिंग्वल रिसर्च जर्नल, 1*(2), 1-10.

अग्निहोत्री, आर.के., खन्ना, ए.एल. एण्ड सचदेव, आइ. (1998). इन्ट्रोडक्शन इन आर.के. अग्निहोत्री, ए.एल. खन्ना एण्ड आइ. सचदेव, *सोशल साइकोलॉजीकल पर्सपेक्टिव्स ऑन*

सेकण्ड लेंग्वेज लर्निंग (pp. 10-30). नई दिल्लीः सेज पब्लिकेशन.

अन्नामलई, इ. (2001). *मेनेजिंग मल्टीलिंग्वलिस्म इन इण्डियाः पॉलिटिकल एण्ड लिंग्विस्टिक मेनिफेस्टेशन.* नई दिल्लीः सेज पब्लिकेशन.

पटनायक, डी.पी. (1981). *मल्टीलिंग्वलिस्म एण्ड मदर टंग एजुकेशन.* दिल्लीः ऑक्सफोर्ड यूनिवर्सिटी प्रेस.

प्रसाद, एन.के. (1979). *द लेंग्वेज इश्यू इन इण्डिया.* दिल्लीः लीलादेवी पब्लिकेशन्स.

श्रीवास्तव, ए.के., शेखर, आर. एण्ड जयराम, बी.डी. (1978). *द लेंग्वेज लोड.* मैसूरः सेन्ट्रल इंस्टिट्यूट ऑफ इण्डियन लेंग्वेजेस.

वी.एल. (2000). डायमेन्शन्स ऑफ बाइलिंग्वलिस्म. इन एल.वी. (एडिटेड) *द बाइलिंग्वलिस्म रीडर* (pp. 3-25). न्यूयॉर्कः रूटलेज.

लेखक के बारे में : अंकित सराफ भारतीय प्रबन्धन संस्थान, अहमदाबाद में पीएच.डी. स्कॉलर हैं तथा शिक्षक-शिक्षा के सशक्तीकरण के लिए काम कर रहे हैं।

e-mail : ankit.saraf@outlook.com

अनुवादक : रजनी द्विवेदी, विद्या भवन शिक्षा सन्दर्भ केन्द्र, उदयपुर (राज.)।

स्रोत : *लेंग्वेज एण्ड लेंग्वेज टीचिंग*, 3.2.6, 18-21, जुलाई 2014.

भारतीय कक्षाओं के 'वास्तविक' पाठ

निधि कुंवर

राष्ट्रीय पाठ्यचर्या रूपरेखा 2005 रचनावाद की वकालत करती है एवं पुस्तकों की सामग्री को बच्चों के जीवन से जोड़ने पर ज़ोर देती है। राष्ट्रीय पाठ्यचर्या रूपरेखा 2005 की सिफारिशों के आधार पर सभी विषयों के लिए नयी पाठ्यपुस्तकें डिज़ाइन की गई हैं। इस लेख में मैं भाषा की नयी पाठ्यपुस्तकों '*रिमझिम*' और भारतीय कक्षाओं में उनकी वर्तमान स्थिति पर ध्यान केन्द्रित करूंगी।

शिक्षक-प्रशिक्षक होने के नाते जब मैंने पहली बार '*रिमझिम*' पाठ्यपुस्तक पढ़ी तब मैं बहुत उत्साहित हुई। हालांकि जल्दी ही यह उत्साह निराशा में तब्दील हो गया जब मैंने देखा कि प्राथमिक कक्षाओं में इनका इस्तेमाल किस तरह किया जा रहा है। कक्षाओं में बच्चे और शिक्षक दोनों ही पाठ्यपुस्तकों के बजाय ज्यादातर कार्यपुस्तिका या गाइड बुक पर निर्भर रहते हैं। मेरा यह पर्चा उन्हीं अवलोकनों का नतीजा है। पर्चा तीन भागों में बंटा है : पहले भाग में मैं '*रिमझिम*' पाठ्यपुस्तकों के विश्लेषण पर ध्यान केन्द्रित करूंगी, दूसरा हिस्सा गाइड बुक/पासबुक से जुड़े शोध पर आधारित है और अन्तिम भाग पाठ्यपुस्तकों के 'वास्तविक पाठ' के लिए संघर्ष को दर्शाता है।

रिमझिम पाठ्यपुस्तकें : एक विश्लेषण

मैंने अपने अध्ययन के उद्देश्य के लिए *रिमझिम* श्रृंखला से दो किताबें *रिमझिम-2* एवं *रिमझिम-4* का चयन किया। मैंने *रिमझिम-2* से दो पाठों 'अधिक बलवान कौन' (पाठ 4) और 'बहुत हुआ' (पाठ 6) को देखा। तथा *रिमझिम-4* से 'नाव बनाओ-नाव बनाओ' (पाठ 6) और 'सुनीता की पहिया कुर्सी' (पाठ 12) नामक दो पाठों को चुना। इन पाठों के विश्लेषण से निम्न बिन्दुओं का खुलासा हुआ जो इन पाठ्यपुस्तकों की उत्कृष्ट गुणवत्ता को चिह्नांकित करता है—

1. पढ़ने, लिखने और बोलने के बीच जुड़ाव

'*रिमझिम*' शृंखला की सबसे बड़ी खासियत है समेकित भाषायी अभ्यास, जो इस प्रकार बनाए गये हैं कि विभिन्न भाषायी कौशलों के बीच जुड़ाव रहे। नीचे दिये गये उदाहरणों से यह स्पष्ट होता है–

- एक दिन बादल ने सोचा, मैं अब कभी नहीं बरसूँगा, जब मैं बरसता हूँ, तब भी लोग मेरी बुराई करते हैं। जब नहीं बरसता हूँ, तब भी मेरी बुराई करते हैं। आज से बरसना बिल्कुल बंद। फिर क्या हुआ होगा? कहानी को आगे बढ़ाओ। (*रिमझिम-2,* पृ. 37)
- मान लो कि हवा ने कहा- जो मिट्टी में गड़े इस तंबू को उखाड़ दे, वह ज्यादा ताकतवर होगा। ऐसा होता तो कहानी में आगे क्या होता? सोचो और बताओ। (*रिमझिम-2,* पृ. 26)

2. व्यक्तिगत अनुभवों पर आधारित प्रश्न

ग्रेव्स (1983) के अनुसार जब बच्चों को अपने व्यक्तिगत अनुभवों के बारे में लिखने की स्वतंत्रता दी जाती है तो उनकी अपनी आवाज/वॉइस स्वयं ही लेखन में आ जाती है। '*रिमझिम*' में अनेक ऐसे अभ्यास मिल जाते हैं जो बच्चों को अपने व्यक्तिगत अनुभव कक्षा में साझा करने के लिए कहते हैं। इस तरह के अभ्यासों के कुछ उदाहरण हैं–

- आदमी ने गर्मी लगने पर कोट उतार दिया। तुम गर्मी लगने पर क्या-क्या करती हो? (*रिमझिम-2,* पृ. 25)
- बारिश के मौसम में गलियों और सड़कों पर भी पानी भर जाता है। तुम्हारे मोहल्ले और घर के आस-पास बारिश आने पर क्या-क्या होता है? बताओ। (*रिमझिम-4,* पृ. 49)

3. कल्पना पर आधारित प्रश्न

पाठ्यपुस्तक बच्चों के लिए कल्पना आधारित कई सारे अभ्यास प्रस्तुत करती है। बच्चों को कई दिलचस्प स्थितियाँ दी गयी हैं और उनसे ये अपेक्षा है कि वे कल्पना करें और उसके बारे में लिखें। उदाहरण के लिए–

- सुनीता के बारे में पढ़कर तुम्हारे मन में कई सवाल और बातें आ रही होंगी 'वे बातें सुनीता को चिट्ठी लिखकर बताओ'। (*रिमझिम-4,* पृ. 104)
- एक बार फिर से कविता पढ़ो। इस कविता में एक नाव के बनने और पानी

में सफ़र करने की कहानी छिपी है। मान लो तुम ही वह नाव हो। अब अपनी कहानी सबको सुनाओ। (*रिमझिम-4*, पृ. 46)

4. रचनात्मक विचारों पर आधारित प्रश्न

बच्चों के सामने कुछ वास्तविक समस्याओं को प्रस्तुत करने और उन्हें इनका समाधान खोजने के लिए प्रेरित करने का प्रयास किया गया है। ये सवाल रचनात्मक सोच एवं नये विचारों की माँग करते हैं। इस तरह के सवालों के कुछ उदाहरण हैं–

- सुनीता जैसे कई बच्चे हैं। इनमें से कुछ देख नहीं सकते तो कुछ बोल या सुन नहीं सकते। कुछ बच्चों के हाथों में परेशानी है, तो कुछ चल नहीं सकते। तुम ऐसे ही एक बच्चे के बारे में सोचो। यदि तुम्हें कोई शारीरिक परेशानी है, तो अपनी चुनौतियों के बारे में भी सोचो। उस चुनौती का सामना करने के लिए तुम क्या आविष्कार करना चाहोगे। उसके बारे में सोचकर बताओ कि–
    - तुम वह कैसे बनाओगे?
    - उसे बनाने के लिए किन चीज़ों की जरूरत होगी?
    - वह चीज़ क्या-क्या काम कर सकेगी?
    - उस चीज़ का चित्र भी बनाओ। (*रिमझिम-4*, पृ. 105)

ये उदाहरण साफ तौर पर बतलाते हैं कि किस प्रकार '*रिमझिम*' भाषा के विकास के लिए पर्याप्त मौके देती है। इसमें ऐसे सवाल शामिल हैं जो स्पष्ट हैं और जिसमें उद्देश्यों, किताबों को पढ़ने वालों के बारे में समझ एवं उनकी वॉइस के लिए काफी जगह है।

गाइड बुक संस्कृति

रिमझिम शृंखला का उद्देश्य केवल तभी पूरा किया जा सकता है जब यह कक्षा में उसी भावना के साथ उपयोग में लायी जाए जिस भावना के साथ इसे तैयार किया गया है। इस तरह की रचनात्मक किताबें पढ़ने के बाद कोई भी इस बात का विश्वास कर सकता है कि भाषा की कक्षाएँ बेहद रचनात्मक और रोमांचक होगी। हालांकि वास्तविकता इससे फरक है। एक शिक्षक-प्रशिक्षक के रूप में जब भी स्कूलों में गयी तो मैंने हमेशा कोशिश की कि मैं प्राथमिक विद्यालय के शिक्षकों से बात करके '*रिमझिम*' शृंखला के बारे में उनकी राय पता लगा सकूं। दुर्भाग्य से असंतोष की भावना सदैव शिक्षकों की प्रतिक्रियाओं पर हावी रही।

उनके अनुसार ऐसी पुस्तक की क्या उपयोगिता है जिसमें कहानियों, कविताओं और नाटकों की बहुतायत है परन्तु पारम्परिक अभ्यासों को शामिल नहीं किया गया। अक्सर उन्हें भी ऐसी किताब, जो कि हिन्दी की मूल/बुनियादी बातों 'वर्णमाला' से शुरू नहीं होती, की उपयोगिता समझने में परेशानी आती है। वे पाठ को निजी प्रकाशकों द्वारा प्रकाशित कार्यपुस्तिका या गाइड का उपयोग करते हुए पढ़ाना पसन्द करते है क्योंकि ये पारम्परिक अभ्यासों से लदी होती हैं।

इस खण्ड में मैं चर्चा करूंगी कि किस तरह ये कार्यपुस्तिकाएँ और गाइड '*रिमझिम*' के प्रमुख उद्देश्य को पछाड़ देती हैं। मैं इस तरह की कार्यपुस्तिकाओं और गाइड्स से कुछ उदाहरण दूंगी जिन्हें शिक्षक '*रिमझिम*' के मुकाबले पसन्द करते हैं। स्पष्टता एवं एकरूपता के लिए मैंने वही पाठ चुने हैं जिनकी चर्चा ऊपर के खण्ड में की गयी है।

1. सूचना/जानकारी आधारित प्रश्न

कहानियों पर आधारित कार्य पुस्तिका में बेहद पारम्परिक एवं सूचना आधारित प्रश्न है। विद्यार्थियों से अपेक्षा है कि वे पाठ को पढ़कर ऐसे सवालों के जवाब दें–

- सुनीता की माँ ने उससे क्या मँगवाया था? (*अभ्यास पुस्तिका रिमझिम-4*, पृ. 78)
- सूरज और हवा में क्या तय हुआ? (*अभ्यास पुस्तिका रिमझिम-2*, पृ. 22)

2. असंवेदनशील रवैया

कार्यपुस्तिका में कुछ प्रश्न ऐसे हैं जो पाठ्यपुस्तक की कहानियों की भावना के बिल्कुल विपरीत है। जैसा कि कक्षाओं में कार्यपुस्तिकाओं का इस्तेमाल बड़े पैमाने पर किया जाता है तो यह देखना भी जरूरी है कि हमारे बच्चे आखिर इन कहानियों से सीख क्या रहे हैं? उदाहरण के लिए 'सुनीता की पहिया कुर्सी' (*रिमझिम-4*) पाठ बच्चों को इस प्रकार की शारीरिक अक्षमता/ विशेष क्षमता वाले बच्चों के प्रति संवेदनशील बनाने के लिए पाठ्यपुस्तक में शामिल किया गया। पाठ एक लड़की 'सुनीता' के बारे में है जो चल नहीं पाती लेकिन वह अपने दम पर सब कुछ करना चाहती है और जब लोग उसे सहानुभूति के साथ देखते हैं तो उसे बड़ी खीज होती है। आखिर 'सुनीता', 'अमित' नाम के ऐसे लड़के से मिलती है जिसे लोग उसके छोटे कद के लिए चिढ़ाते हैं। आगे कहानी में, दोनों दोस्त बन जाते हैं। यह कहानी पाठ्यपुस्तक में शामिल की गयी ताकि बच्चे मुख्य पात्रों के लिए समानुभूति रखें और ऐसे बच्चों के प्रति एक संवेदनशील रवैया विकसित

कर सकें। कार्यपुस्तिका में इस पाठ के लिए एक ऐसा सवाल है जो पाठ की भावना के एकदम विपरीत है। वह है–

- तुम अपने मित्रों को कैसे-कैसे चिढ़ाते हो? 'अपने किन्हीं पाँच दोस्तों के नाम और उन्हें चिढ़ाने वाले नाम लिखो। (*अभ्यास पुस्तिका, रिमझिम-4*, पृ. 79)
- इस सवाल का लहज़ा ऐसा है जिससे यह लगता है कि बच्चों को उनकी अक्षमताओं के हिसाब से चिढ़ाना ठीक है। कक्षा 4 का बच्चा इस कहानी और इस तरह के अभ्यास से क्या सीखेगा, सवाल सोचने लायक है।

3. पारम्परिक अभ्यास

निजी प्रकाशकों द्वारा प्रकाशित कार्यपुस्तिका में अनेक पारम्परिक लेखन अभ्यास जैसे- रिक्त स्थान भरो, शब्दार्थ, समानार्थक एवं विपरीतार्थक शब्द, शुद्ध एवं अशुद्ध वाक्य एवं वाक्य बनाओ शामिल हैं। लिहाजा '*रिमझिम*' के निर्माताओं का बच्चों के सूरुचिपूर्ण पढ़ने को प्रोत्साहित करने का यह प्रयास, इस प्रकार के ध्यान भटकाने वाले अभ्यासों द्वारा निष्प्रभावी हो जाता है। ये अभ्यास साहित्य को महसूस करने के अवसर उपलब्ध नहीं करवाते और सिर्फ पाठ से जानकारी निकालने पर केन्द्रित करते हैं।

4. गहन सोच-विचार के लिए कोई गुंजाइश नहीं

गाइड बुक के विश्लेषण से हमें हमारे प्राथमिक स्कूल शिक्षण के असली हालातों का पता चलता है। गाइड बुक में जानकारी से लेकर विश्लेषण, गहन सोच-विचार, अनुभवों और व्यक्तिगत विचार तक के '*रिमझिम*' के सभी प्रकार के सवालों के उत्तर होते हैं। '*रिमझिम*' द्वारा छात्रों को जागरुक करने और अपने अनुभवों पर प्रतिक्रिया देने के प्रयासों को गाइड बुक के ये विशिष्ट उत्तर कुचल रहे हैं। यह मुद्दा तब और भी महत्त्वपूर्ण हो जाता है जब हमें यह अनुभव होता है कि हमारे कई सारे शिक्षक अपने रोजमर्रा के शिक्षण में केवल गाइड बुक्स का ही इस्तेमाल करते हैं। *रिमझिम 4* के पाठ 'सुनीता की पहिया कुर्सी' में एक प्रश्न है–

क्या तुम ऐसे किसी बच्चे को जानते हो जो सुन-बोल नहीं सकता? तुम उसे किस तरह अपनी बात समझाते हो? यह प्रश्न महत्त्वपूर्ण है क्योंकि यह छात्रों में ऐसे बच्चों के प्रति समानुभूति पैदा करने एवं उन्हें संवेदनशील बनाने के लिये बनाया गया है। ये तभी होगा जब बच्चे अपने आस-पास के परिवेश को देखें और उन्हें सुनीता की ही तरह अन्य बच्चे मिलें तभी वे उनके साथ कुछ सम्बन्ध

जोड़ पायेंगे। इस प्रश्न के लिए गाइड बुक एक सीधा जवाब देती है- मैं एक ऐसे बच्चे को जानता हूँ जो सुन-बोल नहीं सकता। उसका नाम विशाल है। 'मैं उसे इशारे से अपनी बात समझाता हूँ'। (*सी पी गाइड*, पृ. 80)

ये गाइड और कार्य पुस्तिकाएँ बच्चों के लिए सोचने, प्रतिक्रिया करने और लिखने के लिए कोई गुंजाइश नहीं छोड़ती हालांकि यह बड़ी दुर्भाग्यपूर्ण सच्चाई है कि विभिन्न स्कूलों में इनका बहुतायत से उपयोग किया जाता है।

चर्चा एवं सोच-विचार

'*रिमझिम*' जैसी पाठ्यपुस्तक को लागू करने के लिए संघर्ष का बुनियादी कारण वह विचारधारा है जिस पर हमारी शिक्षा प्रणाली टिकी हुई है। हमारी शिक्षा प्रणाली दो 'बी' पर आधारित है- बिहेवियरिज्म (व्यवहारवाद) और बैंकिग संकल्पना (बैंकिंग कॉन्सेप्ट)। बच्चों पर आवश्यक मान्यता प्राप्त संरचनाओं के अनुसार स्वयं को ढालने का दबाव बनाया जाता है और उन्हें इसी प्रकार का अभ्यास भी दिया जाता है। लीक से हटकर चलने वालों को नकार दिया जाता है और बच्चों पर वांछित ढांचे में ढालने के लिए बल का प्रयोग भी किया जाता है। 'सटीक' नकल को 'अच्छा' और 'उत्कृष्ट' जैसी टिप्पणियों से सम्मानित किया जाता है जबकि उससे अलग करने वालों को नामन्जूरी और सजा का सामना करना पड़ता है। विलग विचारों और प्रतिक्रियाओं को स्पष्ट रूप से हतोत्साहित कर दिया जाता है क्योंकि वे इस शिक्षा तंत्र के उद्देश्यों की प्राप्ति के लिए खतरा साबित होते हैं। जो कि बच्चों के सीखने को 'निष्क्रिय' बनाना चाहते हैं।

फ्रेरे की बैंकिग संकल्पना हमारी शिक्षा प्रणाली का स्पष्ट प्रतिबिम्ब प्रस्तुत करती है। वे कहते हैं—

'इस प्रकार शिक्षा जमा करने की क्रिया बन जाती है जिसमें बच्चे भंडार/गोदाम होते हैं और शिक्षक जमाकर्ता होते है। जहाँ शिक्षक बातचीत के बजाय अधिकारिक सूचनाएँ जारी करते हैं और अपना ज्ञान/अमानत जमा करवाते हैं जिन्हें बच्चे धैर्यपूर्वक प्राप्त करते हैं, रटते हैं और दोहराते हैं।' (पृ. 53)

इस प्रकार हमारी कक्षाओं का परम लक्ष्य 'चिन्तनशील' दिमाग बनाने की बजाय ऐसी 'जमापेटी' बनाना है जो बिना सवाल-जवाब के उन्हें जमा कर लें। ऐसा कोई भी प्रयास या नवाचार जो इन तरीकों के अनुरूप नहीं है उसे प्रणाली के प्रतिरोध का सामना करना पड़ता है।

हालांकि यह स्पष्टीकरण यह नहीं कहता कि सारा दोष उन शिक्षकों का है जो कक्षाओं में '*रिमझिम*' पर काम कर रहे हैं। हमें इस पर विचार करने की

जरूरत है कि क्या हमने अपने शिक्षकों को इतना सशक्त बनाया है कि वे इस तरह के सृजनात्मक पाठों को पढ़ा पायें? शिक्षकों के रूप में प्रशिक्षित करते हुए क्या हमने कभी इस प्रकार की समीक्षात्मक और चिन्तनशील सोच से उन्हें रूबरू करवाया है? सेवापूर्व एवं सेवाकालीन सत्रों के दौरान शिक्षकों को जिस प्रकार का प्रशिक्षण दिया जाता है उसकी गुणवत्ता उनके कक्षा शिक्षण में साफ झलकती है। दुर्भाग्य से शिक्षक प्रशिक्षणों में पढ़ना और लिखना सीखने-सिखाने से सम्बन्धित पाठ्यक्रम नहीं होते हैं। पढ़ने-लिखने की शुरुआत कैसे की जाए? उसका सीखना-सिखाना कैसे हो? इस ज्ञान से अनभिज्ञ शिक्षक पाठ्यक्रम के अभ्यासों को पारम्परिक अभ्यास के ढाँचे में करवाते हैं। हालांकि ये वही तरीका/ढाँचा है जिसमें वे खुद पढ़े हैं और जिसके साथ वे अत्यन्त सहज हैं। इसीलिए *'रिमझिम'* की तुलना में गाइड बुक को प्राथमिकता दी जाती है।

शिक्षकों एवं *रिमझिम* का सशक्तीकरण

शिक्षा प्रणाली में तत्काल बदलाव की आवश्यकता है। हमें एक ऐसे तंत्र की स्थापना करनी होगी जहाँ युवा मस्तिष्क सोच सकें और प्रतिक्रिया दें सकें। इसका एक तरीका है कि हम अपने शिक्षकों को आवश्यक शिक्षाशास्त्रीय ज्ञान से लैस करें क्योंकि शिक्षक ही पाठ्यक्रम का एकमात्र व्याख्याकर्ता हैं, इसलिए यह जरूरी है कि उनको उपयुक्त ज्ञान से सशक्त किया जाये। बत्रा (2005) शिक्षकों की आवाज़ एवं संगठनों को मानने पर चर्चा करती हैं और यह बताती हैं कि यह किसी भी प्रकार के परिवर्तन लाने का मूल घटक है। उनके अनुसार अगर शिक्षक सशक्त नहीं है तो कोई भी कदम और नीति व्यर्थ है। वह राष्ट्रीय पाठ्यचर्या रूपरेखा 2005 पर प्रश्न उठाते हुए कहती हैं कि 'आप किस प्रकार ऐसे शिक्षक के साथ बच्चों को समीक्षात्मक सोच और अर्थ निर्माण करने में समर्थ बना पायेंगे जो खुद कभी इस तरह की प्रक्रिया से नहीं गुजरा' (बत्रा 2005, पृ. 4350)।

यह बयान इस बात पर जोर देता है कि शिक्षक कक्षा का मुख्य घटक है और जब तक उनके उन्मुखीकरण को नज़रअंदाज किया जायेगा तब तक गाइड बुक 'वास्तविक पाठ' के रूप में मौजूद रहेंगी।

सन्दर्भ

बत्रा, पूनम (2005, 1 अक्टूबर). वाइस एण्ड एजेन्सी ऑफ टीचर्सः अ मिसिंग लिंक इन द नेशनल करिकुलम फ्रेमवर्क. *इकोनॉमिक एण्ड पॉलिटिकल वीकली, 40*(36), 4347-4356.

सी पी *गाइड* (एन.डी.) दिल्लीः कॉनवेन्ट पब्लिकेशन्स.

फ्रेरे, पाउलो. (1996). *पैडागोजी ऑफ द ऑपरेस्ड.* लंदनः पेंग्विन बुक्स.

ग्रेव्स, डोनाल्ड एच. (1983). *रायटिंगः टीचर्स एण्ड चिल्ड्रन एट वर्क.* पोर्टस्माउथ, एन.एच. : हाइनमेन एजुकेशनल बुक्स.

गुप्ता, सुखपाल. (2007). *अभ्यास पुस्तिका रिमझिम-2.* नई दिल्लीः आर्या पब्लिशिंग कम्पनी.

गुप्ता, सुखपाल. (2007). *अभ्यास पुस्तिका रिमझिम-4.* नई दिल्लीः आर्या पब्लिशिंग कम्पनी.

नेशनल काउन्सिल ऑफ एजुकेशनल रिसर्च एण्ड ट्रेनिंग. (2005). *नेशनल करिकुलम फ्रेमवर्क* (2005), नई दिल्लीः एन.सी.ई.आर.टी.

नेशनल काउन्सिल ऑफ एजुकेशन रिसर्च एण्ड ट्रेनिंग. (2007). *रिमझिम-2.* नई दिल्ली : एन.सी.ई.आर.टी.

नेशनल काउन्सिल ऑफ एजुकेशन रिसर्च एण्ड ट्रेनिंग. (2007). *रिमझिम-4.* नई दिल्ली : एन.सी.ई.आर.टी.

लेखिका के बारे में : निधि कुँवर, माता सुन्दरी कॉलेज के प्रारम्भिक शिक्षा विभाग में असिस्टेन्ट प्रोफेसर है। भाषा शिक्षा एवं लेखन में उनकी विशेषज्ञता है।

e-mail : nidhikunwar80@gmail.com

अनुवाद : कामिनी उपाध्याय, विद्या भवन शिक्षा सन्दर्भ केन्द्र, उदयपुर (राज.)।

स्रोत : *लेंग्वेज एंड लेंग्वेज टीचिंग* 3.1.5: 16-19, जनवरी, 2014.

भाषा का वैज्ञानिक विश्लेषण : भाषा शिक्षण के निहितार्थ

राजेश कुमार

परिचय

यह लेख भाषा शिक्षण के लिए भाषा के वैज्ञानिक विश्लेषण के निहितार्थों को बताता है। साथ ही, यह व्यवस्थित तरीके से इस बात की भी पड़ताल करता है कि भाषा अर्जन करने की प्रक्रिया की समझ (जो एक अवचेतन प्रक्रिया है) भाषा सीखने में कैसे मदद करती है, जबकि सीखना एक बहुत ही चेतन प्रक्रिया है और इसमें औपचारिक निर्देश शामिल होते हैं। ज्ञान के तंत्र को अर्जित करना व भाषा अर्जित करना एक दूसरे से एक महत्त्वपूर्ण मायने में सम्बन्धित है क्योंकि किसी भी प्रकार के ज्ञान तंत्र को अर्जित करने के लिए भाषा एक महत्त्वपूर्ण उपकरण है। समाज के भावी नागरिकों की समझ विकसित करने के प्रयास में लगे शिक्षाविदों के लिए भाषा के अवधारणात्मक ज्ञान से अवगत होना एक महत्त्वपूर्ण सरोकार है। भाषा की क्षमता होना, भाषा को जानना, अर्जित करना व उसे उपयोग करना प्रजातिगत क्षमताएँ हैं। यह क्षमताएँ जैविकीय रूप से सिर्फ इंसानों में ही विद्यमान है (चोम्स्की, 1986)। हर बच्चे में भाषा सीखने की क्षमता जन्मजात होती है। हर सामान्य बच्चा भाषा अर्जित करने के लिए स्वभाविक रूप से तैयार होता है (यह कहना भी गलत नहीं होगा कि यह तंत्र ऐसा विकसित होता है कि बच्चे को भाषा सीखने से कोई रोक ही नहीं सकता।) एक छोटे से छोटा उद्दीपन इंसानी दिमाग में भाषा विकसित करने के लिए पर्याप्त है। व्यापक रूप से स्वीकारे गए इसी विचार के तहत, भाषा वैज्ञानिकों ने भाषा का विश्लेषण किया है। काफी हद तक- संसार की समस्त भाषाओं में बहुत समानताएँ हैं, फिर भी वे सार्थक रूप से एक-दूसरे से भिन्न भी हैं। भाषा विज्ञान के सिद्धान्त साफ तौर पर यह बताते हैं कि जितने कम नियम/ कायदे होंगे व्याकरण उतना ही अच्छा होगा (चोम्स्की 1965)। पाणिनी के बाद से ही व्याकरणाचार्यों ने इस विचार को समझा कि जितने कम नियम उतना ही

सरल व्याकरण। भाषा की प्रकृति व संरचना को समझने के लिए हमें भाषा को सम्पूर्णता में देखना होगा, इसके साथ ही भाषा के सन्दर्भ में सतही तौर पर जो दिखता है उससे आगे जाकर देखने की जरूरत है और यह देखना किसी रैखिक या एक के बाद एक के क्रम में नहीं हो सकता (अग्निहोत्री, 2006)। इस लेख में एक बच्ची अपनी भाषा के बारे में क्या-क्या जानती है मैं उसके कुछ उदाहरण दूंगा व उनका विश्लेषण करूँगा। ऐसा करते हुए, मैं इस तरह के विश्लेषण के निहितार्थों को भाषा शिक्षण से सम्बन्धित करूँगा। बच्चे अपनी भाषा की संरचना व उसके उपयोग के बारे में क्या जानते हैं, इसकी समझ हमें लक्षित (कक्षा में पढ़ाई जाने वाली) भाषाएँ सिखाने में मदद करती है। इस लेख के तीन मुख्य हिस्से हैं जो ध्वनि, शब्द व वाक्य के स्तर पर भाषा की प्रकृति व संरचना से सम्बन्धित हैं।

बोलने की प्रक्रिया और ध्वनि

यह भाग बोलने की प्रक्रिया के बारे में है। एक भाषा की ध्वनि व्यवस्था को समझने के लिए, हमें ध्वनियों के उत्पादन की प्रक्रिया व इसके विश्लेषण को देखना होगा। हम देखते हैं कि हिन्दी में स्वर ध्वनियों को उनकी लम्बाई (दीर्घ/हर्स्व अथवा छोटा या बड़ा) व उच्चारण स्थान (पीछे, मध्य व आगे) के आधार पर प्रदर्शित किया जाता है, जैसा कि सारणी-1 में दिखाया गया है–

सारणी-1 स्वर ध्वनियाँ

तरीका	छोटा	बड़ा	छोटा	बड़ा	छोटा	बड़ा
	अ a	आ aa	इ i	ई ii	उ u	ऊ uu
उच्चारण स्थान	पीछे	पीछे	मध्य	मध्य	आगे	आगे

व्यंजन ध्वनियाँ

मुँह के अगले हिस्से (होंठ से लेकर कोमल तालू तक के ध्वनि क्षेत्र) में बहुत से ऐसे स्थान होते हैं जो कि व्यंजन ध्वनियों के उच्चारण स्थान के रूप में काम करते हैं। हिन्दी में व्यंजन ध्वनियाँ इस तरह व्यवस्थित हैं–कण्ठ्य, तालव्य, मुर्धन्य, दन्त्य व ओष्ठ्य। इनके उच्चारण का तरीका इनकी विशिष्ट विशेषताओं

को प्रकट करता है। चलिए, इनकी व्यवस्था को देखते हैं–पहले चार कॉलम में स्थित व्यंजन, मौखिक ध्वनियाँ (मौखिक ध्वनियों से तात्पर्य है कि वे ध्वनियाँ जिनका उच्चारण करते समय हवा का प्रवाह मुँह से होता है) हैं और अंतिम कॉलम में स्थित व्यंजन ध्वनियाँ नासिक्य हैं। मौखिक ध्वनियों में पहले दो कॉलम में अघोष ध्वनियाँ हैं (वे ध्वनियाँ जिनके उच्चारण के समय स्वरतंत्री में कम्पन्न नहीं होता) व अगले दो कॉलम में सघोष ध्वनियाँ हैं (वे ध्वनियाँ जिनके उच्चारण के समय स्वरतंत्री में कम्पन्न होता है)। ये क्रमशः अल्पप्राण, महाप्राण है। सारणी-2 देखें।

सारणी-2 व्यंजन ध्वनियों के उच्चारण के तरीके

		अल्पप्राण अघोष	महाप्राण अघोष	अल्पप्राण सघोष	महाप्राण सघोष	नासिक
स्थान	कण्ठ्य	क k	ख kh	ग g	घ gh	ङ ng
	तालव्य	च c	छ ch	ज j	झ jh	ञ ny

शब्द निर्माण

बहुवचन : वचन व लिंग

कुछ किताबें बताती हैं कि 'आ' से अंत होने वाली संज्ञाएँ पुल्लिंग व 'ई' से अंत होने वाली संज्ञाएँ स्त्रीलिंग होती हैं और बाकी सब अपवाद हैं। हिन्दी में प्रत्येक संज्ञा या तो पुल्लिंग होंगी या स्त्रीलिंग क्योंकि वाक्य रचना में इसकी भूमिका होती है। हालांकि हिन्दी में संज्ञा का लिंग निर्धारण मनमाना है। भाषा नियमों द्वारा संचालित व्यवस्था है, यह विचार काफी हद तक अपवादों के अस्तित्व को ख़ारिज करता है। ऐसे में हिन्दी में संज्ञाओं का मनमाने तरीके से लिंग निर्धारण व बड़ी संख्या में अपवादों का होना जो ऊपर बताए पैटर्न का पालन नहीं करते हैं, इनके लिए स्पष्टीकरण चाहिए। बारीकी से किया गया विश्लेषण एक व्यवस्थित व नियम संचालित पैटर्न बताता है। चलिए पैटर्न के लिए सारणी-3 में दिये गये आँकड़ों को देखते हैं–

सारणी-3

	एकवचन		बहुवचन	
पुल्लिंग	लड़का घर धोबी	laRkaa ghar dhobii	लड़के घर धोबी	laRke ghar dhobii
स्त्रीलिंग	लड़की कमीज़ माला	laRkii kamiiz maalaa	लड़कियाँ कमीज़े मालाएँ	laRkiyaaN kamiizeN maalaayeN

मूल भाषा-भाषी व्यक्तियों के सहज ज्ञान से यह ज़ाहिर होता है कि कुछ संज्ञाएँ जो 'आ' स्वर ध्वनि से अंत होती हैं पुल्लिंग होती हैं और अन्य जो 'ई' स्वर ध्वनि से अंत होती हैं वे स्त्रीलिंग होती हैं। लेकिन इस तरह के उदाहरणों जैसे– धोबी (पुल्लिंग) व घर (पुल्लिंग) से यह सामान्यीकरण ध्वस्त हो जाता है। वस्तुतः हिन्दी में हमें दो प्रकार की पुल्लिंग संज्ञाएँ मिलती हैं; एक वे जो 'आ' जैसे लम्बी स्वर ध्वनि से अंत होती हैं और अन्य वो जो 'आ' के अतिरिक्त अन्य ध्वनियों से अंत होती हैं। स्वर ध्वनि 'आ' से अंत होने वाली संज्ञाओं का बहुवचन बनाने पर 'आ', 'ए' में बदल जाता है। 'आ' के अतिरिक्त अन्य ध्वनियों से अंत होने वाली संज्ञाओं का बहुवचन बनाने पर उनके स्वरूप में कोई बदलाव नहीं होता है। *धोबी* (dhobii) और *घर* (ghar) वे पुल्लिंग संज्ञाएँ हैं जिनका बहुवचन बनाने पर स्वरूप नहीं बदलता है।

इसी तरह से स्त्रीलिंग संज्ञाओं के भी दो प्रकार हैंः एक वे जो 'ई' से अंत होती हैं और बाकी वे जो 'ई' के अतिरिक्त अन्य ध्वनियों से अंत होती हैं। दोनों प्रकारों में बहुवचन रूप भिन्न होते हैं। 'ई' ध्वनि से अंत होने वाली संज्ञाओं में बहुवचन बनाने पर 'ई', 'इयाँ' में परिवर्तित होती है। *'माला'* जैसी स्त्रीलिंग संज्ञा का बहुवचन रूप 'कमीज़' के बहुवचन रूपों की तरह ही बदलता है। दोनों ही स्त्रीलिंग संज्ञाएँ हैं और दोनों ही 'ई' स्वर ध्वनि के अतिरिक्त अन्य ध्वनि से अंत होती हैं। इस व्याख्या में कोई अपवाद नहीं है। इस आधारभूत पैटर्न का ज्ञान हमें भाषा को एक नियम संचालित व्यवस्था के रूप में समझने में मदद करता है। और इस तरह का ज्ञान तंत्र भाषा शिक्षण में, विशेषकर हिन्दी शिक्षण में उपयोगी हो जाता है।

नासिक तारतम्यता

सर्वाधिक नियमित ध्वनिक्रम है व्यजंन-स्वर-व्यंजन-स्वर। एक शब्द के निर्माण में स्वर व व्यंजन दोनों की जरूरत होती है। फिर भी शब्द निर्माण में स्वर अत्यन्त महत्त्वपूर्ण है क्योंकि सभी भाषाओं में ऐसे कई उदाहरण हैं जहाँ केवल स्वर से बने शब्द मिलते हैं। किसी भी भाषा में कोई शब्द ऐसा नहीं है जो केवल व्यंजन ध्वनियों से बना हो। ऐसे बहुत सारे शब्द हैं जिनकी शुरूआत में, बीच में या अंत में व्यंजनों के समुच्चय होते हैं। सभी व्यंजनों में 'अ' स्वर अन्तर्निहित होता है। व्यंजनों के समुच्चय में, पहला व्यंजन अपने अन्तर्निहित स्वर का गुण खो देता है। सारणी-4 में नासिक ध्वनियों के समुच्चय के उदाहरण दिये गए हैं जहाँ पहला व्यंजन नासिक है।

सारणी-4

पंखा	paNkhaa	(प + ङ् + खा = पंखा/पङ्खा)
पंजा	paNjaa	(प + ञ् + जा = पंजा/पञ्जा)
अंडा	aNDaa	(अ + ण् + डा = अंडा/अण्डा)
अंधा	aNdhaa	(अ + न् + धा = अंधा/अन्धा)
खंभा	khaMbhaa	(ख + म् + भा = खंभा/खम्भा)

ऊपर दिये गए प्रत्येक उदाहरण में, एक नासिक्य व्यंजन है जो आगे आने वाले व्यंजन के साथ मिलकर एक समुच्चय बना रहा है। *पंखा* में नासिक्य व्यंजन के बाद 'ख' व्यंजन है जो कि कण्ठ्य ध्वनि है। *पंजा* में, नासिक्य व्यंजन के बाद आने वाला व्यंजन तालव्य ध्वनि है; *अंडा* में नासिक्य व्यंजन के बाद आने वाला व्यंजन मुर्धन्य ध्वनि है, *अंधा* में नासिक्य व्यंजन के बाद आने वाला व्यंजन दंत्य ध्वनि है और *खंभा* में, नासिक्य व्यंजन के बाद आने वाला व्यंजन ओष्ठ्य ध्वनि है। गौर से देखने पर ये समुच्चय बहुत कुछ स्पष्ट करते हैं। इन समुच्चयों को यदि हम इनके उच्चारण स्थान के आलोक में विश्लेषित करें तो व्यंजनों की नासिक्य विशेषता का अनुमान लगाया जा सकता है। वह यह कि नासिक्य व मौखिक ध्वनियों के उच्चारण का स्थान एक ही है, पंखा में कण्ठ्य नासिक्य, पंजा में तालव्य नासिक्य, अंडा में मुर्धन्य नासिक्य, अंधा में दन्त्य नासिक्य, खंभा में ओष्ठ्य नासिक्य। यह परिघटना ही नासिक तारतम्यता है। सभी भाषाओं में होने वाली यह घटना भाषा की नियमबद्ध व्यवस्था को समझने में मदद करती है और

कक्षा में इस तरह के मुद्‌दों के बारे में बात करने में शिक्षक को सक्षम बनाती है।

वाक्य विन्यास

यह भाग वाक्य के स्तर पर भाषा की नियमबद्ध व्यवस्था की बात करता है। इसमें अनुबन्ध व्यवस्था, निषेध व निषेधध्रुवीय पदों के उदाहरण लिए गए हैं। वाक्य के मुख्यतः दो हिस्से होते हैं- कर्ता व विधेय। विधेय में क्रिया व कर्म शामिल है। भाषा के सार्वभौमिक सिद्धान्त बताते हैं कि कर्ता और क्रिया के बिना वाक्य संभव नहीं है। साथ-साथ इन दोनों हिस्सों के फाई फीचर (फाई गुणों) के मध्य अनुबन्ध होना भी जरूरी है।

अनुबन्ध

ये फीचर अलग-अलग भाषाओं में अलग-अलग होते हैं। सामान्यतः इस फीचर में वचन, पुरुष व लिंग सम्मिलित होते हैं। कुछ फाई फीचर के सन्दर्भ में भाषाओं में कर्ता का क्रिया के साथ अनुबन्ध होता है। यानि इनमें से कर्ता के संज्ञा वाक्यांश के कुछ फीचर क्रिया वाक्यांश से मेल खाने चाहिए। भाषाओं में एक-दूसरे से विभिन्नता का कारण क्रिया में इन लक्षणों की भौतिक उपस्थिति होती है।

सारणी-5

हिन्दीः राजू (एकवचन पुल्लिंग) मूवी (एकवचन स्त्रीलिंग) देख (एकवचन पुल्लिंग) रहा (एकवचन पुल्लिंग) था (एकवचन पुल्लिंग) अंग्रेज़ीः Raju (एकवचन पुल्लिंग) was (एकवचन पुल्लिंग) watching a movie (एकवचन स्त्रीलिंग)

हिन्दी वाक्य में, वचन व लिंग दोनों का क्रिया में प्रदर्शित होना जरूरी है, जबकि अंग्रेज़ी वाक्य में क्रिया में केवल वचन प्रदर्शित होता है। (सारणी-5 देखिए)। यहाँ कर्ता *'राजू'* के गुण जो एकवचन व पुल्लिंग हैं, क्रिया 'देख रहा है' में प्रदर्शित हो रहे हैं और उसी मूल्य के साथ। यह कर्ता व क्रिया के मध्य अनुबन्ध का एक उदाहरण है।

शब्द-क्रम (कर्ता-कर्म-क्रिया)

जहाँ तक वाक्य में शब्दों के क्रम का सवाल है, कर्ता विधेय से पहले आता है। हालांकि, विधेय में कर्म का स्थान अलग-अलग भाषाओं में भिन्न होता है। हिन्दी में विधेय के अंतर्गत कर्म क्रिया से पहले आता है और अंग्रेज़ी में क्रिया के बाद।

6. सीमा ने राजू को कपड़े दिये।

उदाहरण 6 में कर्ता संज्ञा विधेय से पहले आयी है।

विधेय के अंतर्गत कर्म क्रिया से पहले आया है। इस उदाहरण से हमें यह भी पता चलता है कि हिन्दी में विधेय के अंतर्गत परोक्ष कर्म, क्रिया के प्रत्यक्ष कर्म से पहले आता है।

निषेध और निषेध ध्रुवीय तत्व

निषेध इंसानी भाषा का एक और अत्यन्त ही महत्त्वपूर्ण एवं दिलचस्प पहलू है। निषेध का विश्लेषण हमें भाषा के अनेक रोचक पहलूओं के साथ अर्जन व सीखने को समझने में मदद करता है।

निषेध संकेतक

हिन्दी में निषेध के तीन संकेतक हैं; *नहीं, ना* और *मत*। नहीं और ना लगभग सभी सन्दर्भों में इस्तेमाल होते हैं, जैसा की उदाहरण (7) में दिखाया गया है, वहीं, *मत* केवल आदेशात्मक वाक्यों में ही आता है, जैसा कि उदाहरण (8) में दिखाया गया है। भाषा में दो प्रकार के निषेध होते हैं; वाक्यात्मक निषेध व घटकीय निषेध। वाक्यात्मक निषेध सामान्यतः क्रिया से पहले आता है और पूरे वाक्य का निषेध कर देता है, जैसा कि उदाहरण (7) में दिखाया गया है। वहीं दूसरी तरफ घटकीय निषेध केवल उस घटक का निषेध करता है, जिसके बाद निषेध आता है, जैसा कि उदाहरण (9) में बताया गया है।

7. राजू आज नहीं/ना/*मत आयेगा।
8. तुम मत जाओ।
9. हम मोटरसाइकल से नहीं जायेंगे।

निषेध ध्रुवीय तत्वों को लाइसेंस देना

भाषाओं में कुछ ऐसे तत्व होते हैं जैसे–'एक फूटी कौड़ी', 'हरगिज़/कतई' और 'कोई/किस', जो कि वाक्य में निषेध संकेतक की उपस्थिति में ही आने के लिए अनुबंधित/बाध्य होते हैं। वाक्य में निषेध संकेतक की अनुपस्थिति में इस तरह के तत्वों की उपस्थिति अव्याकरणिक होती है, जैसा कि उदाहरण (10 क-ख) में दिखाया गया है। इन्हें निषेध ध्रुवीय तत्व कहते हैं।

* = अव्याकरणिक/अमान्य

10क - गरीबों को एक फूटी कौड़ी* (नहीं) मिलेगी।

10ख - राजू हरगिज़/कतई* (नहीं) आयेगा।

कुछ निषेध ध्रुवीय तत्वों को निषेध संकेतकों की अनुपस्थिति में आने का लाइसेंस होता है।

जैसा कि उदाहरण (11क) व (12क) में दिखाया गया है।

11क - राजू ने किसी को मारा?

11ख - *राजू हरगिज़/कतई आयेगा?

12क - राजू किसी को मार सकता है

12ख - *राजू हरगिज़/कतई सीमा को मार सकता है

उदाहरण (11क) व (12क) की व्याकरणिकता यह दिखाती है कि प्रश्नों व रूपात्मक क्रियाओं (मॉडल) में नकारात्मक विपरीतता को लाइसेंस देने की क्षमता होती है। हालांकि यह ध्यान रहे कि प्रश्न व मॉडल केवल *'किसी'* प्रकार के नकारात्मक ध्रुवीय तत्व को ही लाइसेंस दे सकते हैं, तथा *हरगिज़/कतई* जैसे तत्वों को नहीं, जैसा कि उदाहरण (11ख) व (12ख) की अव्याकरणिकता दिखाती है। ये उदाहरण बताते है कि भाषा में दो तरह के नकारात्मक ध्रुवीय तत्व होते हैं। पहले प्रकार के नकारात्मक तत्व वे हैं, जिन्हें वाक्य में आने के लिए निषेध संकेतक चाहिए, दूसरे निषेध ध्रुवीय वे हैं जिन्हें निषेध संकेतक की उपस्थिति के बिना भी प्रश्न व मॉडल लाइसेंस करते हैं (कुमार 2006)।

समेकन

इस पूरी चर्चा का शिक्षक के लिए क्या अर्थ है? सबसे पहले, यह बताता है कि यथोचित व्याख्या व विश्लेषण होने पर नियम कम होंगे। सरल प्रस्तुतीकरण व यथोचित व्याख्या से सीखना ज्यादा प्रभावी होता है। और भाषा अर्जन की एक स्तर तक की समझ के बिना भाषा शिक्षण में कठिनाई हो सकती है तथा सीखने वालों के लिए सीखना मुश्किल हो जाता है। द्वितीय भाषा का शिक्षण रैखिक तरीके से नहीं होना चाहिए जैसे एक दीवार बनायी जाती है, एक ईंट के बाद एक ईंट रखते हुए। तात्कालिक भाषाई शोध के निष्कर्षों के आलोक में हमारा ध्यान इस तथ्य पर होना चाहिए कि भाषा का विकास एक समुचित

---

* = अव्याकरणिक/अमान्य

वातावरण में होता है। प्रत्यक्ष हस्तक्षेप इतना प्रभावी रूप से काम नहीं करता है जितना कि परोक्ष हस्तक्षेप (क्रैशन 1985, 2003)। मैंने जो विश्लेषण इस लेख में प्रस्तुत किये हैं, इससे हम भाषा अर्जन को बेहतर रूप से समझ सकते हैं। भाषा को बेहतर समझना, कम नियम, सरल व्याकरण, कम हस्तक्षेप, श्रेष्ठ शिक्षण, शानदार अधिगम।

सन्दर्भ

अग्निहोत्री, आर.के. (2006). *हिन्दी : एन एसेन्शियल ग्रामर.* लंदन : रुटलेज.

चोम्स्की, एन. (1965). *ऑस्पेक्टस ऑफ द थ्यरी सिन्टेक्स.* केम्ब्रिज, एम.ए. : द एम.आई.टी. प्रेस.

चोम्स्की, एन. (1986). *नॉलेज ऑफ लेंग्वेज : इट्स नेचर, ऑरिजन एण्ड यूज.* न्यूयॉर्क : प्रेगर.

क्रैशन, एस. (1985). *द इनपुट हायपोथिसिस : इशूज़ एण्ड इम्पलीकेशन्स.* लोंगमैन.

क्रैशन, एस. (2003). *एक्स्प्लोरेशन्स इन लेंग्वेज एक्विजिशन एण्ड यूज.* पोर्टस्माउथ : हाइनमैन.

कुमार, आर. (2006). *सिन्टेक्स ऑफ नेगेशन एण्ड लाइसेन्सिंग ऑफ नेगेटिव पोलैरिटी आइटम्स इन हिन्दी.* न्यूयॉर्कः रूटलेज.

लेखक के बारे में : राजेश कुमार (पीएच.डी. इलिनॉय) भारतीय तकनीकी संस्थान, मद्रास में लिग्विस्टिक्स पढ़ाते हैं। उनकी शोध एवं शिक्षण रुचियों में लिंग्विस्टिक थ्यरी, सोश्योलिंग्विस्टिक्स, लेंग्वेज एण्ड एजुकेशन और कॉग्निटिव सांइसेज शामिल है।

e-mail : thisisrajkumar@gmail.com

अनुवादक : पुष्पराज राणावत, विद्या भवन शिक्षा सन्दर्भ केन्द्र, उदयपुर (राज.)।

स्रोत : *लेंग्वेज एण्ड लेंग्वेज टीचिंग,* 2.2.4, 22-26, जुलाई, 2013.

व्यवसाय-सम्बन्धी पत्राचार शिक्षण : पुनर्शिक्षण-योजना बनाने हेतु शिक्षार्थी-प्रतिक्रियाओं का फ़ीडबैक के रूप में उपयोग

सारिका खुराना

परिचय

शिक्षार्थियों के सीखने में सुधार हो, इस मकसद से शिक्षण योजना बनाने के लिए शिक्षार्थियों की प्रतिक्रियाओं को फ़ीडबैक के तौर पर काम में लेना भाषा-शिक्षण में आम व्यवहार की बात है। इस लेख की दलील है कि व्यवसाय-सम्बन्धी पत्राचार के विद्यार्थी अपनी निर्धारित पाठ्यपुस्तकों में से अच्छे व्यावसायिक पत्र की खूबियाँ रट तो लेते हैं परन्तु किसी नयी स्थिति के सामने आने पर वे सही तरह से पत्र लिख नहीं पाते; व्यवहार और सिद्धान्त के बीच काफ़ी अन्तर होता है। लेख यह भी दर्शाता है कि शिक्षक सीखने वालों के फीडबैक के आधार पर कैसे शिक्षण योजना बना सकते हैं जो बेहतर पत्राचार के लक्षणों को समझने में विद्यार्थियों की मदद करें और विद्यार्थी इस ज्ञान को स्वयं के व्यवहार में लागू कर सकें।

व्यावसायिक सम्प्रेषण

भारत के लगभग सभी स्कूलों और कॉलेजों में व्यापार-सम्बन्धी पाठ्यक्रमों में एक पर्चा है 'अंग्रेज़ी में व्यावसायिक सम्प्रेषण'। 'विशिष्ट प्रयोजनों के लिए अंग्रेज़ी' के पाठ्यक्रमों की ही भाँति यह पाठ्यक्रम भी सैद्धांतिक पहलुओं और व्यापारिक पृष्ठभूमि में उनके व्यावहारिक क्रियान्वयन से सरोकार रखता है। इसमें सम्प्रेषण की परिभाषा, प्रकृति और कार्य, उसकी दिशा, उसमें आने वाली बाधाएँ और प्रभावी सम्प्रेषण के तत्व आदि विषय रहते हैं और शिक्षकों से अपेक्षा होती है कि वे इस सैद्धांतिक ज्ञान और इसके क्रियान्वयन के बीच की दूरी को पाटें।

इस पाठ्यक्रम को पढ़ाने में कई चुनौतियाँ हैं। एक ओर विद्यार्थियों द्वारा किताबों से रट ली गयी कुछ अवधारणाओं का सैद्धान्तिक ज्ञान है; दूसरी ओर इन अवधारणाओं की समझ और व्यापार-सम्बन्धी सम्प्रेषण की गतिविधियों में इन्हें लागू किए जाने की बात है। इन दोनों के बीच का 'सम्बन्ध-विच्छेद' ऐसी ही एक चुनौती है जिसका सामना शिक्षक को करना पड़ता है। यह तब स्पष्ट हो जाता है जब शिक्षार्थियों से परीक्षाओं के दौरान दो सम्बन्धित सवाल पूछे जाते हैं–

पहला उनके सैद्धांतिक ज्ञान को जाँचने के लिए होता है और दूसरा उनके इस ज्ञान को लागू किये जाने की क्षमताओं को परखने के लिए होता है। उदाहरण के तौर पर–

प्र.1. प्रभावशाली व्यावसायिक सम्प्रेषण की विशेषताओं की व्याख्या कीजिये।

प्र.2. आप एक अंशकालिक प्रशिक्षण-कोर्स करना चाहते हैं। अपने पड़ोस के किसी प्रशिक्षण-संस्थान के प्रधानाध्यापक को एक पत्र लिखिये। पत्र में आप–

(क) बताइये आप किस प्रकार का प्रशिक्षण-कोर्स करना चाहते हैं और इस बात का भी संकेत दें कि प्रशिक्षण में भाग लेने के लिए आप किस समय को सबसे उपयुक्त मानते हैं?

(ब) बताइये आप ये प्रशिक्षण-कोर्स क्यों करना चाहते हैं?

(ग) कोर्स के बारे में विस्तृत जानकारी प्राप्त करने के लिए सवाल पूछिये।

कम से कम 150 शब्दों में जवाब दीजिये। जिन विद्यार्थियों का जवाब 150 शब्दों से कम का होगा, उन्हें दण्डित किया जायेगा।

परीक्षक पाता है कि विद्यार्थी सैद्धांतिक ज्ञान से सम्बद्ध प्रश्न-1 में बेहतर प्रदर्शन करते हैं लेकिन इस ज्ञान को व्यावहारिक स्तर पर लागू किये जाने सम्बन्धी प्रश्न-2 के उनके जवाब इतने अच्छे नहीं आते। उदाहरण के तौर पर, नीचे दिये एक औसत-सामान्य जवाब में यह बात स्पष्ट हो जाती है–

आदरणीय श्रीमान/श्रीमती

आप कैसे हैं? मेरा नाम राहुल शर्मा है और मैं आपके प्रशिक्षण-संस्थान के पड़ोस में रहता हूँ। मैं आपके संस्थान से अंशकालिक प्रशिक्षण-कोर्स करना चाहता हूँ क्योंकि यह मेरे घर के बहुत करीब है। कृपया मुझे बताइये कि आपके लिए

कौन सा समय उपयुक्त है।

मैंने यहाँ के ही एक महाविद्यालय से बी.कॉम. (व्यावसायिक) कोर्स किया है और यह प्रशिक्षण लेना चाहता हूँ। पिछले छः महीनों से मैं एक निजी कम्पनी में कनिष्ठ लेखाकार के रूप में कार्य कर रहा हूँ। यह प्रशिक्षण पाने से मुझे अपने कार्यालय से पदोन्नति एवं वेतन वृद्धि मिल जायेगी। इसलिए मैं यह प्रशिक्षण लेना चाहता हूँ।

कृपया मुझे इस कोर्स के बारे में विस्तृत जानकारी उपलब्ध करवाइये। मैं इसमें प्रवेश कैसे ले सकता हूँ? शिक्षण-शुल्क क्या है? यह एक सर्टिफिकेट-कोर्स है या डिप्लोमा कोर्स? पठन-सामग्री दी जायेगी या मुझे खरीदनी होगी?

सादर, धन्यवाद सहित

आपका आज्ञाकारी
(राहुल शर्मा)

इन दो प्रश्नों में विद्यार्थियों के प्रदर्शन में इतने व्यापक अन्तर का कारण रटन्त विद्या और समझ के बीच का अन्तर हो सकता है। भारत में आम तौर पर विद्यार्थियों के लिए निर्धारित व्यावसायिक-सम्प्रेषण की पुस्तकों में प्रभावशाली व्यावसायिक सम्प्रेषण की विशेषताओं को अमूमन अंग्रेज़ी के अक्षर 'सी' से शुरू होने वाले 7 शब्दों से चिह्नित किया जाता है। ये विशेषताएँ हैं- *कम्पलीट्नेस* यानि *सम्पूर्णता, कन्साइस्नेस* यानि *संक्षिप्तता, कोहेरेन्स* यानि *सुसंगति, कर्टसी* यानि *शिष्टाचार, क्लैरिटी* यानि *स्पष्टता, करेक्ट्नेस* यानि *शुद्धता* और *कन्सिडरेशन* यानि *लिहाज़*। इसीलिए प्रश्न-1 के जवाब में विद्यार्थी पाठ्यपुस्तकों से रटी हुई सामग्री प्रस्तुत कर देते हैं और इन सात विशेषताओं का वर्णन करते हुए इतना अच्छा जवाब देते हैं कि इस लिखित कार्य में उन्हें लगभग सौ प्रतिशत अंक प्राप्त हो जाते हैं। परन्तु शीघ्र ही यह भी स्पष्ट हो जाता है कि भले ही उन्होंने इस सैद्धांतिक सवाल का जवाब बहुत अच्छे से दे दिया हो, उन्होंने इन विशेषताओं का महत्त्व नहीं समझा है और इसीलिए वे अपने इस ज्ञान को प्रश्न-2 में निहित व्यावहारिक कार्य में लागू नहीं कर पाते।

इस सैद्धान्तिक ज्ञान के व्यवहार में परिवर्तित न हो पाने के भी कई कारण हैं। एक मुख्य कारण यह है कि व्यावसायिक-सम्प्रेषण का पाठ्यक्रम पढ़ाने वाले शिक्षक इन सैद्धान्तिक अवधारणाओं को समझाने और विद्यार्थियों को व्यावहारिकता में इन्हें लागू करने का अभ्यास करवाने पर अधिक समय नहीं लगाते। इसके अलावा, इन सात में से कई विशेषताएँ अमूर्त होने की वजह से इन्हें समझना

और प्रयोग में लाना आसान नहीं है–तब तक, जब तक कि शिक्षक इसके लिए समय देने और कोशिश करने को तैयार न हो।

तो शिक्षक का काम यह हो जाता है कि वह विद्यार्थियों को '7-सी' की अवधारणा समझाएं और करके दिखाएं कि स्वयं उनके या किसी अन्य द्वारा लिखे गए पत्रों में इन्हें किस प्रकार लागू किया जा सकता है। यह एक कठिन कार्य है, इसलिए आम तौर पर यह किया नहीं जाता। एक विकल्प यह है कि शिक्षक विद्यार्थियों को इन अमूर्त अवधारणाओं की बजाय ठोस मापदण्ड बताएँ जिन्हें समझना और लागू करना थोड़ा आसान हो। मुझे यह विकल्प बेहतर लगता है क्योंकि इस तरह के मापदण्ड होते भी हैं और इन्हें याद रखना और लागू करना ज़्यादा आसान होता है।[1]

इनमें से एक मापदण्ड निम्नलिखित है–

1. काम को पूरा करना

- (क) प्रारूप
- (ख) काम का पूरा होना
- (ग) टोन और शैली

2. सुसंगति एवं सम्बद्धता

- (क) विचारों का तार्किक विकास
- (ख) वाक्यों की अन्तर्सम्बद्धता
- (ग) अनुच्छेदीकरण (पैराग्राफ़ बनाना)
- (घ) सन्दर्भ देना

3. भाषा

- (क) शाब्दिक संसाधन
- (ख) व्याकरण एवं संरचना
- (ग) विराम चिह्न

इन मापदण्डों को निम्नलिखित विवरणों के द्वारा समझा जा सकता है–

1. काम को पूरा करना

(क) प्रारूप : देखिये कि प्रारूप उपयुक्त हो। यहाँ प्रारूप से अर्थ केवल पत्र के ले-आउट से नहीं है। इसमें टेक्स्ट का प्रकार भी शामिल है और वह सब भी, जो इसे बनाने और प्रस्तुत करने में शामिल होता है–यानि, अपेक्षित कार्य, विचार

एवं उनकी प्रासंगिकता, सम्प्रेषण का लहजा और तरीका, शब्दों तथा प्रयोग किये गये रजिस्टर का चयन और विचारों के आदान-प्रदान का तौर-तरीका। प्रारूप इस बात पर निर्भर करता है कि आपसे किस तरह का टेक्स्ट लिखने को कहा गया है- जैसे, यह कोई पत्र है, कोई निर्देश है, ऑफ़िस मेमो, नोटिस, छोटी या बड़ी रिपोर्ट या फिर प्रस्ताव है, क्योंकि हर तरह के टेक्स्ट का अपना अलग प्रारूप होता है, रजिस्टर का प्रयोग भी भिन्न होता है और लेखक से अपेक्षा रहती है कि वह इन बातों को ध्यान में रखे।

(ख) काम का पूरा होना : देखिये कि दिया गया कार्य पूरी एवं उपयुक्त तरह से किया गया है या नहीं। दिये गये विचार उपयुक्त एवं प्रासंगिक हैं कि नहीं? लिखने का उद्देश्य स्पष्ट है या नहीं? कार्य के लिए आवश्यक सब मुख्य बिन्दु शामिल किये गये हैं कि नहीं?

(ग) टोन और शैली : क्या पत्र का टोन उसमें निहित काम के लिए उपयुक्त है? क्या लेखक को औपचारिक एवं अनौपचारिक लेखन-शैलियों की जानकारी है और उसने उपयुक्त लेखन-शैली का चयन किया है? यह सुनिश्चित करें कि लेखन-शैली, विशेष रूप में दुःखद समाचार देने के लिए काम में ली गयी लेखन-शैली, पाठक को कोई आघात न पहुँचाये।

2. सुसंगति एवं सम्बद्धता

क्या लेखन में विचारों का तार्किक विकास हो रहा है? क्या लेखक ने विचारों के बीच की तार्किक सम्बद्धता को दर्शाने के लिए उपयुक्त तरीकों का उपयोग किया है और पैराग्राफ़ के वाक्यों में जुड़ाव है? क्या उसने उपयुक्त एवं पर्याप्त अनुच्छेद/पैराग्राफ़ बनाए हैं? क्या आगे-पीछे के सन्दर्भ सटीक एवं उपयुक्त हैं?

3. भाषा

(क) शाब्दिक संसाधन : क्या लेखक द्वारा प्रयोग में लाये गये शब्द एवं अभिव्यक्ति सटीक और उपयुक्त हैं? क्या शब्दों और शब्दावली के चयन में शब्द-निर्माण, शैली और शब्दों के सह-सम्बन्ध के प्रति जागरुकता देखने में आती है? क्या वर्तनी सही है? क्या शब्द-निर्माण एवं वर्तनी में गलतियों की सघनता की वजह से सम्प्रेषण बाधित तो नहीं होता है?

(ख) व्याकरण एवं संरचना : क्या वाक्यों की संरचना में व्यापकता एवं विविधता है? क्या वाक्य व्याकरण की दृष्टि से सही हैं? क्या व्याकरण सम्बन्धी त्रुटियाँ अधिक होने की वजह से सम्प्रेषण में कठिनाई होगी? इन त्रुटियों की

प्रकृति क्या है? क्या इनमें कोई पैटर्न है या बस यूँ ही की गई गलतियाँ हैं?

(ग) विराम-चिह्न : क्या लेखक अर्थ को स्पष्ट करने के लिए उपयुक्त एवं महत्त्वपूर्ण विराम-चिह्नों का प्रयोग करता है?

ये ठोस मापदण्ड हैं जिन्हें किसी प्रस्तावित पत्र की उपयुक्तता को जाँचने के लिए विद्यार्थी आसानी से लागू कर सकते हैं; या शिक्षक की कुछ मदद और अभ्यास से अपने ही किसी उपयुक्त पत्र को पुनः लिखने के लिए भी काम में ले सकते हैं। आइये अब देखते हैं कि ऊपर चर्चा में आये प्रशिक्षण-संस्थान से सूचना लेने सम्बन्धी पत्र के रूप-आकार की उपयुक्तता के आकलन हेतु शिक्षक किस प्रकार इन मापदण्डों को लागू करने का अभ्यास विद्यार्थियों को करवा सकते हैं।

अभ्यास 1. सवाल संख्या-2 के जवाब को पढ़िये और देखिये कि यह निम्नलिखित मापदण्डों से मेल खाता है कि नहीं। यदि मेल खाता है तो सही (✓) का निशान लगाइये और यदि नहीं तो गलत (X) का। ज़रूरत पड़े तो दिये गये पत्र में से उदाहरण सहित अपने जवाब का कारण दीजिये।

1. काम को पूरा करना

(क) प्रारूप

(ख) काम का पूरा होना

(ग) टोन और शैली

2. सुसंगति एवं सम्बद्धता

(क) विचारों का तार्किक विकास

(ख) वाक्यों की अन्तर्सम्बद्धता

(ग) अनुच्छेदीकरण (पैराग्राफ़ बनाना)

(घ) सन्दर्भ देना

3. भाषा

(क) शाब्दिक संसाधन

(ख) व्याकरण एवं संरचना

(ग) विराम चिह्न

(नोट : शुरुआत में यह अभ्यास जोड़ों/समूहों में किया जा सकता है। अभ्यास पूरा करने की समय-सीमा तय की जा सकती है।)

जब अभ्यास खत्म हो जाये, तो शिक्षक विद्यार्थियों को फीडबैक दें ताकि वे पत्र के रूप-आकार में सुधार कर सकें या आवश्यकता महसूस हो तो फिर से लिखें।

अभ्यास और फीडबैक उसी विषय पर या उदाहरण स्वरूप किसी अन्य विषय से सम्बन्धित प्रारूप दिखा कर भी दिया जा सकता है। ये विशेष तौर से भी लिखे जा सकते हैं या जैसा कि प्रश्न-3 में दिखाया गया है, विद्यार्थियों द्वारा पिछली कक्षाओं में लिखे गये प्रारूपों में से भी हो सकते हैं।

प्रश्न-3. आपकी कम्पनी इन्टर-सिटी रेल सेवाएँ उपलब्ध करवाती है। कम्पनी को ट्रेन के देरी से पहुँचने और ट्रेन पर उपलब्ध भोजन-सेवाओं के बारे में अपने एक उपभोक्ता से शिकायत प्राप्त हुई है। जवाब में कार्यालय-सहायक ने निम्नलिखित पत्र-प्रारूप तैयार किया है। इसे पढ़िये और देखिये कि क्या यह जवाब भेजे जाने के लिए उपयुक्त है? अपने उत्तर के हक में दलीलें दीजिये।

आकलन कीजिये कि पत्र का प्रारूप उपयुक्त है या नहीं और फिर समूह के साथ बैठकर अपने जवाब/विचारों पर चर्चा कीजिये।

(नोट : इस जवाबी पत्र के प्रारूप की उपयुक्तता का आकलन करते समय पूर्व चर्चित प्रभावशाली व्यावसायिक सम्प्रेषण के मापदण्डों को ध्यान में रखिये।)

(पत्र का प्रारूप-रूपान्तरित)

महोदय/महोदया

2 दिसम्बर की सुबह नई दिल्ली से अमृतसर जाने वाली शताब्दी ट्रेन में यात्रा के दौरान हुए आपके अप्रिय अनुभवों के बारे में पढ़कर अत्यन्त खेद हुआ। इसके लिए हम तहेदिल से क्षमाप्रार्थी हैं और उम्मीद करते हैं कि इस तरह के अनुभव आगे नहीं दोहराये जाएँगे।

आपका पत्र मिलने पर हमने ट्रेन के देरी से प्रस्थान के विषय में आपकी शिकायत की पड़ताल की। जाँच में पता चला है कि उक्त दिन ट्रेन के देरी से रवाना होने का कारण विशुद्ध रूप से तकनीकी था। उस खराबी को ठीक करके, अच्छे से जाँच के बाद ही ट्रेन को रवाना होने दिया जा सकता था।

हमें विश्वास है कि आप इस बात से सहमत होंगे कि इस देरी से बचा नहीं जा सकता था क्योंकि उपभोक्ताओं की सुरक्षा भी उतनी ही महत्त्वपूर्ण है जितना अच्छी सेवाएँ उपलब्ध करवाना।

भवदीय

प्रत्येक अभ्यास-कार्य के बाद शिक्षकों का विद्यार्थियों को फ़ीडबैक आवश्यक है ताकि विद्यार्थी प्रत्येक विचाराधीन पत्र के सकारात्मक एवं नकारात्मक पहलुओं को समझ सकें।

हमने पाया है कि इस प्रकार विद्यार्थियों की प्रतिक्रियाओं पर आधारित

पुनर्शिक्षण की योजना बनाने की यह तकनीक उनके लिए बहुत मददगार साबित होती है। इससे उन्हें व्यावसायिक-पत्राचार की उपयुक्तता का आकलन करने के लिए ठोस मापदण्ड मिलते हैं और वे किताबों से रटे गये अमूर्त मापदण्डों पर निर्भर नहीं रहते। इसके अलावा "मॉडल" जवाब उपलब्ध करवाने और उस पर चर्चा की तुलना में यह तरीका अधिक प्रभावी है, क्योंकि मॉडल केवल 'नकल' एवं 'अनुरूपता' पर केन्द्रित रहता है और व्यक्ति की रचनात्मकता एवं विविधता को अनदेखा करता है। एक मॉडल जवाब का विश्लेषण एवं चर्चा, किसी जवाब के बस सकारात्मक पहलुओं की ही माँग करती है। इसलिए इस पद्धति के तहत यह पूर्वानुमान नहीं लग पाता कि अलग-अलग व्यक्तियों द्वारा क्या कुछ किये जाने की सम्भावना है। और इस के चलते मुक्त-लेखन की गतिविधि में विविधता की ओर भी ध्यान नहीं दिया जाता। दूसरी ओर ऐसी शिक्षण पद्धति है जिसके तहत उन खतरों की ओर ध्यान दिया जाता है जिनका सामना विभिन्न विद्यार्थियों को करना पड़ता है। यह पद्धति उनकी मदद करती है कि वे सैद्धांतिक ज्ञान की 'नकल' एवं रटन्त-विद्या वाले पथ की बजाय समझ तथा सृजनात्मकता वाले पथ की ओर बढ़ पायें।

सन्दर्भ

उदाहरण के लिए देखें, आर्थर ह्यूज़ (1989). *टेस्टिंग फ़ॉर लेंग्वेज टीचर्स, केम्ब्रिज*: केम्ब्रिज युनिवर्सिटी प्रेस.

रायटिंग बैण्ड डिस्क्रिप्टर्स (सार्वजनिक रूपांतर) युनिवर्सिटी ऑफ केम्ब्रिज इन्टरनेट पर उपलब्ध है http://www.teachers.cambridgeesol.org/.../ 113300_public_writing_b.

लेखिका के बारे में : सारिका खुराना दिल्ली विश्वविद्यालय के शिवाजी कॉलेज में बिज़नस इक्नॉमिक्स विभाग में असिसटेन्ट प्रोफ़ेसर हैं। वे अन्य विषयों के साथ-साथ बी.ए. ऑनर्स (बिज़नस इकोनॉमिक्स) के विद्यार्थियों को बिज़नस कम्युनिकेशन पढ़ाती हैं।

e-mail : khurana.sarika1@gmail.com

अनुवादक : जया राठौड़, विद्या भवन शिक्षा सन्दर्भ केन्द्र, उदयपुर (राज.)।

स्रोत : *लेंग्वेज एण्ड लेंग्वेज टीचिंग*, 1.2.4, 38-42, जुलाई 2013.

काम के लिए सीखना : भारत के कॉल सेन्टर्स में अंग्रेज़ी भाषा प्रशिक्षण का एक विश्लेषण

पापिया राज एवं आदित्य राज

थॉमस मैकाले की परिकल्पना, "ऐसे व्यक्तियों का वर्ग बनाना जो रक्त और रंग में तो भारतीय हो पर रुचि, विचारों, नैतिकता तथा बुद्धि से अंग्रेज़ हो," अब एक नया मोड़ ले रही है। हम अंग्रेज़ी न केवल अपने राष्ट्र के भीतर औपनिवेशिक प्रयोजनों की पूर्ति करने के लिए सीखते हैं बल्कि तेज़ी से बदलती वैश्विक दुनिया की आवश्यकताओं को पूरा करने के लिए भी सीख रहे हैं। वैश्विक राजनैतिक अर्थव्यवस्था की प्रकृति, काम करने और जीवित रहने के लिए आगे सीखने या पुनः सीखने की मांग करती है। इस लेख में हम अन्तर्राष्ट्रीय कॉल सेन्टर्स के लिए अंग्रेज़ी सीखने का एक विश्लेषण प्रस्तुत कर रहे हैं। यह लेख एक अध्ययन पर आधारित है जिसके आँकड़े राष्ट्रीय राजधानी दिल्ली में स्थित 26 कॉल सेन्टर्स के एजेन्ट्स एवं कर्मचारियों के साथ गहन साक्षात्कार एवं फोकस समूह चर्चाओं से एकत्रित किये गये हैं। इस अध्ययन हेतु पहला फील्ड वर्क सन् 2005 में संचालित किया गया था। सन् 2011 में इससे जुड़े मुद्‌दों को विस्तार से जानने हेतु फॉलो-अप किया गया। साक्षात्कार, टेप किये गये नोट्स को चर्चा के लिए इस्तेमाल किया गया। अध्ययन किये गये सभी कॉल सेन्टर्स यूरोप, ऑस्ट्रेलिया तथा संयुक्त राज्य अमेरिका में व्यापार के लिए आउट सोर्सिंग सेन्टर्स हैं।

प्रशिक्षण, कॉल सेन्टर्स में नौकरी का एक अनिवार्य हिस्सा है। जब एक एजेन्ट कॉल सेन्टर में नियुक्त होता है तो इस बात पर ध्यान नहीं दिया जाता कि उसे इस तरह की नौकरी का अनुभव है। उसे प्रशिक्षण से गुजरना ही पड़ता है। कई कॉल सेन्टर्स इसे 'ऑन-जॉब प्रशिक्षण' के तौर पर देते हैं, जो अमूमन मुफ्त होता है। लेकिन कुछ वास्तव में इसके लिए शुल्क 'वसूलते' हैं, जो अल्प

वेतन या अल्प वित्तीय प्रोत्साहन के रूप में होता है। प्रशिक्षण की समय सीमा दो सप्ताह से लेकर दो महीने तक की होती है। कॉल सेन्टर्स के एजेन्ट एवं प्रबंधकों से हुई बातचीत में हमने पाया कि एजेन्ट्स को लाइव कॉल करने व लेने की अनुमति देने से पहले उन्हें सामान्य प्रशिक्षण (उच्चारण, व्याकरण, ग्राहक सेवा) तथा प्रक्रिया विशेष प्रशिक्षण (उत्पाद के बारे में) से गुजरना होता है। आमतौर पर, यह प्रशिक्षण मौटे-तौर पर तीन क्रमिक भागों में बँटा होता है—आवाज़ एवं लहज़े का प्रशिक्षण, कौशल आधारित प्रशिक्षण तथा अन्त में प्रक्रिया प्रशिक्षण। इस लेख को हमने, केवल आवाज़ एवं लहज़े के प्रशिक्षण पर केन्द्रित किया है। यह एक प्रक्रिया है जो कर्मचारियों को उद्योगों की जरूरतों के अनुसार अंग्रेज़ी भाषा पुनः सीखने के लिए ज़ोर डालती है।

आवाज़ एवं लहज़े* का प्रशिक्षण

कॉल सेन्टर्स में प्रशिक्षण का पहला चरण आवाज़ एवं लहज़े का प्रशिक्षण है। भारत के बाजारों में कॉल सेन्टर्स गाइड बुक्स की समीक्षा उपलब्ध है जो इन प्रशिक्षणों की प्रक्रिया के बारे में कुछ दिशा निर्देश देती हैं। चड्ढा (2004) बताते हैं कि इस प्रशिक्षण में कॉल सेन्टर एजेन्ट्स से ग्राहक क्या पूछ रहे हैं, यह बेहतर समझने के लिए अलग-अलग लहजों को सुनना व उनसे अभ्यस्त होना शामिल होता है। सभी साक्षात्कार देने वाले एजेन्ट्स ने इस बात की पुष्टि की। उन्होंने बताया कि उनकी अपनी समझने की क्षमता को बढ़ाने के लिए कई व्यावहारिक तकनीकों को सिखाया गया। इस लक्ष्य को हासिल करने के लिए जितना संभव हो सके भारतीय लहज़े को दबाने का प्रयास किया जाता है।

हालांकि ध्यान देने वाली बात यह है कि इसकी तुलना में रैना (2004) अपनी गाइड बुक में कॉल सेन्टर प्रशिक्षणों की चर्चा करते हुए कहते हैं कि कॉल सेन्टर में रहते हुए किसी बनावटी लहज़े की जरूरत नहीं है। वह तर्क देते हैं कि ऐसा करने वाला बिना किसी को प्रभावित किए जल्दी ही नजर में आ जाएगा। वे किसी और का व्यक्तित्व या छवि अपनाने की बजाय वास्तविक छवि बनाने के महत्त्व पर ज़ोर देते हैं। तथापि, इसी किताब में बाद में रैना संभावित कॉल सेन्टर्स कर्मचारियों को दूसरों को सुनने तथा उनकी 'नकल' करने की सलाह भी

* लहज़ा शब्द 'accent' के लिये प्रयोग किया है।

देते हैं जिनकी छवि उनको पसंद आती है। उच्चारण प्रशिक्षण के ऐसे परस्पर विरोधी रूप न केवल गाइडबुक में दृष्टिगोचर होते हैं बल्कि इसे प्रबन्धक, प्रशिक्षक तथा कॉल सेन्टर्स एजेन्ट भी ज़ाहिर करते हैं।

मजे की बात यह है, जब उनसे पूछा जाता है कि उन्हें अमेरिकन लहज़े में बोलना पड़ता है या यूरोपियन लहज़े में, तब ज्यादातर प्रबंधकों (95 प्रतिशत), अधिकांश प्रशिक्षकों (88 प्रतिशत), साथ ही कई एजेन्ट्स (60 प्रतिशत) ने इसका खंडन किया और कहा कि वास्तव में उन्हें तटस्थ लहज़े में बात करना सिखाया जाता है। भारतीय कॉल सेन्टर के अपने अध्ययन में मीर चंदानी (2003) ने पाया कि लहज़े के तटस्थीकरण का उद्देश्य व्यक्ति विशेष को लचीले मानव संसाधन में परिवर्तित करना है। साक्षात्कार के दौरान, दो तिहाई कॉल सेन्टर एजेन्ट्स ने कहा कि भारतीय लोगों का प्रायः मजबूत क्षेत्रीय लहज़ा होता है, जिसे कॉल सेन्टर उद्योग में सामान्यतया मदर टंग इन्फ्लुएंस (एम.टी.आई.) के नाम से जाना जाता है। इस अध्ययन में शामिल सभी कॉल सेन्टर एजेन्ट्स ने कहा कि इन क्षेत्रीय लहज़ों व उच्चारण पर काबू पाना बहुत महत्त्वपूर्ण है जिससे कि ग्राहक एजेन्ट्स को स्पष्ट रूप से समझ सकें।

अपने कॉल सेन्टर प्रशिक्षण मैन्यूअल में रैना (2004) एम.टी.आई. को एक 'पेशीय आलस्य' और अपनी स्वयं की भाषा के साथ जुड़ी सहूलियत बताते हैं। लिहाजा मातृभाषा के अलावा अन्य भाषाओं को बोलने में भी मातृभाषा के प्रभाव बरकरार रहते हैं। शब्द रूपों व ध्वनियों के वे समूह जो अन्य भाषाओं में फ़र्क है, उनको देखने पर यह प्रभाव दिखायी देते हैं। उदाहरण के लिए, भारत के दक्षिणी भाग के कई लोगों में कुछ वर्ण जैसे 'ह्' (h) तथा 'द्' (d) पर ज्यादा ज़ोर डालने की प्रवृत्ति होती है। इसलिए, जब वे 'वाटर' (water) उच्चारित करते हैं, तब यह ध्वनि वादर (wader) की तरह लगती है। इसी तरह उत्तरी भारत के लोगों की आदत 'w' का उच्चारण 'who' जैसे करने की होती है, उदाहरण के लिए 'what' ध्वनि 'wohat' की तरह सुनाई दे सकती है। भारत जैसे देश जहाँ हर सौ किलोमीटर की दूरी पर बोलियाँ बदल जाती हैं; एम.टी.आई. एक आम बात है। स्पष्ट रूप से हम सभी मातृभाषा प्रभाव लिए हुए बोलते हैं। फिर भी साक्षात्कार के दौरान सभी एजेन्ट्स एवं प्रशिक्षकों का तर्क था कि कॉल सेन्टर उद्योग जगत में एम.टी.आई. से छुटकारा पाने की जरूरत होती है और इस प्रक्रिया को लहज़ों का तटस्थीकरण कहा जाता है।

गुप्ता (2003) ने तटस्थ लहज़े को ऐसे समझाया है जिसे विश्व स्तर पर समझा जा सके। फिर भी, फिलिप्सन (2001) अंग्रेज़ी भाषा के अन्तर्राष्ट्रीय स्तर पर अधिकाधिक उपयोग के बारे में लिखते हुए बताते हैं कि इस सन्दर्भ में 'तटस्थ' की धारणा महत्त्वपूर्ण क्षेत्रीय पूर्वाग्रह लिए हुए है, जो जातीय अनुक्रम को बढ़ावा देते हुए पश्चिमी अंग्रेज़ी को उचित एवं भारतीय अंग्रेज़ी के अनुचित होने की पहचान में निहित है। लहज़ा, किसी व्यक्ति की पहचान की एक विशेषता है और व्यक्ति विशेष का मूल क्षेत्र, उसके लहज़े से पहचाना जाता है। इस प्रकार लहज़े का तटस्थीकरण एजेन्ट्स की शैली के पहचान चिह्नों को मिटा देता है और उनमें एकरूपता लाता है।

'लहज़ा' सीखने से इंकार के बावजूद, साक्षात्कार देने वाले कॉल सेन्टर के सभी प्रशिक्षकों ने बताया कि प्रशिक्षण प्रक्रिया के दौरान वे सभी कर्मचारियों को ब्रिटेन एवं अमेरिका के लोगों द्वारा उपयोग किए जाने वाले स्वरों और विशेष शब्दों के उच्चारण में अन्तर को सिखाते हैं। दो तिहाई एजेन्ट्स के साथ हुई चर्चाओं से यह प्रमाण मिलते हैं कि लहज़ा प्रशिक्षण का एक बड़ा हिस्सा स्वरों का उच्चारण सीखना है और यही विरोधाभास स्पष्ट रूप से दिखाई देता है। लगभग 85 प्रतिशत एजेन्ट्स ने कहा कि जिन देशों से उन्हें कॉल प्राप्त होते हैं या जिन्हें वे कॉल करते हैं, उन्हें उस देंश विशेष के कुछ शब्द एवं मुहावरे भी पुनः सीखने पड़ते हैं। अब पुस्तकें इस विषय पर ऐसे अभ्यास व सी.डी. उपलब्ध करवाती है। कॉल सेन्टर्स के भावी कर्मचारियों के प्रशिक्षण हेतु निर्मित की गई ये पुस्तकें, जो ब्रिटेन एवं अमेरिका में प्रचलित क्रियाओं के विविध उच्चारणों को सीखने में सक्षम बनाती हैं।

कॉल सेन्टर प्रशिक्षण पर अपनी किताब की प्रस्तावना में गुप्ता (2003) स्पष्ट रूप से उल्लेख करते हैं कि कॉल सेन्टर में अपना कैरियर बनाने के लिए 'अंग्रेज़ी के अमेरिकन रूप' को बोलने, लिखने तथा समझने में कौशल विकसित करना बहुत ही महत्त्वपूर्ण है। हमारे साक्षात्कार के दौरान इस अमेरिका प्रभाव का एक उदाहरण हीरालाल, अमेरिका से संबंधित कॉल सेन्टर के पुरुष प्रशिक्षक द्वारा उद्धृत किया गया, ...हम उन्हें सिखाते हैं कि बातचीत कैसे करनी है और कुछ विशेष विवरण देते हैं। जैसा कि आपको पता होगा, अमेरिका में Z (Zed) उच्चारित नहीं करते हैं, वे 'zee' जी कहते हैं। वे Jose को 'Jose' ('j' का उच्चारण) नहीं उच्चारित करते हैं, वे होज़े (hosey) कहते हैं। विडंबना यह है कि प्रशिक्षक को भी इस बात की जानकारी नहीं है कि अमेरिकन बोलचाल का

'J', 'h' (स्पेनिश प्रभाव की वजह से 'Jose' को 'hosey') की तरह उच्चारित किया जाता है और ऐसा स्पेनिश प्रभाव की वजह से होता है। अमेरिकन अंग्रेज़ी से 'J' को 'j' की तरह ही उच्चारित किया जाता है।

प्रशिक्षण के दौरान कर्मचारियों को फोनेटिक्स और वर्ण उच्चारण के साथ वे शब्द सिखाये जाते हैं, जो ब्रिटिश एवं अमेरिकन अंग्रेज़ी में फ़रक है। इन शब्दों के उदाहरण नीचे सारणी-1 में दिये गये हैं। एक चौथाई कर्मचारियों का कहना था भारत में जैसा होता है, वैसा नहीं है, भारत में वर्ण इस तरह से पढ़ाये जाते हैं—'ए' से एपल, 'बी' से बेट, 'सी' से कैट। उन्हें वर्णों को अमेरिकन तरीके से पुनः सीखना पड़ा, जो इस तरह होता है 'ए' से एल्फा, 'बी' से ब्रेवो, 'सी' से चार्ली। स्पष्ट है कि ऐसे प्रशिक्षण कर्मचारियों को उनके ग्राहकों और साथ ही उनके देश के बारे में अपना दृष्टिकोण बनाने में मदद करते हैं।

सारणी-1 ब्रिटिश और अमेरिकन शब्दों में अन्तर

ब्रिटिश	अमेरिकन
1. Fortnight	Two weeks
2. Anticlockwise	Counter clockwise
3. Autumn	Fall
4. Caretaker	Janitor
5. City centre	Downtown
6. Lavatory	Washroom
7. Mobile phone	Cell phone

स्रोत : रैना से चयनित (2004 : 79-81)

इन प्रशिक्षणों के साथ ही कर्मचारियों को वाणी नियमन में भी प्रशिक्षित किया जाता है। उदाहरण के लिए, धीरे-धीरे बोलना ताकि ग्राहक उनकी बात को सटीकता से समझ सके।

चड्ढा (2003) द्वारा एजेन्ट्स के लिए विभिन्न शब्दों के सिखाने को सुगम बनाने हेतु एक उच्चारण शब्दकोष तैयार किया गया है (कुछ उदाहरण सारणी-2 में दिये गये हैं) दिन के अन्त तक, कर्मचारियों को प्रक्रिया प्रशिक्षण में भाग लेने से पहले आवाज़ तथा लहज़ा प्रशिक्षण में योग्यता प्राप्त करनी होती है।

सारणी-2 उच्चारण शब्दकोष के उदाहरण

Spelling	xx Error xx (Incorrect Pronunciation)*	Pronunciation
A		
Academics	a-KAD-a-mics	Ak-a-DEM-ics
B		
Bowl	Bowl (sounds like foul)	Bole (sounds like coal)
C		
Cabin	CAY-bin	CAB-in
D		
Deliver	DEL-iv-er	dl-LIVE-er
E		
Emergency	Em-er-JEN-see	im-MER-jn-see

स्रोत : चड्ढा से चयनित (2004 : 131-54)

*दिल्ली के लोगों में इस तरह के उच्चारण आम हैं।

उन सभी कॉल सेन्टर्स में जहाँ फील्ड वर्क किया गया, आवाज़ तथा लहज़े का प्रशिक्षण कार्य-स्थल पर ही दिया गया। शुरुआती दौर में जब भारत में पहला कॉल सेन्टर खोला गया तब प्रशिक्षक पैतृक कम्पनी के देश से ही नियुक्त किये गये। हालांकि इतने वर्षों में स्थितियाँ बदली हैं और अब कॉल सेन्टर्स में भारतीय प्रशिक्षक भी हैं। कोई आश्चर्य नहीं कि ये प्रशिक्षक पैतृक कम्पनी के देश के प्रशिक्षकों द्वारा प्रशिक्षित किये जाते हैं तथा उनसे ये अपेक्षित भी है कि वे अंग्रेज़ी में बातचीत हेतु प्रशिक्षण प्रक्रिया से अपने कार्य करने के तरीके को समझें।

पुनरावलोकन करने पर

पिछले कुछ वर्षों में, भारत में अंग्रेज़ी भाषा ने अपनी एक अलग पहचान बनायी है। साथ ही दूसरी जगहों के समान ही यह भाषा स्थानीय बोलियों से, विशेषकर बोली जाने वाली अंग्रेज़ी से प्रभावित हुयी है। कॉल सेन्टर्स- जो विश्वव्यापी कार्यस्थलों के हिस्से हैं, के कर्मचारियों को अंग्रेज़ी में स्थानीय भाषा के प्रभाव को घटाने एवं अन्तर्राष्ट्रीय पुट देने की आवश्यकता होती है। हालांकि बोली जाने वाली अंग्रेज़ी, ब्रिटेन और अमेरिका के हिस्सों में भी, 'लहज़े से मुक्त' नहीं

हो सकती। उदाहरण के लिए वेल्स के व्यक्ति का उच्चारण इंग्लैण्ड के व्यक्ति के उच्चारण से बहुत अलग है और स्पष्टता से पहचाना भी जा सकता है। इसी तरह, टेक्सास, अमेरिका के लोग, न्यूयॉर्क के लोगों से फ़रक लहज़े में बोलते हैं। कनाडा में एक छोर से दूसरे छोर तक अंग्रेज़ी के कई रूप हैं।

भारत में एक कहावत प्रसिद्ध है कि हर सौ मील की दूरी पर एक भाषा की बोली बदल जाती है। अन्तर्राष्ट्रीय कम्पनियों के बाजार हेतु आवश्यक, केवल एक प्रकार की अंग्रेज़ी के समरूपीकरण की यह प्रक्रिया, सामाजिक विविधता को कमजोर करेगी। हम इस प्रक्रिया को भाषायी विसंस्कृतीकरण के रूप में जानते हैं (राज और राज, 2004)। वास्तव में, आवाज एवं लहज़े के प्रशिक्षण के जरिए, कॉल सेन्टर्स एजेन्टस को उनके मूल लहजे को भुलाने तथा दूसरे भौगोलिक क्षेत्र के उच्चारण को सीखने को कहा जाता है। यह वैश्वीकरण का विशिष्ट उदाहरण है जो कॉरपोरेट एजेण्डा की सेवाओं के लिए सांस्कृतिक विविधताओं को मिटाने की कोशिश करता है।

सन्दर्भ

चड्ढा, आर. (2004). *टेकिंग द कॉलः एस्पाइरेन्ट्स गाइड टू कॉल सेन्टर्स.* नई दिल्लीः टाटा मैकग्रा हिल.

गुप्ता, वी. (2003). *कॉमडेक्सः कॉल सेन्टर ट्रेनिंग कोर्स किट.* नई दिल्लीः ड्रीमटेक.

मीरचन्दानी, के. (2003). मेकिंग अमेरिकन्स. ट्रांसनेशनल कॉल सेन्टर वर्क इन इण्डिया. अनपब्लिशड पेपर, डिपार्टमेट ऑफ एडल्ट एज़ुकेशन एण्ड काउन्सलिंग साइकोलॉजी, यूनिवर्सिटी ऑफ टोरंटो, कनाडा.

फिलिप्सन, आर. (2001). ग्लोबल इंग्लिश एण्ड लॉकल लेंग्वेज पॉलिसीज़ः वॉट डेनमार्क नीड्स. *लेंग्वेज प्रोब्लम्स एण्ड लग्वेंज प्लानिंग, 25,* 1-24.

रैना, ए. (2004). *स्पीकिंग राइट फॉर अ कॉल सेन्टर जॉब.* नई दिल्ली, पेंग्विन बुक्स.

राज, ए. एण्ड राज, पी. (2004). लिंग्वस्टिक डिकल्चरेशन एण्ड द इम्पॉर्टेन्स ऑफ पॉप्यलर एजुकेशन अमंग द गोण्डस इन इण्डिया. *एडल्ट एजुकेशन एण्ड डवलपमेन्ट, 62,* 55-61.

लेखकों के बारे में : पापिया राज (पीएच.डी., मॅकगिल) भारत के लोक स्वास्थ्य संस्थान के लिए कार्य करती हैं। वह स्थानीय स्तर के साथ-साथ विश्व स्तर पर जनसंख्या व जनस्वास्थ्य के बदलते सम्बन्धों में दिलचस्पी रखती हैं।

e-mail : papia.raj@gmail.com

आदित्य राज (पीएच.डी., मॅकगिल) भारतीय तकनीकी संस्थान, पटना में सहायक प्रोफेसर हैं। उनकी शोध रुचि पलायन एवं प्रवासी अध्ययन, शिक्षा का समाजशास्त्र तथा समकालीन विकास संवाद में है।

e-mail : aditya.raj@gmail.com

अनुवाद : ज्योति चौरड़िया, विद्या भवन शिक्षा सन्दर्भ केन्द्र, उदयपुर (राज.)।

स्रोत : *लेंग्वेज एवं लेंग्वेज टीचिंग*, 2.2.4, 8-11, जुलाई, 2013.

साक्षात्कार

डॉ. जॉन कुरिएन से किशोर दरक की बातचीत

वंचित बच्चों के विकास और उन की शिक्षा में गुणवत्ता पर केन्द्रित सेन्टर फ़ॉर लर्निंग रिसोर्सिस पुणे में स्थित है। डॉ. जॉन कुरिएन इस संस्था के सह-संस्थापक तथा सेवानिवृत्ति पश्चात मानद निदेशक हैं।

किशोर दरक (कि.द.) : गुड आफ़्टरनून जॉन। हमने भारत में भाषा-शिक्षा पर बातचीत करना तय किया है, लेकिन पहले मैं 'सेन्टर फ़ॉर लर्निंग रिसोर्सिस' की शुरुआत के बारे में जानना चाहूँगा।

जॉन कुरिएन (जॉ.कु.) : मैंने और मेरी पत्नी ज़किया कुरिएन ने 1983 में इस केन्द्र की शुरूआत की और लगभग 30 साल तक इसके संस्थापक-निदेशकों के रूप में काम किया। पूर्व-प्राथमिक तथा प्राथमिक स्तर पर घरेलू तथा क्षेत्रीय भाषाएँ और क्षेत्रीय-भाषा माध्यम में चल रहे प्रारम्भिक विद्यालयों में अंग्रेज़ी सीखना-सिखाना हमारे काम का एक प्रमुख क्षेत्र था।

हम सरकारी तथा गैर सरकारी संस्थाओं के साथ मिलकर महाराष्ट्र तथा भारत के अन्य राज्यों में बड़े स्तर के प्रोजेक्ट निरन्तर लेते रहते हैं। हमारा प्रमुख उद्देश्य सामाजिक एवं आर्थिक रूप से वंचित बच्चों के विकास और सीखने में सुधार लाना है।

कि.द. : प्राथमिक स्तर की शिक्षा में भाषा संबंधित मुख्य मुद्दे क्या हैं?

जॉ.कु. : हमारे तथा अन्य लोगों के अनुभव बताते हैं कि भाषा की भारी समस्या तब आती है जब बच्चों की घर की भाषा को विद्यालयों में सम्बोधित न किया जाए—ख़ासतौर से तब, जब यह राज्य-भाषा से अलग हो। जब तक आप विद्यालयों में घर की भाषा पर ध्यान देने से शुरुआत नहीं करेंगे, बहुत से आदिवासी और विस्थापित बच्चों को विद्यालय के भाषा-माध्यम के तहत पढ़ने-लिखने में संघर्ष करना पड़ेगा। प्रायः विद्यालय में माध्यम भाषा राज्य-भाषा होती है।

इसके अतिरिक्त, बच्चे के संज्ञानात्मक एवं व्यक्तिगत विकास और विद्यालय

में पढ़ाए जाने वाले अन्य विषयों में उस की प्रगति, इन का प्राथमिक वर्षों में अर्जित भाषा-कौशलों के साथ बहुत मज़बूत सम्बन्ध है। शुरुआत में ही अगर भाषा सम्बन्धी विकास सीमित रहता है तो यह उच्च विद्यालय के स्तर पर अन्य विषयों के साथ जूझने में असमर्थता की ओर ले जाता है। यह सब इसलिए होता है कि प्राथमिक स्तर से ही क्षेत्रीय भाषाओं को खराब तरीके से पढ़ाया जाता है।

कि.द. : क्या आप इस बात को और अधिक स्पष्ट कर सकते हैं?

जॉ.कु. : हाँ, सबसे पहली और महत्त्वपूर्ण बात यह है कि अधिकतर शिक्षक, शिक्षक-प्रशिक्षक, राष्ट्रीय स्तर पर जाँच पत्र बनाने वाले लोग और नीति-निर्धारक इस बात को नहीं समझते कि पढ़ने का तात्पर्य समझने से है। बहुत से लोग यह सोचते हैं कि पढ़ना सिखाने में केवल ऊँची आवाज़ में पढ़ना शामिल होता है। लेकिन मैं किसी टेक्स्ट को ज़ोर से पढ़ सकता हूँ इसका अर्थ यह नहीं हैं मैं उस टेक्स्ट को समझता हूँ।

कि.द. : यानि आप इस तथ्य को उजागर कर रहे हैं कि देवनागरी लिपि की जानकारी होने की वजह से मराठी और हिन्दी को ऊँची आवाज़ में पढ़ पाना, इस बात की गारण्टी नहीं है कि आप पढ़े हुए को समझ भी लेंगे।

जॉ.कु. : हाँ, 'ऊँची आवाज़ में पढ़ना' और 'समझ के साथ पढ़ना' को आपस में गड्ड-मड्ड करना ही हर स्तर पर भाषा सिखाने की सबसे बड़ी और महत्त्वपूर्ण समस्या है। समझ के साथ मौन होकर पढ़ना- यह पढ़ने के वास्तविक स्तरों का अधिक महत्त्वपूर्ण संकेत है।

हमारे यहाँ प्राथमिक स्तर पर, और उसके बाद भी, समझ के बहुत ही तुच्छ स्तर को जाँचा जाता है, जिसमें दिये गए लेखांश से 'भेद खोलते' शब्दों या यूँ कहें कि कुछ मुख्य शब्दों को खोजना शामिल रहता है। मानक अभ्यास तो यही रहता है कि कोई विशेष छात्र या पूरी कक्षा ज़ोर से पढ़े और समझ आधारित कुछ आसान से प्रश्नों का जवाब दे। परन्तु समझ के साथ पढ़ना सिखाने में और भी बहुत कुछ आता है, जैसे तर्कानुकूल प्रश्न या लेखक की नीयत या उद्देश्य पर ध्यान देना आदि। एक बात और- यहाँ लेखन-कौशल सिखाने की घोर उपेक्षा होती है, यह एक ऐसा मुद्दा है जो भाषा पर होने वाली चर्चाओं में बहुत ही कम आता है।

कि.द. : अब मैं भाषा-शिक्षा के एक महत्त्वपूर्ण मुद्दे पर आता हूँ, यानि अंग्रेज़ी। बहुत से लोग सोचते हैं कि शिक्षा के माध्यम के रूप में अंग्रेज़ी ही आगे बढ़ने का एक रास्ता है। अंग्रेज़ी माध्यम विद्यालयों का तेज़ी से हो रहा विस्तार यही

दर्शाता है। इस बारे में आपके क्या विचार हैं?

जॉ.कु. : मेरे विचार से, विद्यालयी शिक्षा में अंग्रेज़ी की भूमिका देश के सामने सबसे महत्त्वपूर्ण मुद्‌दा है। सबसे पहले तो प्रत्येक विद्यालय द्वारा बच्चे को अंग्रेज़ी के आधारभूत कौशल सीखने के अवसर प्रदान किए जाने चाहिए। बच्चे इन कौशलों को सीखे बिना विद्यालय छोड़ते हैं तो समझें कि विद्यालय इन बच्चों का भविष्य खराब कर रहा है। अंग्रेज़ी सीखना निश्चित तौर पर अत्यन्त महत्त्वपूर्ण है हालांकि इसका तात्पर्य यह बिल्कुल नहीं है कि आप इन दक्षताओं को केवल अंग्रेज़ी माध्यम विद्यालय की सहायता से ही पा सकते हैं। असल में तो कुछ उल्लेखनीय अपवादों को छोड़ दें तो मैं हाल में हुए अंग्रेज़ी माध्यम विद्यालयों के अन्धाधुन्ध विस्तार का विरोधी हूँ।

कि.द. : परन्तु आप गरीब व मध्यम वर्गीय परिवार के उन अभिभावकों को क्या कहेंगे जो हताशा की हद तक जाकर भी अपने बच्चों को अंग्रेज़ी माध्यम विद्यालय में भेजना चाहते हैं?

जॉ.कु. : सबसे पहले तो मैं यह कहना चाहूँगा कि हालांकि अंग्रेज़ी से सम्बद्ध कौशलों की मांग औपनिवेशिक काल में ही नहीं, स्वतन्त्रता के बाद भी भारत में हमेशा ही रही है, हाल के समय तक अंग्रेज़ी माध्यम की शिक्षा के लिए मांग सभी वर्गों में अखिल भारतीय उन्माद के रूप में परिवर्तित नहीं हुई थी। यह मूलभूत बदलाव 1990 में भारतीय अर्थव्यवस्था के उदारीकरण और भूमंडलीकरण तथा गाँवों और शहरों में अंग्रेज़ी से सम्बद्ध कौशलों के महत्त्व के बारे में बढ़ती जन जागरुकता के साथ आरम्भ हुआ। परन्तु हमारे क्षेत्रीय-भाषा माध्यम वाले विद्यालय इस चुनौती को बिल्कुल नहीं समझ पाए और बच्चों को बुनियादी अंग्रेज़ी कौशलों को सिखाने में असमर्थ रहे। पिछले तीन दशकों में अंग्रेज़ी माध्यम के विद्यालयों के असाधारण विस्तार और लोकप्रियता का कारण यह असफलता ही है। अंग्रेज़ी माध्यम की स्कूली शिक्षा को सभी बुराइयों के लिए राम-बाण के रूप में देखा जा रहा है।

अभिभावक, ख़ास तौर से वे जो अंग्रेज़ी न बोलने वाले तबके से आते हैं, बच्चों द्वारा अंग्रेज़ी बोल पाने और परीक्षा पास करने की क्षमता को सफलता का पर्याय मानते हैं। परन्तु इस पृष्ठभूमि से आने वाले अधिकतर बच्चे अंग्रेज़ी के कुछ फॉर्मूलाबद्ध वाक्यांशों का बिना सोचे समझे तोते की तरह बस अनुकरण करते हैं और परीक्षा पास करने के लिए रटते हैं। अधिकतर अभिभावक यह नहीं समझ पाते कि यह न तो बुनियादी भाषाई प्रवीणता है और न ही इस में

संज्ञानात्मक एवं अन्य वे कौशल शामिल हैं जो बच्चों को विद्यालय के बाद एक अप्रत्याशित भविष्य हेतु तैयार करने के लिए जरूरी है।

परन्तु अंग्रेज़ी माध्यम विद्यालयों में पढ़ने वाले 'सफल' बच्चों को देखकर, और अपनी स्वयं की महत्वाकांक्षाओं में बहकर, जब वे अपने बच्चों को अंग्रेज़ी माध्यम वाले विद्यालय में दाख़िल करवाते हैं तो उन्हें लगता है जैसे वे अपनी मंज़िल को पहुँच गए हों। अभिभावकों को इस बारे में शिक्षित करना बहुत ही महत्त्वपूर्ण है कि अंग्रेज़ी माध्यम की शिक्षा उनके बच्चों के वर्तमान और लम्बे समय के लिए सबसे हितकर है या नहीं। इस प्रकार माता-पिता जागरूक, सूचना-सम्पन्न चुनाव करने में सक्षम हो पायेंगे।

कि.द. : दलित कार्यकर्ता अंग्रेज़ी माध्यम की शिक्षा को मुक्ति और सामाजिक गतिशीलता का रास्ता मानते हैं और कॉरपोरेट के लोग समता तथा आर्थिक प्रगति के नाम पर अंग्रेज़ी माध्यम की शिक्षा को बढ़ावा देते हैं। इस पर आप की क्या प्रतिक्रिया है?

जॉ.कु. : दलित कार्यकर्ता और कॉरपोरेट प्रमुख भी इस बात से निराश हैं कि हमारे क्षेत्रीय-भाषा माध्यम के विद्यालय अंग्रेज़ी से सम्बद्ध कौशल प्रदान करने में असफल रहे हैं। लेकिन इन विद्यालयों में अंग्रेज़ी के शिक्षण को बहुत हद तक सुधारने की बजाय अंग्रेज़ी माध्यम की स्कूली शिक्षा को उचित तथा सशक्तीकरण वाले शैक्षिक समाधान के रूप में देखा जाने लगा है। मेरी राय में भारत के ग्रामीण तथा शहरी क्षेत्रों में गरीब एवं निम्न-मध्य वर्गीय बच्चों के विशाल बहुमत के लिए यह घोर संकट में डालने वाला नुस्ख़ा है।

सामाजिक-आर्थिक रूप से वंचित और निम्न मध्य वर्ग के बच्चों के लिए भाषा-माध्यम के तौर पर क्षेत्रीय/राज्य भाषाओं के प्रयोग से जुड़ी शिक्षा की ऊपर-कथित समस्याएँ अंग्रेज़ी माध्यम के अधिकतर नए स्कूलों के सन्दर्भ में भी लागू होती हैं। बच्चे रटन्त से सीखते हैं और सुनने, बोलने, पढ़ने एवं लिखने के बहुत सीमित कौशल अर्जित करते हैं।

असल में तो क्षेत्रीय-भाषा माध्यम वाले विद्यालयों के मुकाबले इन नए अंग्रेज़ी माध्यम विद्यालयों में बोधहीनता का बोझ, समझ का अभाव, इस वजह से और भी अधिक हो जाता है कि इनके बहुत से अध्यापकों के अंग्रेज़ी से सम्बद्ध कौशल सीमित हैं, ख़ासकर उनके बोलने व लिखने के कौशल। इसके अलावा उन्हें इस बात का भी कोई अन्दाज़ा नहीं होता कि इन गरीब और निम्न वर्ग के बच्चों को अंग्रेज़ी कैसे सिखाई जाये जबकि वे ऐसे घरों से आते हैं जहाँ अंग्रेज़ी कभी नहीं

बोली जाती और बमुश्किल ही सुनने को मिलती है।

अंग्रेज़ी माध्यम की शिक्षा पर डाला जाने वाला ज़ोर इस बेतुकी और भयानक हद तक बढ़ा है कि पूर्व-प्राथमिक स्तर के बच्चों तक के लिए झुग्गी वाले इलाकों या ग्रामीण क्षेत्रों में भी बहुत सी बालवाड़ियाँ खुल गई हैं। अंग्रेज़ी में बच्चों के नर्सरी गीत और कुछ बने-बनाये, घिसे-पिटे वाक्यांश तथा अंग्रेज़ी की वर्णमाला को पढ़ना व लिखना सीखना ही दिनचर्या है, और पढ़ाने का काम अप्रशिक्षित/बहुत ही खराब तरह से प्रशिक्षित शिक्षक करते हैं जिन का खुद का भी अंग्रेज़ी से सामान्य किस्म का परिचय तक नहीं है।

कल्पना करें कि इस प्रकार की शिक्षा का बच्चों के व्यक्तित्व-विकास पर क्या असर पड़ता होगा? स्वयं के बारे में उनके एहसास पर, आत्मविश्वास और संज्ञानात्मक विकास पर क्या असर होता होगा? और क्या होता है इन बच्चों के साथ जब वे अंग्रेज़ी माध्यम के विद्यालयों में पढ़ने जाते हैं, जहाँ विभिन्न विषय एक 'विदेशी' भाषा में, भाषायी रूप से चुनौती का सामना कर रहे शिक्षकों द्वारा पढ़ाए जाते हैं।

कि.द. : लेकिन अन्य देश अंग्रेज़ी सम्बन्धी कौशलों के लिए बढ़ती मांग का सामना कैसे करते हैं? क्या वे भी अंग्रेज़ी माध्यम से स्कूली शिक्षा के लिए अपनी भाषा को छोड़ रहे हैं?

जॉ.कु. : संसार के लगभग सभी देशों ने अंग्रेज़ी के महत्त्व को स्वीकारा है। लेकिन पूर्व उपनिवेशों को छोड़ दें, तो कोई भी देश भारत वाला रास्ता नहीं अपना रहा, क्षेत्रीय भाषा में शिक्षा की कीमत पर अंग्रेज़ी माध्यम में शिक्षा के लगातार, तेजी से विस्तार का रास्ता नहीं अपना रहा। हमें चीन से सीखना चाहिए, जो हमारी ही तरह एक बड़ी आबादी का देश है और उससे भी बड़ी उसकी वैश्विक ताकत बनने की महत्त्वाकांक्षाएँ हैं। इस देश ने मानकों में सुधार एवं रटन्त आधारित सीखने से दूर जाने के बड़े पैमाने पर प्रयास किए हैं।

PISA अन्तर्राष्ट्रीय स्तर का एक परीक्षण है जिसके तहत बहुत से देशों के माध्यमिक स्तर के बच्चों के पढ़ने, विज्ञान एवं गणित में समालोचनात्मक चिन्तन का मूल्यांकन किया जाता है। इसमें भारत सीढ़ी के लगभग सबसे नीचे के पायदान पर आंका गया जब कि चीन का प्रदर्शन बहुत बढ़िया रहा। लगभग सभी विकसित एवं विकासशील देशों की तरह, चीन ने भी यह जान-समझ लिया है कि अमीर व गरीब, दोनों के लिए सबसे प्रभावी स्कूली शिक्षा वह है जो मातृभाषा में दी जाये। परन्तु यह स्वीकारते हुए कि अंग्रेज़ी कौशल भी

महत्त्वपूर्ण हैं, उन्होंने अंग्रेज़ी शिक्षण को विद्यालयों में और उत्तर-माध्यमिक शिक्षा में द्वितीय भाषा शिक्षण के रूप में रखा है और इस पर युद्ध स्तरीय काम किया है। हमें भी अपने क्षेत्रीय-भाषा माध्यम वाले विद्यालयों में यही करने की ज़रूरत है।

कि.द. : हमारे क्षेत्रीय-भाषा माध्यम के स्कूलों में युद्ध स्तर पर अंग्रेज़ी-शिक्षण का ठोस तौर पर क्या अर्थ होगा?

जॉ.कु. : सर्वप्रथम व सबसे महत्त्वपूर्ण, क्षेत्रीय-भाषा माध्यम के हमारे विद्यालयों में अंग्रेज़ी सीखने-सिखाने के मानकों में सुधार को उच्चतम प्राथमिकता दी जानी चाहिए। सभी कौशल सिखाए जाने चाहियें मगर ध्यान अंग्रेज़ी बोलने के कौशल के विकास पर केन्द्रित होना चाहिये।

सबसे महत्त्वपूर्ण सुधार यह सुनिश्चित करने का है कि क्षेत्रीय विद्यालयों के सभी अंग्रेज़ी शिक्षक, जिनमें वर्तमान और नए भर्ती हुए, दोनों शामिल हों, अंग्रेज़ी भाषा में निपुण हों। अंग्रेज़ी पढ़ाने के तरीकों का ध्यान इस बात पर केन्द्रित होना चाहिए कि अंग्रेज़ी न बोलने वाले तबकों से आने वाले बच्चों को कैसे सिखाया जाए? यही बात उन बच्चों के लिए भी लागू होती है जिनके लिए अंग्रेज़ी कहीं और की एक विदेशी भाषा है।

इसके अलावा, हम जो भी पढ़ाते हैं वह बच्चों के लिए अर्थपूर्ण व समझ में आने वाला होना चाहिए, इसलिए ख़ासतौर से शुरुआती सालों में एक बहुभाषीय/द्विभाषीय दृष्टिकोण अपनाया जाना चाहिए। इसका एक सफल उदाहरण है सी.एल.आर. नामक तीन साल की द्विभाषी रेडियो प्रोग्राम जो मराठी/अंग्रेज़ी और हिन्दी/अंग्रेज़ी में सफलतापूर्वक ग्रामीण व शहरी क्षेत्र के क्षेत्रीय-भाषा माध्यम सरकारी विद्यालयों के करोड़ों बच्चों को अंग्रेज़ी बोलने के आधारभूत कौशल सिखा पा रहा है।

अगला महत्त्वपूर्ण सुधार पाठ्यचर्या और मूल्यांकन के क्षेत्र में है क्योंकि यह सीखने-सिखाने को सीधे रूप से प्रभावित करता है। हमें अंग्रेज़ी को द्वितीय भाषा के रूप में पढ़ाए जाने के लिए प्रयोग में लायी जा रही अपनी अधिकतर पाठ्यपुस्तकों को रद्दी मान कर नकार देना चाहिए। हम जितना जल्दी यह करेंगे उतना ही अच्छा होगा। नई पाठ्यपुस्तकों के अलावा, सीखने-सिखाने पर इसके प्रतिक्रियात्मक असर को देखते हुए, ऐसी मूल्यांकन प्रक्रियाएँ लागू करने की ज़रूरत है जो सभी अंग्रेज़ी भाषाई कौशलों की प्रगति को रिकॉर्ड कर सकें।

आवश्यकता इस बात की भी है कि हर राज्य क्षेत्रीय-भाषा माध्यम वाले विद्यालयों में अंग्रेज़ी के मुद्दे पर विस्तृत-व्यापक नज़र डालने के लिए विशेषज्ञों की एक कमेटी गठित करे- इसमें शिक्षक-प्रशिक्षण, पाठ्यचर्या, पाठ्यपुस्तकें, और

मूल्यांकन-सुधार आदि के क्षेत्र शामिल हैं। इस प्रक्रिया को उत्प्रेरित करने में एन.सी.ई.आर.टी. तथा सभी एस.सी.ई.आर.टी. की महत्त्वपूर्ण भूमिका है।

कि.द. : इस विषय पर आपके अन्तिम विचार..

जॉ.कु. : जब तक हमारे क्षेत्रीय-भाषा माध्यम वाले विद्यालय कुल मिला कर अपने स्तरों में सुधार नहीं लाते, ख़ासकर अंग्रेज़ी में, हम यह उम्मीद कर सकते हैं कि आने वाले कुछ दशकों में अंग्रेज़ी सबसे बड़े शिक्षा के माध्यम के तौर पर हिन्दी का स्थान ले लेगी। इस समय किसी भी क्षेत्रीय-भाषा माध्यम के स्कूल के मुकाबले अंग्रेज़ी माध्यम विद्यालयों में अधिक बच्चे पढ़ते हैं। हाँ, इस मामले में हिन्दी अवश्य एक अपवाद है।

समता व गुणवत्ता के उद्दश्यों तक पहुँचने के लिए, राज्य सरकारें, कॉरपोरेट्स और कुछ बड़ी गैर-सरकारी संस्थाएँ पिछले कुछ सालों से अंग्रेज़ी माध्यम की स्कूली शिक्षा के लगातार तेज़ी से विस्तार को बढ़ावा दे रही हैं। इसे यह कहते हुए जायज़ ठहराया जाता रहा है कि 'लोग' ऐसा चाहते हैं। लेकिन 'लोग' ऐसा चाहते हैं के तर्क का यह अर्थ नहीं है, वह इस बात के लिए काफ़ी नहीं है कि क्षेत्रीय-भाषा माध्यम के स्कूलों में अंग्रेज़ी के स्तरों और मानकों में बेहतरी लाने की कोशिश को त्याग दिया जाए।

राष्ट्रीय व अन्तर्राष्ट्रीय, दोनों स्तर के परीक्षण यह इंगित करते हैं कि हमारे विद्यालयों में, वे चाहे सरकारी, सह-सरकारी या प्राइवेट हों, सीखने के स्तर बहुत कम हैं। इस बात के स्पष्ट प्रमाण हैं कि यहाँ सीखने के रटन्त आधारित तरीके और उच्च-स्तरीय कौशलों के शिक्षण के अभाव से उपजा है। हम इस बारे में बात कर ही चुके हैं कि जनमानस के लिए अंग्रेज़ी माध्यम की स्कूली शिक्षा क्यों प्रभावी तरीके से सीखने में बेहतरी नहीं लाएगी। मेरे विचार में तो इस से स्थितियाँ बदतर ही होंगी।

परन्तु यह नज़रिया किसी अनुभवजन्य व्यवस्थित अनुसन्धान पर आधारित नहीं है। इसलिए इससे पहले कि हम अंग्रेज़ी माध्यम विद्यालयों का अन्धाधुन्ध विस्तार जारी रखें, उच्चतम प्राथमिकता इस बात को दी जानी चाहिए कि इन नये अंग्रेज़ी माध्यम विद्यालयों का निष्पक्ष व ध्यानपूर्वक सम्पूर्ण मूल्यांकन हो, जिसमें ध्यान इस बात पर केन्द्रित होना चाहिए कि बच्चे क्या और कैसे सीख रहे हैं? यदि सरकारी एजेंसियाँ इस काम को नहीं करतीं तो भारतीय कॉरपोरेशन और फाउण्डेशन इसे अपने हाथ में लें। इस प्रक्रिया की शुरुआत और इस पर धन लगाया जाना भारत के शैक्षिक भविष्य के लिए महत्त्वपूर्ण योगदान होगा।

साक्षात्कारकर्ता के बारे में : किशोर दरक पुणे से एक शिक्षक, शिक्षक-प्रशिक्षक व स्वतंत्र अनुसन्धानकर्ता हैं। पाठ्यपुस्तकें, पाठ्यचर्या व भाषा की राजनीति इनकी रुचि के क्षेत्र हैं। वे मराठी समाचार-पत्रों और पत्रिकाओं के लिए प्राथमिक शिक्षा से सम्बद्ध मुद्दों पर लिखते रहते हैं।

e-mail : kishore_darak@yahoo.com

अनुवादक : नेहा यादव, विद्या भवन शिक्षा सन्दर्भ केन्द्र, उदयपुर (राज.)।

स्रोत : *लेंग्वेज एंड लेंग्वेज टीचिंग*, 1.2.4, 43-46, जुलाई, 2013.

जैकब थारु से गीता दुरइराजन व लीना मुखोपाध्याय की बातचीत

प्रोफेसर जैकब थारु मनोविज्ञान के विद्यार्थी होते हुए भी शैक्षणिक मूल्यांकन में विशेष रुचि रखते हैं। मूल्यांकन विभाग, सी.आई. ई.एफ.एल. (आजकल ई.एफ.एल. विश्वविद्यालय के रूप में जाना जाता है) से तीस वर्षों की सेवा के बाद सेवानिवृत्त हुए हैं। सेवानिवृत्ति के बाद से वे शिक्षा के क्षेत्र में विभिन्न गैर सरकारी संस्थाओं के साथ कार्य कर रहें हैं। वे राष्ट्रीय शैक्षिक, अनुसन्धान और प्रशिक्षण परिषद्, राज्य शैक्षिक, अनुसन्धान और प्रशिक्षण परिषद् एवं सर्व शिक्षा अभियान (एस.एस.ए.) के मूल्यांकन से सम्बन्धी कार्यक्रमों से भी जुड़े हुए हैं।

इस साक्षात्कार का लिप्यन्तरण व संपादन गीता दुरइराजन व लीना मुखोपाध्याय द्वारा मिलकर किया गया है।

गीता दुरइराजन (गी.दु.) : गुडमार्निग आजकल मूल्यांकन के क्षेत्र में सबसे महत्त्वपूर्ण विषय सतत एवं व्यापक मूल्यांकन (सी.सी.ई.) है। क्या आप सी.सी.ई. से संबंधित अपने विचारों के बारे में बता सकते हैं और कक्षा अध्यापक के लिए यह कितना महत्त्वपूर्ण है?

जैकब थारु (जै.था.) : हाँ। सतत व व्यापक मूल्यांकन की बात हम विगत दो-तीन वर्षों से कर रहे हैं किन्तु हम यह भूल गये हैं कि यह एक ऐसा विचार है जो पिछले 30 वर्षों से हमारे मध्य है। सर्वप्रथम इसका उल्लेख 1985-86 की नई शिक्षा नीति में हुआ उसके बाद धीरे-धीरे यह विचार आकार लेने लगा। मेरे लिये सी.सी.ई. का तात्पर्य बार-बार होने वाले कक्षा मूल्यांकन से कहीं ज्यादा है। मौजूदा सी.सी.ई. जो राष्ट्रीय पाठ्यचर्या की रूपरेखा (एन.सी.एफ.) 2005 के उपरान्त आया है, को मैं पुराने एन.सी.एफ. में जिक्र किये सी.सी.ई. से काफी अलग रूप में देखता हूँ, इसमें विद्यार्थी द्वारा हासिल ज्ञान के सम्बन्ध में एक नया दर्शन है। ऐसा एन.सी.एफ. में ही हुआ है कि एक नया विजन बनाने के लिए पहले कई नए विचारों को एक साथ देखा, परखा गया। इनमें से कुछ विचार सी.सी.ई. के

लिए विशेषतया प्रासंगिक हैं और इनकी संक्षिप्त व्याख्या निम्न है–

पहला, **विद्यार्थी ज्ञान का सह-निर्माता होता है अतः पाठ्यक्रम सीखने-सिखाने की प्रक्रियाओं में सहभागी भी होता है।** यह कोई बहुत नया विचार नहीं है, किन्तु पाठ्यक्रम में इसका होना बहुत महत्त्वपूर्ण है। दूसरा, अब पाठ्यपुस्तक से परे जाने में और ज्ञान को स्कूल के बाहर के जीवन से जोड़ने पर विशेष बल दिया जा रहा है। तीसरा, विविधता का मूल्य समझने, यहाँ तक कि उसकी सराहना कर पाने का विचार भी पहले दो विचारों के साथ जुड़ा हुआ है। इन सभी विचारों को एन.सी.एफ. दस्तावेज में इस तरह पिरोया गया है कि यह इस दावे का समर्थन करते हैं कि बच्चों के सीखने का क्रम पूर्व निर्धारित नहीं होता। यहाँ यह दिखाया गया है कि पढ़ाने के परम्परागत तरीके से प्राप्त उपलब्धि की, सीखने-सिखाने की प्रक्रिया की दृष्टि से कम अहमियत होती है। इकाई के बाद या निश्चित समयावधि के बाद या साल के अन्त में होने वाले परीक्षण, फिर चाहे वह किसी भी कक्षा हेतु हो, केवल उन बातों का मूल्यांकन करते हैं जिनका सीखना पूर्वनिर्धारित होता है; इनसे परे ये कुछ भी नहीं बताते। ये योगात्मक (समेटिव) होते हैं और मात्र यह दर्शाते हैं कि शिक्षण समाप्त होने के बाद विद्यार्थियों की क्या स्थिति है। इनका शिक्षण शास्त्रीय महत्त्व क्या हो सकता है? एन.सी.एफ. का समग्र दृष्टिकोण ही ऐसा है जो यह मानता है कि जो सिखाया जाता है उसके अलावा भी बच्चे बहुत कुछ सीख जाते हैं, ऐसी चीज़ें सीख जाते हैं जिनके बारे में हम अनुमान भी नहीं लगा सकते। और तभी सी.सी.ई. का वृहत्तर महत्त्व प्रासंगिक होता है, मैं तो यह जोडूँगा कि सम्भव होता है।

गी.दु. : क्या आप इस बिन्दु को और स्पष्ट करेंगे?

जै.था. : मैं मानता हूँ कि यह एक सशक्त कथन है। किन्तु पुराने निर्धारित पाठ्यक्रम और निर्धारित प्रश्न-पत्र तथा पहले से बनायी हुई अंक निर्धारण की मार्गदर्शिका के बारे में सोचे, सी.सी.ई. से जुड़े लचीले परीक्षण की यहाँ क्या आवश्यकता थी? जब लक्ष्य ही यह सुनिश्चित करना हो कि 'सीखने वाले' पूर्व निर्धारित तरीकों से वे सब सीख रहें है जो सीखना उनसे अपेक्षित है। जहाँ विविधता और स्वच्छन्दता के लिए कोई जगह ही न हो तो शिक्षण ऐसा लगता है मानो किसी परीक्षा के लिए पारम्परिक तरीके से कोचिंग दी जा रही हो। इसके लिए बारीकी से बना, पाठ्यक्रम आधारित इकाई परीक्षण ही सर्वोत्तम है। सी.सी.ई. अपने लचीलेपन के साथ, जिसकी वजह से यह थोड़ा बेतरतीब भी नज़र आता है, यहाँ व्यर्थ है। लेकिन यदि हम इस बात पर यकीन करते हैं कि बच्चे भी अलग-अलग तरीकों से अलग-अलग चीज़ें सीख सकते हैं और उनके इस अनपेक्षित सीखने को हम

जानना चाहते हैं तब निश्चित रूप से सी.सी.ई. का लचीलापन महत्त्वपूर्ण है। सी.सी.ई. के बारे में दूसरी खास बात यह है कि यह एक पुराने प्रचलित विचार, फॉर्मेटिव मूल्यांकन (सीखने की प्रक्रिया के दौरान किया जाने वाला मूल्यांकन जो आगे क्या करना है तय करने में मदद करता है) की भावना को भी एक सशक्त तरीके से सम्मिलित करता है।

गी.दु. : यह एक ऐसा विचार है जिसके सम्बन्ध में काफी भ्रम है। क्या आप इस पर कुछ प्रकाश डाल सकते हैं?

जै.था. : कोई भी परीक्षण आगे क्या करना है यह तय करने में तभी मददगार होता है जब इसके द्वारा उपलब्ध कराई गयी जानकारी को फीडबैक के रूप में लिया जाये एवं यदि आवश्यक हो तो सीखने-सिखाने के तरीकों में परिवर्तन किया जाये। सत्र के आरम्भ में लिया गया कोई भी टेस्ट, उदाहरण के लिए जुलाई महीने में लिया गया इकाई टेस्ट भी समेटिव ही कहलाएगा। क्योंकि यह इकाई खत्म होने के बाद लिया गया है। अतः जब टेस्ट के परिणामों से यह समझने में मदद मिले कि विद्यार्थियों ने कैसा प्रदर्शन किया है (क्या सीखा है, क्या नहीं, कहाँ भ्रम है इत्यादि) और सीखने-सिखाने की प्रक्रिया को कैसे बेहतर किया जा सकता है तभी यह कहा जा सकता है कि टेस्ट ने फॉर्मेटिव का प्रयोजन पूरा किया।

यहीं पर सी.सी.ई. में सतत् अत्यधिक महत्त्वपूर्ण हो जाता है। यह कक्षा के दौरान अध्यापक को कक्षा में क्या हो रहा है, इसे नोट करने के लिए, प्रत्येक विद्यार्थी ठीक कर रहा है कि नहीं तथा काफी हद तक समय पर उनको मदद करने के लिए जगह देता है। हालाँकि यह कभी-कभी सुधार के लिए हो सकता है पर गलती सही करना यहाँ मुद्दा नहीं है। शिक्षक स्वयं विद्यार्थी की उपलब्धियों को देखते हुए प्रतिक्रिया देने के उपयुक्त तरीके का चुनाव कर सकता है, वह यह तय करता है कि वह प्रतिक्रिया जो पाठ पढ़ाया जा रहा है उसी में दे अथवा आगे वाले पाठ में। मेरे हिसाब से यह वह जगह है जो सी.सी.ई. उपलब्ध कराता है।

इसके विपरीत जब एस.सी.ई.आर.टी. (राज्य शैक्षिक अनुसन्धान एवं प्रशिक्षण परिषद्) से आदेश के तौर पर सी.सी.ई. आता है, तो वह अध्यापकों के लिये महज़ नियमों का पुलिंदा होता है जिनका उनको पालन करना है और यही बाह्य परीक्षण है। जब तक हम यह सुनिश्चित नहीं कर सकते कि सी.सी.ई. शिक्षक के लिए है, शिक्षक के दायरे में है तब तक वह वास्तविक सी.सी.ई. नहीं है। यदि हमारे पास एक ही कक्षा के A, B, C समानान्तर वर्गों वाला कोई स्कूल हो, तब हमारी यह अपेक्षा होगी कि प्रत्येक वर्ग में मूल्यांकन की प्रक्रिया अलग-अलग

हो। ऐसा इसलिए क्योंकि प्रत्येक कक्षा के विद्यार्थी अलग-अलग हैं और हम इस विविधता एवं पाठ्यक्रम को सीखने-सिखाने में उनके व्यक्तिगत योगदान को विशेष महत्त्व देते हैं। यह एक आदर्शवादी कथन है, पर मैं यह समझता हूँ यह एक सशक्त कथन है। मात्र शिक्षक ही सी.सी.ई. के साथ न्याय कर सकता है। हालाँकि ऐसा हो पाए इसके लिए शिक्षक की मदद करनी होगी ताकि वह स्वायत्त, सशक्त व कुशल बन सके और शिक्षक को भी इस हेतु जगह, संसाधन एवं समय निकालना होगा। वह समृद्ध फीडबैक जो सी.सी.ई. से उपलब्ध हो सकता है, विभिन्न आवश्यकता वाले बच्चों के लिए सीखने-सिखाने के अनुभवों की गुणवत्ता बढ़ाने में शिक्षक को मददगार होगा।

अतः सी.सी.ई. को मैं वास्तव में आगे क्या करना है इसे तय करने में मददगार पाता हूँ। व्यावहारिक स्तर पर विद्यार्थियों की उपलब्धि को रिकॉर्ड करने व उस बारे में रिपोर्ट करने में स्पष्ट रूप से फ़र्क करने की आवश्यकता है। लिखना सिखाने के सम्बन्ध में, हम डायरी लेखन का उदाहरण देख सकते हैं।

यदि हम डायरी शब्द का उदाहरण लें तो सामान्य समझ के अनुसार यह कुछ ऐसा है जो व्यक्तिगत है। शायद कोई शोधार्थी डायरी का विश्लेषण करना चाहे पर इसके अतिरिक्त डायरी किसी अन्य व्यक्ति के देखने हेतु नहीं होती है। न ही ये किसी बाहृय अथवा उच्चाधिकारी द्वारा निर्णय देने के लिये उपलब्ध रहती है। अतः डायरी अध्यापक को वो सब कुछ रिकार्ड करने की आजादी देती है जो वह चाहता है और जो उसे अर्थपूर्ण लगता है। अब सी.सी.ई. के दौरान शिक्षक जो भी अवलोकन लिखता है वह व्यक्तिगत डायरी के रूप में होने चाहिए। लिखे हुए सारे नोट व की गयी प्रविष्टियाँ यह तय करने में मददगार होगी कि वास्तव में शिक्षक को आगे क्या करना है। यदि इसी डायरी को छोटा करके रिपोर्ट के रूप में बदल दिया जाये तो वह व्यक्तिगत नहीं रहेगा और मानकीकृत भी हो जाएगा क्योंकि फिर सभी अध्यापकों से उसी रूप में रिपोर्ट प्रस्तुत करने की अपेक्षा होगी। रिपोर्टिंग व रिकॉर्डिंग में, रिकॉर्डिंग शिक्षक के अपने दायरे में है, शिक्षक द्वारा किये गये कुछ अवलोकनों को रिपोर्ट में जरूर शामिल किया जा सकता है, लेकिन सीखने-सिखाने की दृष्टि से रिपोर्टिंग का अपने आप में कोई महत्त्व नहीं है। क्योंकि अधिकांश स्थितियों में रिपोर्टिंग उपयोगी जानकारियों को साझा करने के लिए न होकर सिर्फ जरूरतों व नियमों की पूर्ति के लिए की जाती है। अपने व्यक्तिगत रिकॉर्ड (डायरी) के रूप में, शिक्षक को एक हद तक अपने विद्यार्थी की छवि बनाने की आवश्यकता होती है, जिसे जरूरत होने पर विद्यार्थी के माता-पिता के साथ साझा किया जा सके। किन्तु यहाँ यह याद

रखना महत्त्वपूर्ण है कि जानकारी को भविष्य में उपयोग करने के लिए एकत्रित व संकलित नहीं करना है। जो भी विवरण सी.सी.ई. में उपयोग हो सकता है वह महज कक्षा में जो हो रहा है उसका रिकॉर्ड होता है व शिक्षक की अपनी कक्षा में उपयोग के लिए होता है। अतः यहीं पर यह देखने को मिलता है कि शिक्षक के पास कितना कौशल है। कक्षा में चल रही गतिविधि का ध्यान रखना, नोट लेना, प्रविष्टि करना या चिह्नांकित करना, कुछ आवश्यक चीज़ें रेखांकित करना। ऐसा करके शिक्षक बहुत हद तक तुरन्त समझ सकता है कि क्या हो रहा है व उसको रिकॉर्ड कर सकता है तथा जहाँ तक संभव है इस सन्दर्भ में कुछ कर सकता है।

गी.दु. : आपके अनुसार सी.सी.ई. के सन्दर्भ में समग्र-मूल्यांकन क्या है?

जै.था. : समग्र शब्द का उपयोग नई शिक्षा नीति में भी किया गया था। हम हमेशा यह कहते रहे कि केवल दिमाग ही नहीं बल्कि अफेक्टिव क्षेत्र (जिसमें भावनाएँ, दृष्टिकोण, जज़्बा, इत्यादि शामिल हैं) व साइकोमोटर क्षेत्र (जिसमें शारीरिक संतुलन व ऐसे ही अन्य गत्यात्मक कौशल शामिल हैं) तथा मूल्यों के विकास में भी हमारी दिलचस्पी है। ये सभी बच्चों की शिक्षा के उद्देश्यों के हिस्से हैं। अब तक हम मूल्यांकन में मात्र संज्ञान अथवा तर्क-गणित तथा औपचारिक या शैक्षिक हिस्सों को ही देखते रहे हैं। बाकी सबको कोई तवज़्जो नहीं दी। हमको एक चरित्र प्रमाण पत्र मिलता था जिसमें लिखा होता था कि आप खेल-कूद में सक्रिय हैं किंतु यह विद्यार्थी के औपचारिक रिकॉर्ड का हिस्सा नहीं होता था। अतः विचार यह था कि स्कूल के रिकॉर्ड को समग्र बनाया जाए जिसमें विकास के अन्य आयाम भी सम्मिलित हों। इन अन्य आयामों का जिक्र हम हमेशा से करते रहे हैं लेकिन मूल्यांकन के सन्दर्भ में इन आयामों की हमेशा अवहेलना की जाती थी। इसीलिए लोग इस पर ध्यान भी नहीं देते थे। अतः शैक्षिक क्षेत्र के अलावा अन्य क्षेत्रों में हम किस-किस तरह का विकास चाहते हैं इसके बारे में एक स्पष्ट समझ का होना जरूरी था। मैं समझता हूँ कि सी.सी.ई. जाँच करने, आकलन करने, ध्यान देने की आवश्यकता के बारे में बात करता है और इसीलिए अन्य विभिन्न प्रकार के गुणों के विकास को बढ़ावा देता है।

गी.दु. : आप संज्ञानात्मक और शैक्षिक क्षेत्रों के अलावा विकास को किस प्रकार समझते हैं?

जै.था. : जब तक हम शिक्षकों को सतत् व समग्र मूल्यांकन के लिए प्रोत्साहित नहीं करते, उनके साथ टेप रिकॉर्डर लेकर विद्यार्थी क्या कर रहे हैं। इसकी रिकॉर्डिंग नहीं करते तब तक विकास के बारे में जानकारी नहीं हासिल कर सकते। बाहरी

विशेषज्ञ लोग कुछ नहीं जानते। रिकॉर्डिंग से ही हमें पता लगेगा कि कक्षा तीन व चार के बच्चे, छोटे शहरों व बड़े शहरों के बच्चे और देहात के बच्चे क्या करते हैं और कैसे अलग-अलग तरीकों से विकसित होते हैं। सी.सी.ई. की भावना में आप शिक्षक से कह सकते हैं, "जो विद्यार्थी कक्षा में काफी झिझकते हैं, खड़े होकर उदाहरण देने में संकोच करते हैं, सवाल का जवाब नहीं देते वे भी आपकी जिम्मेदारी है; आपको ही ऐसे विद्यार्थियों को थोड़ा और अधिक आत्मविश्वासी बनाने के रास्ते खोजने हैं और अब यह बात शिक्षक तक जानी चाहिए। सी.सी.ई. के बीच में जो "सी." है उसका मतलब यही है, अन्य क्षेत्र भी महत्त्वपूर्ण है।

गी.दु. : यदि कोई विद्यार्थी चुप ही रहती है तो शिक्षक क्या करे? उसमें आत्मविश्वास कैसे लाया जाये?

जै.था. : यह शिक्षण है न कि मूल्यांकन। अध्यापक विद्यार्थी को एक सही दिशा में प्यार से, सरलता से प्रेरित कर सकता है। शिक्षक को आख़िरी निर्णय लेने व विद्यार्थी को ग्रेड देने की आवश्यकता नहीं है। उदाहरण के लिए जो बच्चे भाषा के बारे में बहस में सम्मिलित होते हैं उनके पास शब्दकोश, व्याकरण इत्यादि कुछ संसाधन होने चाहिए जिनसे वे धीरे-धीरे संकेतों, भाव-भंगिमाओं का उपयोग कम करते हुए शब्दों का प्रयोग आरम्भ कर दें। शिक्षक को उस सन्दर्भ के विषय में भी जागरूक रहना होगा जिसमें बच्चे आपस में बातचीत करते हैं। उदाहरण के लिए नवीं कक्षा में हमारी अपेक्षा होती है कि विद्यार्थी अपनी बात को व्यक्त करने में सहजता महसूस करे।

इसके लिए एक छोटा समूह ही काफी उपयोगी होगा क्योंकि पूरी कक्षा में सामने खड़े होकर कुछ कहना कठिन हो सकता है। ऐसा हो सकता है कि विद्यार्थी को लगे कि अन्य बच्चे उस पर हँस सकते हैं या उससे गलती हो सकती है। इसलिए छोटे समूह में काम करने का विचार महत्त्वपूर्ण है। बच्चे एक-दूसरे से आपस में बातचीत कर सकें इसलिए समूह कार्य का उपयोग होना ही चाहिए। सी.सी.ई. के सन्दर्भ में इन बातों को समझें तो हमें मदद व प्रोत्साहन का ऐसा वातावरण निर्मित करने की आवश्यकता है जहाँ बच्चे आपस में बात कर सकने की स्वतंत्रता महसूस करें। किसी बातचीत में भाग लेने का कौशल और उससे ज्यादा महत्त्वपूर्ण दूसरों की बात को सुनना एक प्रकार का अनुशासन ही है जिसे सीखना पड़ता है। अतः इसे सम्पूर्णता में देखने की आवश्यकता है। यहाँ कक्षा का स्तर काफी महत्त्वपूर्ण हैः कक्षा 3 व 4 के विद्यार्थी आपस में बातचीत करते हुए क्या करते हैं, कक्षा 5 व 6 के विद्यार्थी क्या करते हैं और कक्षा 10 और 11 के व कॉलेज के विद्यार्थी क्या करते हैं? जाहिर सी बात है इन सभी स्तरों

के लिए एक जैसा टेम्पलेट (साँचा) नहीं हो सकता लेकिन भाषाई संसाधन के जो भी मॉडल होंगे उनके लक्षण एक जैसे होंगे जैसे व्याकरण के विषय एक जैसे होंगे; अनुपूरक, आदर सूचक शब्द व विनम्रता के शब्द और अन्य चीज़ें जो उपयोगी हैं। लेकिन एक बेहतर तस्वीर आपको तभी मिलेगी जब हम इसे किसी समूह विशेष के लिए स्पष्ट रूप से बता पायें।

गी.दु. : सरलता से प्रेरित करने से क्या तात्पर्य है और मूल्यांकन में इसका क्या महत्त्व है?

जै.था. : सभी तरह के मूल्यांकनों में, वास्तविक स्थिति व क्या अपेक्षित है इन दोनों के बीच अन्तर के बारे में एक तरह की मूल्य आधारित जाँच होती है (यानि निर्धारित आधारों पर यह तय किया जाता है कि क्या सही है व क्या गलत) यदि किसी भाषाशास्त्री को विद्यार्थी के भाषा ज्ञान का अवलोकन करना हो तो वह रिकॉर्डर का उपयोग कर, नोट्स लेकर, बच्चे व उसकी अंतःक्रियाओं को रिकॉर्ड कर सकता है हालांकि यह मात्र विवरणात्मक होगा। जबकि शिक्षक को अपेक्षाओं के साथ कार्य करना होता है। हमारी अपेक्षाएँ कक्षा 2 की बजाय कक्षा 3 के विद्यार्थी से कहीं ज्यादा है, उसी प्रकार 10वीं के विद्यार्थी के मुकाबले कक्षा 12वीं के विद्यार्थी से अधिक अपेक्षाएँ होती हैं। और जब हम शिक्षा की बात करते हैं तो यही जीवन का सच है। हमें यह सुनिश्चित करना होगा कि हम अपेक्षाओं और संभव हो तो विसंगतियों, दोनों के विचार को समझें। अतः किसी अध्यापक को यह एहसास हो कि किसी कक्षा विशेष के विद्यार्थी कुछ ऐसा कर रहे होंगे क्योंकि दूसरे विद्यार्थी भी ऐसा कर रहे हैं, इसका यही आशय है कि शिक्षक जानता है कि ऐसा कुछ किया जा सकता है और इसे प्राप्त करना सम्भव है। तब शिक्षक विद्यार्थी को उसी दिशा की ओर ले जाएगा। यदि विद्यार्थी यह देखते हैं कि यह सम्भव है और यह विचार उसके मन में आता है कि "मैं भी यह प्रयास कर सकता हूँ" तथा "शायद मैं भी इसे कर सकता हूँ" अथवा "यह प्रयास करना बनता है", यही बात सी.सी.ई. को पोषित करती है, संभव बनाती है। यहाँ महत्त्वपूर्ण बिन्दु यह है कि यह जरूरी नहीं कि कक्षा में अव्वल आने वाले विद्यार्थी को ही उदाहरण या अनुकरण के लिए प्रस्तुत किया जाये। सी.सी.ई. के साथ वाकई यह एक समस्या है, यदि शिक्षक के अनुकरण के लिए कोई मानक है तो वो मानक है—कक्षा में अव्वल आने वाले विद्यार्थी और इसकी वजह है—प्रतियोगिता व दबाव। मैं यहाँ यह कह रहा हूँ कि सामाजिक अंतःक्रिया जैसे क्षेत्रों में कुछ बच्चे अत्यन्त शान्त होते हैं और कुछ अति चंचल। शिक्षक को प्रत्येक विद्यार्थी किस माहौल में सहज महसूस करता है, यह पहचानने की आवश्यकता है। एक

चुप रहने वाली बच्ची के लिए एक संवेदनशील शिक्षक को यह कहना चाहिए कि वह कक्षा में बोलना चाहती थी पर चुप रह गयी क्योंकि यह इसके लिए एक नई संकल्पना थी या यह संकल्पना सामाजिक परिस्थिति के अनुकूल नहीं है और यहाँ इसका समर्थन नहीं करती और इसके बाद यह मूल्यांकन करे कि वह कब और कैसे इस स्थिति में दख़ल दे। एक समेकित शिक्षा यही होती है। मुझे लगता है यह किसी सन्दर्भ के अन्तर्गत समावेशीकरण है जहाँ कोई न केवल शारीरिक व सामाजिक रूप से बल्कि सम-सामयिक बहस को समझ कर योगदान देते हुए उसमें भी भागीदारी कर सके।

गी.दु. : सी.सी.ई. पूरा का पूरा मूल्यांकन के बारे में है, आप मूल्यांकन को शिक्षण से कैसे जोड़ते हैं।

जै.था. : मेरे विचार में सी.सी.ई. वह आकलन है जो आगे बढ़ने में मदद करे इसे सीखने-सिखाने कि प्रक्रिया के एक आयाम के रूप में देखा जाना चाहिए ना कि परीक्षा सुधार के आयाम के रूप में। जब हम यह कहते हैं कि शिक्षण और परीक्षण समेकित होना चाहिये, इसका मतलब है कि दोनों को एक ही समय होना चाहिये न कि एक के बाद दूसरा। मूल्यांकन की बात तब आती है जब शिक्षक यह पाता है कि बच्ची जो सीख रही है तथा उससे जो अपेक्षित है उसमें कुछ अन्तर है। तब शिक्षक या तो उसी समय कुछ करना चाहे या बाद में इस सन्दर्भ में कुछ करे। शिक्षक स्वयं को यह कह सकता है कि विद्यार्थी जो कर रहे हैं उन्हें यह अभी करने दिया जाये या इस बारे में बाद में बात करूँगा, यह भी कि मूल्यांकन छोटे समूहों में होना चाहिए। शिक्षक को जो विद्यार्थी अक्सर आगे रहते हैं, उनसे धीरे-धीरे अपना ध्यान उन विद्यार्थियों की तरफ लाना चाहिए जो आगे नहीं आते व पीछे बैठते हैं, पर यह समय के साथ ही सम्भव है।

शिक्षक के विकास क्रम में, हमें आने वाले 2-3 सालों में सी.सी.ई. में उसके बढ़ते हुए कौशल को देखना चाहिए। भारत के तकरीबन सभी राज्य अगले दो महीनों में सी.सी.ई. का क्रियान्वयन करने जा रहे हैं। आदेश जारी किये जा सकते हैं लेकिन परियोजना के क्रियान्वयन में और सी.सी.ई. क्या है यह समझने में काफी अन्तर है। सी.सी.ई. समझ आ गया, यह तब कहा जा सकेगा जब शिक्षक यह कहने में सक्षम होगा कि, ''मुझे महसूस होता है कि मैं अब ज्यादा बच्चों पर ध्यान दे पा रहा हूँ और मैं कई और आयामों को जान सका हूँ।'' यदि शिक्षक को यह लगता है कि वह ज्यादातर बच्चों पर ध्यान रख पा रहा है, उसकी पहुँच बढ़ रही है तो निश्चित रूप से सी.सी.ई. आकार ले रहा है। सी.सी.ई. में मूल्यांकन सही या गलत या कठोर नहीं होना चाहिए। यह जो भी सीखना है उसको स्पष्ट करने

व प्रोत्साहित करने की वह प्रक्रिया है जहाँ यह देखा जाता है कि कुछ संभव है और हम एक परिवर्तन ला सकते हैं, यही वह जगह है जहाँ सी.सी.ई. मूल्यांकन को कक्षा में एक संसाधन के रूप में प्रस्तुत करता है।

साक्षात्कारकर्ता के बारे में : गीता दुरइराजन ई.एफ.एल. विश्वविद्यालय में मूल्यांकन विभाग की अध्यक्षा हैं।

e-mail : gdurairajan@gmail.com

लीना मुखोपाध्याय ई.एफ.एल. विश्वविद्यालय के मूल्यांकन विभाग में अध्यापनरत हैं।

e-mail : linamukhopadhyay@gmail.com

अनुवाद : बरुण कुमार मिश्रा, राजधानी कॉलेज, दिल्ली विश्वविद्यालय।

स्रोत : *लेंग्वेज एण्ड लेंग्वेज टीचिंग* 3.2.5, 36-40, जुलाई, 2014.

मील का पत्थर

बहुभाषिकता, भाषा-नीति एवं संविधान-सभा के बहस-मुबाहसे

एस. इम्तियाज़ हसनैन

यह संक्षिप्त निबन्ध भारत में भाषा सम्बन्धी मुद्दों पर संविधान-सभा में हुई बहसों तथा भारत के संविधान में भाषा सम्बन्धी प्रावधानों पर एक नज़र डालते हुए भारत की भाषा-नीति तथा शिक्षण के लिए उसके निहितार्थ पर ध्यान केन्द्रित करता है। संविधान-सभा के बहस-मुबाहसों से हमें विभिन्न हितधारकों के इरादों के बारे में पता चलता है। ये बहस-मुबाहसे 9 दिसम्बर 1946 से 1949 तक चले और 26 जनवरी 1950 को लागू हुए भारत के संविधान की घोषणा पर आ कर समाप्त हुए।

भाषा के मसले और संविधान सभा की बहसें

भाषा के मसले संविधान-सभा में बहुत संवेदनशील रहेः बाँटने वाले भी। शुरुआती दिनों में इस सभा को समूहों या दलों में नहीं बाँटा गया था। लेकिन भाषा के मसलों पर यह पूरी तरह बँटी हुई दिखी। मूल अधिकारों की ही तरह भाषा प्रत्येक के जीवन को प्रभावित करती है। आप संविधान-सभा की बहसों के पन्ने पलटते हैं तो पाते हैं कि भाषा की समस्या ने इस सभा को उस के तीन साल के पूरे कार्यकाल में उत्तेजित और परेशान किये रखा। सभा के बिल्कुल शुरुआती दौर में तो कुछ सदस्यों ने सभापति को देशज भाषाओं में सम्बोधित किया जो उनके कुछ ही साथी सदस्य समझ पाते थे। अलग-अलग लोगों के लिए भाषा के कई अलग-अलग अर्थ थे। एक अर्थ में इसका सम्बन्ध प्राइमरी स्कूलों में मातृ-भाषा शिक्षण से था; कुछ लोगों के लिए भाषा सामाजिक रुतबे का स्रोत थी जिसके माध्यम से विशेष सुविधा-सम्पन्न वर्गों के बच्चे केन्द्रीय सेवा-परीक्षाओं के लिए योग्य बन सकते थे; अन्य के लिए यह भाषाई एवं धार्मिक समुदायों के सांस्कृतिक और ऐतिहासिक गर्व से जुड़ी बात थी; और कुछ थे जो भाषा

को ताकत के साथ जोड़ते हुए, विदेशियों और बस्तीवादियों/औपनिवेशकों द्वारा मूल निवासियों पर अधिकार और नियन्त्रण के अर्थ में देखते थे, जिसके चलते भाषा का मसला राष्ट्रीय गौरव का भाव जगाता था—और इसलिए राष्ट्रीय भाषा के वास्ते तथा संविधान के हिन्दी रूपांतर के हक में दलीलें दी गईं। भाषा के प्रति अलग-अलग दृष्टिकोणों ने अपनी ही तरह की तार्किक सोच को जन्म दिया। और ये अलग-अलग दृष्टिकोण व उनके तर्क संविधान-सभा की बहसों को निरन्तर घेरे रहे।

हालांकि उन्नीसवीं सदी का रूमानी-कौमी राष्ट्रवाद, बँटवारे का सदमा और आज़ादी के संघर्ष के दौरान एक राष्ट्रीय भाषा के विचार को आगे लाने वाला धार्मिक-राष्ट्रवादी विमर्श स्पष्ट तौर पर सबके सामने थे, संविधान-सभा की बहसों ने अन्य के मुकाबले किसी एक भारतीय भाषा को तरजीह दिये बिना स्वयं को भाषा-संबंधी किसी भी सम्भावित विवाद में पड़ने से बचा कर रखा। सभा के सदस्य भली-भांति परिचित थे कि भाषा का मामला एक निहायत मुश्किल और टेढ़ा मसला है, इसलिए उन्होंने असम्भव को सम्भव बनाने की कोशिश नहीं की। और उन्होंने एक कमाल का कदम उठाते हुए हिन्दी को संघ की राजभाषा (राष्ट्रीय भाषा नहीं) करार दिया, जिसे अन्तर्राज्यीय सम्प्रेषण के लिए प्रयोग किया जाएगा और शुरुआती पन्द्रह साल के लिए अंग्रेज़ी का दर्जा "सहयोगी राजभाषा" के तौर पर सुनिश्चित कर दिया।

बहस में गाँधी

संविधान-सभा की बहसों में भाषा सम्बन्धी वाद-विवाद जब भी लोगों को बाँटने और साम्प्रदायिक रंग लेने के कगार पर पहुँचता महसूस होता तो गाँधी के आलौकिक हस्तक्षेप से चर्चा में एक संतुलन आ जाता। उदाहरण के लिए, अय्यंगर के संशोधन में 13 देशज भाषाओं की सूची से पहले आने वाले एक अनुच्छेद में 'मिली-जुली संस्कृति' तथा 'हिन्दुस्तानी में प्रयोग होने वाले रूपों, शैली और अभिव्यक्ति के ज़िक्र की प्रतिक्रिया में जब सेठ गोविंद दास ने कहा कि—

"...उर्दू ने अधिकतर देश के बाहर से प्रेरणा ली है...यह सच है कि हम ने अपने देश को धर्म-निरपेक्ष देश के तौर पर स्वीकार किया है लेकिन हम ने यह कभी नहीं सोचा था कि इस स्वीकृति का अर्थ विविध संस्कृतियों के निरन्तर अस्तित्व की स्वीकृति होगा। भारत प्राचीन इतिहास वाला एक प्राचीन देश है। हज़ारों साल से यहाँ एक ही संस्कृति रही है। यह परम्परा अब भी अटूट है। इसी परम्परा को बनाए रखने के लिए हम सम्पूर्ण देश के लिए एक भाषा और एक लिपि चाहते हैं" (संविधान सभा बहस-मुबाहसे, 1989, खण्ड-9, 1328)।

तो नेहरू ने गाँधी की विरासत को आधार बनाते हुए अय्यंगर के संशोधन के बचाव में सेठ गोविंद दास को (उनका नाम लिए बिना) उपयुक्त जवाब दिया। उन्होंने कहा कि राजभाषा के तौर पर ऐसे मुहावरे का इख्तियार न किया जाना, "जिसे उत्तरी भारत में पली-बढ़ी मिली-जुली संस्कृति का प्रतिनिधित्व करना चाहिए", 'राष्ट्रपिता' से विश्वासघात होगा (संविधान सभा बहस-मुबाहसे, 1989, खण्ड-9, 1411)। "नकल और अनुकरण चाहे कितना ही किया जाए...वह आप को वास्तव में सुसंस्कृत नहीं बना सकता, क्योंकि आप हमेशा किसी और की ही नकल होंगे...जब आप एक नए युग की दहलीज पर हैं, तो हमेशा बीते हुए की और भूतकाल की ही बात करना उस मुख्यद्वार में प्रवेश के लिए अच्छी तैयारी नहीं है। भाषा भी इन्हीं में से एक मुद्दा है, कई अन्य भी है" (संविधान सभा बहस-मुबाहसे, 1989, खण्ड-9, 1412)।

अय्यंगर के समझौता-फॉर्मूला ने कई संशोधनों के लिए निमन्त्रण का काम किया। सभा में पेश हुए उनके मज़मून में किए गए करीब 400 संशोधनों ने मूलतौर पर चार पहलुओं में फेर-बदल ला दिये जो, बहरहाल, महत्त्वपूर्ण थे (जाफ्रेलो, 2004: 143)। ये थे : संविधान के जारी होने के 15 साल बाद राष्ट्रपति संस्कृत मूल के 'अंकों' को शासकीय तौर पर मान्यता देंगे; गणतन्त्र के राष्ट्रपति की स्वीकृति से हिन्दी को राज्यों की अदालतों में प्रयोग किया जाएगा; कानूनी मज़मूनों को क्षेत्रीय भाषाओं में जारी किया जा सकता है बशर्ते कि अंग्रेज़ी अनुवाद भी मुहैया करवाया गया हो; संस्कृत को प्रारम्भिक सूची में आधिकारिक तौर पर मान्यता दी गई 13 भाषाओं में जोड़ा जाएगा।

इस तरह अंग्रेज़ी सम्भ्रांत वर्गों की और अन्तर्राज्यीय सम्बन्धों की भाषा बनी रही। 1965 की समय-सीमा के समीप आते-आते 1963 में संसद ने इस मुद्दे पर पुनर्विचार किया तथा राजभाषा अधिनियम के तहत अंग्रेज़ी को सहायक राजभाषा बना दिया गया। अन्ततः 1967 के संशोधन ने गैर-हिन्दी भाषी राज्यों के भय को दूर करते हुए अंग्रेज़ी के प्रयोग की तब तक के लिए गारण्टी दी जब तक कि गैर-हिन्दी भाषी राज्यों की ओर से इसे बदले जाने की मांग नहीं आती। इस तरह शिक्षा में द्विभाषीयता की अनिश्चितकालीन, निरन्तर लम्बे दौर तक रहने वाली नीति की शुरुआत हुई।

भाषा के मसले और भारत का संविधान : भाषा-नीति पर एक आलोचनात्मक दृष्टि

भारत के संविधान ने भाषा के विवाद को सुलझाया - राष्ट्र-भाषा को राजभाषा से अलग करके तथा हिन्दी को देश की राजभाषा के तौर पर चुन कर। इसके चलते

बहुभाषिकता वस्तुतः देश के प्रतीक के रूप में रह गई। बहुभाषिकता को बढ़ावा देने की नीति भेदभावहीनता के सिद्धांतों पर आधारित है और इसका प्रभाव किसी भाषा के बोलने वालों और स्वयं उस भाषा, दोनों पर पड़ सकता है। पहली सूरत व्यक्ति विशेष को भाषा-आधारित भेदभाव से रहित, अपने सुख-कल्याण के लिए समान मौके मिलने से सम्बद्ध है। भाषा की वजह से पैदा होने वाले टकराव को संविधान ने नागरिकों के मूल अधिकार बना करके सुलझाया {अनुच्छेद 15(1) तथा 16(1) एवं (2)}, हालांकि इन अनुच्छेदों में जिसे भेदभाव माना गया है, वे जन्म से ही साथ रहने वाले लक्षण हैं जैसे धर्म, जाति, लिंग, जन्म-स्थान या इनमें से कोई एक तरह के आरोपित लक्षण हैं (अन्नामलाई, एन.डी.) जब कि भेदभाव की इस अवधारणा के तहत भाषा एक अर्जित किया गया लक्षण है (अन्नामलाई, एन.डी.) जिसे पहचान मिलती तो है, मगर अर्थ-विस्तार से। मसलन, जिन नौकरियों में भाषा-सम्बन्धी दक्षताएँ आवश्यक होंगी, उनके लिए आवश्यक भाषा-विशेष का अच्छा ज्ञान रोज़गार के लिए समानता के सिद्धांत को पूरा करेगा। जहाँ किसी तरह की भाषा-सम्बन्धी दक्षताएँ आवश्यक नहीं हैं, वहाँ कोई भेदभाव नहीं होगा।

अनुच्छेद 29 (2) सभी नागरिकों को यह विशेष अधिकार देता है कि वे राज्य द्वारा पोषित या राज्य-निधि से सहायता पाने वाली किसी भी शैक्षिक संस्था में प्रवेश ले सकते हैं। किसी भी भाषा बोलने वाले को इस आधार पर प्रवेश से वंचित नहीं रखा जा सकता कि उसके पास शैक्षिक पाठ्यचर्या के लिये आवश्यक भाषा में दक्षता नहीं है। वास्तव में तो भारत में शिक्षा की राष्ट्रीय नीति के मुताबिक एक विद्यार्थी के पास दस साल की स्कूली शिक्षा में अलग-अलग दक्षता-स्तर की तीन भाषाएँ होनी चाहिए।

दूसरी ओर, भाषा से सम्बद्ध भेदभाव में, शिक्षण के माध्यम या सिखाई जाने वाली भाषा आदि के तौर पर भाषा के इस्तेमाल की बात शामिल होती है। अनुच्छेद 29 इस भेदभाव को कम करता है : यह भारत के राज्यक्षेत्र या उसके किसी भाग के निवासी नागरिकों के किसी अनुभाग को अपनी विशेष भाषा, लिपि या संस्कृति को बनाए रखने का बुनियादी अधिकार देता है [अनुच्छेद 29(1)]। अनुच्छेद 29(1) पर कोई तर्कसंगत अंकुश नहीं हैं। अपनी भाषा, लिपि और संस्कृति को बनाए रखने का यह अधिकार संविधान की ओर से नागरिकों को बिना शर्त, सम्पूर्णता में मिला है। लेकिन इस अधिकार को प्रभावी बना पाने के मददगार सन्दर्भ और बौद्धिक संसाधन शिक्षा से प्राप्त होते हैं। उदाहरण के लिए, शिक्षा में भाषा के इस सन्दर्भ को ध्यान में रखते हुये गुरु नानक देव विश्वविद्यालय

ने पंजाबी भाषा और साहित्य के अध्ययन और उसमें शोध को प्रोत्साहित करने के प्रावधान किये हैं। साथ ही पंजाबी भाषा, साहित्य और संस्कृति के विकास के लिए कदम उठाए जाने के प्रावधान भी किए हैं।

अनुच्छेद 30(1) के तहत धार्मिक और भाषाई अल्पसंख्यक-वर्गों को अपने तरह की संस्थाएँ स्थापित करने और चलाने का अधिकार प्रदान किया गया है। संविधान में राज्य को आबद्ध किया गया है कि शैक्षिक संस्थाओं को सहायता देने में समानता का व्यवहार हो चाहे संस्थाएँ भाषा या धर्म के आधार पर अल्पसंख्यकों द्वारा संचालित ही क्यों न हों [अनुच्छेद 30(2)]। इस प्रकार संविधान ने बड़ी ही दक्षता के साथ, विशेष तौर से अल्पसंख्यकों के सन्दर्भ में शिक्षा के लिए अवसरों में भेदभाव को कम किया।

जहाँ अनुच्छेद 29 अपने दायरे में भारत के राज्यक्षेत्र या उसके किसी भाग के निवासी नागरिकों के किसी अनुभाग को लाता है, अनुच्छेद 30 केवल धार्मिक एवं भाषाई अल्पसंख्यकों पर लागू होता है। अप्रैल 1947 में सभा ने जब कहा कि प्रत्येक इकाई में अल्पसंख्यकों को उनकी भाषा, लिपि और संस्कृति के सन्दर्भ में संरक्षण दिया जाएगा, और कोई भी ऐसे कानून या नियम जारी न किए जा सकेंगे जो इस सन्दर्भ में उत्पीड़न या पक्षपातयुक्त ढंग से लागू हो सके (संविधान सभा बहस-मुबाहसे, 1989, खण्ड 8: 893) तो संविधान सभा ने शब्द 'अल्पसंख्यकों' को बदल दिया और कॉन्स्टिटुएंट ड्राफ़्टिंग कमेटी ने इस महत्त्वपूर्ण अनुच्छेद को इस शब्दावली के साथ लिखाः 'भारत के राज्यक्षेत्र या उसके किसी भाग में रहने वाले नागरिकों के किसी भी वर्ग को, जिसकी अलग से अपनी भाषा, लिपि और संस्कृति है, उसे बनाए रखने का अधिकार होगा' (वही)। संविधान-सभा के सदस्यों ने माना कि यह भाषा के अधिकार के लिए आह्वाहन है और इसलिए भारत के नागरिकों के हर किसी वर्ग को अपनी भाषा के संरक्षण का अधिकार है। इसे किसी समूह के अधिकार के तौर पर नहीं देखा जाना चाहिए (संविधान सभा बहस-मुबाहसे, 1989, खण्ड 9:1412)।

अनुच्छेद 30(1) के साथ मिल कर अनुच्छेद 29(1) अल्पसंख्यकों (या भारत के नागरिकों के किसी भी वर्ग) को शिक्षण के माध्यम के चुनाव का विकल्प देता है। राज्य को इस चुनाव की छूट भी देता है कि वह अपनी शक्ति का प्रयोग करते हुए इस प्रकार शिक्षण का माध्यम तय कर पाए कि अल्पसंख्यकों के अधिकार कार्यान्वित हो पाएँ। उदाहरण के लिए, पंजाब विश्वविद्यालय के मशहूर मुकदमे में पंजाब की सरकार ने एक अध्यादेश के ज़रिये बाध्य रूप से कुछ महाविद्यालयों को पंजाबी विश्वविद्यालय के साथ सम्बद्ध कर दिया, जिसने कुछ पाठ्यक्रमों के

लिए गुरुमुखी लिपि में पंजाबी को शिक्षण एवं परीक्षा के लिए एकमात्र माध्यम के तौर पर नियत कर दिया। उच्चतम न्यायालय ने ऐलान किया कि इस प्रकार का अध्यादेश आर्य-समाजियों द्वारा संचालित महाविद्यालयों और बाध्य रूप से पंजाबी विश्वविद्यालय के साथ सम्बद्ध कर दिये गए महाविद्यालयों में उनकी अपनी लिपि के प्रयोग के अधिकार का हनन करता है। इसी प्रकार गुजरात विश्वविद्यालय ने जब गुजराती या हिन्दी को शिक्षण एवं परीक्षा के लिए एकमात्र माध्यम नियत कर दिया तो माना गया कि यह नियम अंग्रेज़ी को अपनी मातृभाषा मानने वाले एंग्लो-इण्डियन नागरिकों के अधिकार का उल्लंघन है।

सभी अल्पसंख्यकों को अपने घेरे में लेने से अनुच्छेद 350 का संवैधानिक प्रावधान भारत में भाषा-नीति की बुनियाद खड़ी करता है। यह प्रावधान इजाज़त देता है कि "प्रत्येक व्यक्ति किसी व्यथा के निवारण के लिए संघ या राज्य के किसी भी अधिकारी या प्राधिकारी को, यथास्थिति, संघ में या राज्य में प्रयोग होने वाली किसी भाषा में अभ्यावेदन देने का हकदार होगा।" अनुच्छेद 350क. राज्य पर दायित्व डालता है कि प्रत्येक राज्य और राज्य के भीतर प्रत्येक स्थानीय प्राधिकारी भाषाई अल्पसंख्यक-वर्गों के बच्चों को शिक्षा के प्राथमिक स्तर पर मातृभाषा में शिक्षा की पर्याप्त सुविधाओं को उपलब्ध कराने का प्रयास करेगा और राष्ट्रपति किसी भी राज्य को ऐसे निर्देश दे सकेगा जो वह विवेकानुसार ऐसी सुविधाओं को उपलब्ध कराने के लिए आवश्यक या उचित समझता है। अनुच्छेद 350ख. के मुताबिक भाषाई अल्पसंख्यकों के लिए एक विशेष अधिकारी होगा जिसे राष्ट्रपति नियुक्त करेगा [और] यह विशेष अधिकारी का कर्तव्य होगा कि वह इस संविधान के अधीन भाषाई अल्पसंख्यक वर्गों के लिए उपबन्धित रक्षा उपायों से सम्बन्धित सभी विषयों का अन्वेषण करे और उन विषयों के सम्बन्ध में ऐसे अन्तरालों पर जो राष्ट्रपति निर्दिष्ट करे, राष्ट्रपति को प्रतिवेदन दे और राष्ट्रपति ऐसे सभी प्रतिवेदनों को संसद के प्रत्येक सदन के समक्ष रखवाएगा और सम्बन्धित राज्यों की सरकारों को भिजवाएगा। लेकिन 350क. तथा 350ख. के रूप में आए इन दो संशोधनों के चलते अनुच्छेद 350 इन अल्पसंख्यकों के लिए निष्फल हो गया। ये विशेष निर्देश के रूप में हैं न कि मूल अधिकार के रूप में और इसलिए न तो राज्य भाषाई अल्पसंख्यकों के प्रति दायित्व निभाने के लिए अतिरिक्त कोशिश करता है और न ही कमियों और चूकों को न्यायालय में सोच-विचार के लिए लाया जाता है। भारत सरकार द्वारा स्थापित भाषाई अल्पसंख्यक आयोग के विशेष अधिकारी के पास भी इस अनुच्छेद के उल्लंघन पर न्यायालयों से हस्तक्षेप करवाने की कानूनी शक्तियाँ नहीं हैं।

भाषा का मुद्दा और घेरे में बन्धी बहुभाषिता की नीति

'मिली-जुली संस्कृति' का विचार, जो संविधान-सभा बहसों के चरमपंथियों और नरमपंथियों के बीच स्वीकार्य समझौता था, बहुसंस्कृतिवाद समझा गया। लेकिन इसके तहत भी एक सारतात्विक (essentialist) नज़रिया अपनाते हुए संस्कृति को लचकहीन और स्थाई मान लिया गया। भाषा-नीति ने भी इन विचारधारात्मक रुझानों को प्रतिबिम्बित किया और बहुसंस्कृतिवाद के असल महत्त्व को अनदेखा किया गया। भाषा-नीति भी 'अनेकता में एकता' के कोरस में इस बुनियादी मान्यता के साथ शामिल हो गई कि कोई 'एक भाषा' है : जो लचकहीन और स्थाई है। 1956 में शिक्षा के केन्द्रीय सलाहकार बोर्ड द्वारा अनुशंसित और 1961 में मुख्य-मन्त्रियों के सम्मेलन में अनुमोदित 'त्रिभाषा फ़ॉर्मूला' इस मान्यता के साथ एक समझौते की तरह उभर कर आया कि 'भाषा' है। यह फ़ॉर्मूला मूलतः हिन्दी-भाषी तथा गैर हिन्दी-भाषी इलाकों में भाषा के अध्ययन को लेकर बराबरी स्थापित करने के साथ-साथ अंग्रेज़ी के माध्यम से एक आधुनिक नज़रिया बनाने का उद्देश्य लिए हुए था।

हमारी भाषा-नीति इस बात को स्वीकार करने में अन्धी थी कि एक भाषा का दूसरी के साथ मेल-जोल बहुभाषिता नहीं है; भाषाई व्यवहार में अन्तर और भिन्नता सम्प्रेषण में बाधक नहीं बल्कि सहायक है; हमारा शाब्दिक खज़ाना उस तरलता, धाराप्रवाहता से चित्रित होता है, न कि मानदंडों व समरूपता से और अवधारणात्मक स्पष्टता, कार्यकुशलता का स्तर, विद्वता की उपलब्धि तथा बोधात्मक लचीलापन सबसे बेहतर हासिल हो पाते हैं जब शिक्षणशास्त्र की जड़ें बहुभाषिकता में होती है। कक्षा में उपलब्ध बहुभाषिता का उपयोग भाषा-शिक्षण के लिए संसाधन तथा लक्ष्य, दोनों तौर पर किया जा सकता है। लेकिन इसका असर सीखने-सिखाने की प्रक्रिया में मातृभाषा के उपयोग पर भी पड़ता हैं। शिक्षार्थी को अपनी मातृभाषा प्रयोग करने की इजाज़त दी जाती है तो अन्य शिक्षार्थियों को भाषा की भिन्नताओं-विविधताओं के प्रति संवेदशील बनाने में मदद मिलेगी और इससे भाषा के रूपों के बारे में (या भाषा की प्रकृति पर विचार करने के बारे में) जागरूकता पैदा की जा सकती है जिससे आगे अधिक भाषा सीखने में मदद मिल सकती है। भाषा की प्रकृति पर विचार करने के प्रति जागरूकता का यह अतिरिक्त लाभ उच्च-स्तरीय सोच-विचार तथा पढ़े हुए को अच्छे से समझने को प्रोत्साहित करेगा।

हाल ही में बहुभाषिता और शिक्षा पर हुआ काम और राष्ट्रीय पाठ्यचर्या की रूपरेखा 2005 तथा भारतीय भाषाओं के शिक्षण पर तैयार उसका आधार-पत्र इस

बात का संकेत देते हैं कि भाषा-नीति के पारिभाषिक मानकों में परिवर्तन आया है, जो संविधान सभा के बहस-मुबाहसों के सदस्यों की बुद्धिमता को तो स्वीकारता है लेकिन यह भी समझता है कि संविधान सभा की बहसों पर आधारित सिफ़ारिशों और नीतियों से बाहर निकल कर बढ़ने की ज़रूरत है (अग्निहोत्री, 2007:200)।

सन्दर्भ

अग्निहोत्री, आर.के. (2007). आइडेन्टिटी एण्ड मल्टीलिंगुएलिटीः द केस ऑफ इण्डिया. एमी बी.एम.त्सुई तथा जेम्स डब्ल्यू टॉलफ़सन द्वारा सम्पादित *लैंग्वेज पॉलिसी, कल्चर एण्ड आइडेन्टिटी इन एशियन कॉन्टेक्स्ट्स* से. लण्डनः लॉरेंस अर्लबौम एसोसिएट्स.

अन्नामलाई ई (एन.डी.). लैंग्वेज इन पलिटकल इकॉनमी एण्ड मार्केट इकॉनमीः अ केस स्टूडी ऑफ इण्डिया.

ऑस्टिन, जी. (1966). द इण्डियन कॉन्स्टिट्यूशनः कॉर्नरस्टोन ऑव अ नेशन. ऑक्सफ़र्ड : क्लैरेण्डन प्रेस.

कॉन्स्टिटएंट असेम्ब्ली डिबेट्स (1946-1950). नई दिल्लीः इण्डियन नैशनल आर्काइव्स.

जाफ़्रेलो, सी. (2004). कम्पोज़िट कल्चर इज़ नॉट मल्टिकल्चरलिज़्मः अ स्टडी ऑफ द इण्डियन कॉन्स्टिटुएंट असेम्ब्ली डिबेट्स. आशुतोष वार्ष्णी द्वारा सम्पादित इण्डिया एण्ड द पॉलिटिक्स ऑव डवेलपिंग कन्ट्रीज़ः एसेज़ इन मेमरी ऑव माइरन वायनर से. नई दिल्लीः सेज पब्लिकेशंस.

जैन, एम.पी. (2008). इण्डियन कॉन्स्टिट्यूशन लॉ. नई दिल्लीः वधवा एण्ड कम्पनी लॉ पब्लिशर्स.

लेखक के बारे में : इम्तियाज़ हसनैन, अलीगढ़ मुस्लिम विश्वविद्यालय में सोश्यो-लिंग्विस्टिक्स के प्रोफेसर हैं। जवाहरलाल नेहरू विश्वविद्यालय से लिंग्विस्टिक्स में पीएच.डी. हैं और ईस्ट-वेस्ट सेन्टर, हवाई (संयुक्त राज्य अमेरिका) में ई.डब्ल्यू.सी. फुल्ब्राइट स्कॉलर थे। वर्तमान में 'इण्डियन लिंग्विस्टिक्स' के सम्पादक हैं।

e-mail : imtiaz-hasnain@gmail-com

अनुवादक : रमणीक मोहन, स्वतंत्र रूप से लेखन और अनुवाद का कार्य करते हैं।

स्रोत : *लेंग्वेज एण्ड लेंग्वेज टीचिंग*, 1.2.4, 47-51, जुलाई 2013.

पुस्तक समीक्षा

सुर पीपा : 'इंग्लिश इन प्राइमरी टेक्स्ट्बुक्स'

रिमली भट्टाचार्य, अनुजा मदान, श्रेयोशी सरकार एवं निवेदिता बासु (2012)
एकलव्य प्रकाशन, भोपाल

समीक्षक : जोसफ़ मथाई एवं स्नेहलता गुप्ता

चलो चलें किताबों के पार

बच्चे, मतलब शोर-गुल, यह बात स्वतःसिद्ध है। अगर बगैर शिक्षक के उन्हें कक्षा में छोड़ दिया जाये तो शोर का स्तर इतना ऊँचा होगा कि पड़ोस की कक्षा में पढ़ाना मुश्किल हो जाएगा। बचपन में शिक्षकों और बड़ों से सबसे ज़्यादा अगर कोई चेतावनी सुनने को मिलती थी तो वो थी, 'शोर मत मचाओ'।

आइए, एक परिदृश्य की कल्पना करते हैं। सोचिये कि एक कक्षा में बहुत शोर हो रहा है। एक शिक्षक के रूप में आप चुपचाप कक्षा में प्रवेश करते हैं तथा बच्चों के बीच किसी खाली डेस्क पर जा कर बैठ जाते हैं। कुछ समय बाद आप जान पाते हैं कि वह 'शोर' दरअसल में शोर नहीं बल्कि एक साथ कई तरह की बातचीत हैं। इन बातचीतों में से आप कुछ बातों की कड़ी पकड़ लेते हैं, उन्हें सुनते हैं तथा आप भी उसमें दखल देते हैं; बच्चे आपको सुनते हैं और शीघ्र ही बेहद उदारतापूर्वक आपको उस बातचीत का हिस्सा बना लेते हैं जिसमें आप भाग लेना भी चाहते हैं। आप एक निपुण वक्ता हैं इसलिए बातचीत के दौरान विचारों, कहानियों एवं अलग-अलग विषयों के समान सूत्रों को पकड़ लेते हैं व जोड़ देते हैं। आप जिस समूह के साथ बातचीत करते हैं वो आपकी बनाई कड़ी को पकड़ लेता है एवं उसी सूत्र में इसे आगे बढ़ाता है। आप सहजता से उस समूह को छोड़कर कक्षा में अपना एक विशेष स्थान बना लेते हैं एवं उस समूह में हो रही चर्चा का विषय पूरी कक्षा के समक्ष रखते हैं। उनका ध्यान पुस्तक के उस पाठ की ओर ले जाते हैं जिससे यह विषय उभरकर आया। इस सम्भावित किन्तु असम्भव परिदृश्य से यह जान पड़ता है कि विद्यार्थियों की एक अपनी

दुनिया है और सीखने-सिखाने की मौजूदा प्रक्रियाएँ इस दुनिया से बिलकुल परे हैं। क्या यह उचित नहीं होगा कि शिक्षक, जो कक्षा में एक मुख्य पायदान पर होता है, विद्यार्थियों की इस दुनिया में जाये और पुस्तक के पाठ्यक्रम को इसी प्रकार उनके समक्ष रखे। सिर्फ पुस्तक के बलबूते पर उनके सामने एक ऐसी नयी दुनिया नहीं बनाये जिससे वे बिलकुल ही परिचित न हों।

यह पुस्तक कक्षाओं में सीखने-सिखाने की प्रचलित प्रक्रियाओं को लेकर किये गये जमीनी शोध को भाषा शिक्षण के साहित्य में शामिल करने का एक अनूठा एवं नवीन प्रयास है। यह बच्चों के साहित्य पर, विशेषकर एन.सी.ई.आर.टी. द्वारा प्रकाशित मौजूदा अंग्रेज़ी पुस्तकों पर किये गये शोध के निष्कर्षों को दर्शाती है। यह शोध विश्वविद्यालय स्तर पर विद्यार्थियों को अंग्रेज़ी साहित्य पढ़ा रहे शिक्षकों द्वारा किया गया था।

बाल साहित्य की बातें करते हुए अक्सर हम भूल जाते हैं कि भारत में अधिकांश बच्चों के पास केवल पाठ्यपुस्तकें ही होती हैं। यह बात खुशी देने वाली थी कि जब शोधकर्ताओं ने बाल साहित्य पर शोध करना चाहा तो उन्होंने एन.सी.ई.आर.टी. द्वारा प्रकाशित अंग्रेज़ी की पाठ्यपुस्तकों को चुना। यह इसलिए भी महत्त्वपूर्ण है क्योंकि ये पाठ्यपुस्तकें उन बातों को ध्यान में रखते हुए विस्तृत समीक्षा एवं विश्लेषण के बाद प्रकाशित हुई हैं जिनका ज़िक्र *नेशनल फोकस ग्रुप पोजीशन पेपर्स* तथा *नेशनल करिकुलम फ्रेमवर्क* 2005 में किया गया है।

'इंग्लिश इन प्राइमरी टेक्स्ट्बुक्स' का पहला भाग उन नीतियों के निर्धारण का विश्लेषण प्रस्तुत करता है जिनके तहत उन्होंने यह शोध कार्य किया एवं यह भी कि इन नीतियों ने पाठ्यपुस्तकों को कैसे प्रभावित किया। यह बताता है कैसे इन पाठ्यपुस्तकों ने एन.एफ.जी. अंग्रेज़ी व एन.सी.एफ.में व्यक्त सीखने-सिखाने के नये तरीकों को पर्याप्त रूप से नहीं अपनाया है।

दूसरा भाग पहले भाग में उठाये गए मुद्दों को आगे बढ़ाता है तथा बताता है कि पाठ्यपुस्तकें और अधिक कल्पनाशीलता एवं संवेदनशीलता से बनाई जा सकती थीं। यह भाग पुस्तक की समीक्षा करता है एवं कुछ विशेष पाठों का सूक्ष्म विश्लेषण करता है। पाठों के लिए चुनी गयी सामग्री बेहद नीरस तरीके से लिखी गयी है। यहाँ तक कि क्लासिक साहित्य के कुछ रूपान्तरण, जैसे प्रेमचन्द्र की कहानी *'बड़े भाईसाहब'* (जिसे कि पुस्तक में बेवजह नया शीर्षक, *'माय एल्डर ब्रदर'*, दिया गया है, जबकि नई नीतियों में बहुभाषी तरीकों को अधिक मान्यता दी गयी है), को एकरंगीय तरीके जिससे एक ही प्रकार की नैतिक शिक्षा सीख/दी जा सकती है इसको केन्द्र में रखते हुये चित्रित किया गया है। जबकि इसका

और भी पहलुओं के साथ एक बहुरंगीय चित्रण किया जा सकता था और तब यह विद्यार्थियों को आकृष्ट करता कि वे अपने स्वयं के पढ़ने व टेक्स्ट को समझने की प्रक्रिया में सक्रिय रूप से भाग लें। पाठ्यपुस्तक आधारित प्रश्न मुख्य रूप से समझ-बूझ एवं पठन स्मृति की जाँच पर टिके होते हैं। ये इजाजत नहीं देते की विद्यार्थियों खुले प्रश्न पूछें व इस तरह विषय से अधिक तादात्म्य स्थापित करें ना ही ऐसे प्रश्न होते हैं कि प्रत्येक विद्यार्थी अपने-अपने तरीकों से उत्तर देने के लिए प्रेरित हों, ताकि कोई एक सही उत्तर न हो।

पहले दो भाग निराशाजनक पहलुओं को पेश करते हैं कि किस प्रकार क्रियान्वयन के दौरान श्रेष्ठ नीतियाँ भी सही प्रकार से लागू नहीं हो पाती है। तीसरा भाग जो सबसे अहम है, दर्शाता है कि कक्षा में पाठ्यपुस्तक किस प्रकार पढ़ाई जाती है। कुल मिलाकर तीन तरह के अवलोकन दिये गए हैं। जिनमें से दो शिक्षक के कक्षा पर हावी होने से सम्बन्धित है। उदाहरण हेतु एक अवलोकन में शिक्षक उच्चारण सुधारने के लिए, एक बांग्ला भाषी बच्चे को निरन्तर टोकता रहा, जब वह बच्चा पढ़कर सुना रहा था। तीसरी तरह के अवलोकन में ऐसी स्थिति दिखाई गयी है जिसमें बिना शिक्षिका की मदद के कक्षा में चल रही बातचीत में अवलोकनकर्त्ता भी भाग लेता है। शिक्षिका विद्यार्थियों को फटकारती है, परन्तु अवलोकनकर्त्ता क्या सोचेगा यह सोचकर वह बच्चों पर ज़्यादा सख़्ती नहीं बरतती। कक्षा में हो रही बातचीत से अवलोकनकर्त्ता समझ पाता है कि किस प्रकार बच्चे कक्षा में पढ़े पाठ को सीधे अपने जीवन से जोड़ते हैं। पिनाकियो पर पाठ पढ़ाया जा रहा है। एक विद्यार्थी दूसरे से पूछता है, *कल पिनाकियो आ रहा था टीवी पर तूने देखा?* जैसा कि अक्सर बातचीत में होता है, एक कड़ी दूसरे पर जाती है तथा अधिक 'मनोरंजक' विषय में बातें होने लग जाती हैं। अब अवलोकनकर्ता से पूछा जाता है, '*क्या आप स्पीड रेसर या स्पाइडरमैन देखते हो?*' फिर वही बच्ची अवलोकनकर्ता के बारे में दावा करते हुए कहती है कि वह उसके घर के ऊपर रहती है एवं उसे बचपन से जानती है। इस पारस्परिक संवाद से पता चलता है कि बच्चे जब बड़ों से बात करते हैं उस बातचीत के दौरान भी वे यह प्रदर्शित कर देते हैं कि वे भी कुछ हैं। इसी प्रकार के परिदृश्य में जैसी कि इस समीक्षा के प्रारम्भ में कल्पना की गयी है अगर पाठ्यपुस्तक को बातचीत शुरू करने की कड़ी मान लिया जाये, या फिर पहले से चल रही बातचीत में एक योगदान का सूत्र मान लिया जाये, तो हमें उसके स्वरूप पर बहुत अधिक निर्भर नहीं होना पड़ेगा और बातचीत एवं विद्यार्थी बहुत जल्द पाठ्यपुस्तक के 'बंधन' से परे होंगे। इसका मतलब यह कतई नहीं है कि पाठ्यपुस्तक के लेखक,

अभिकल्पक (डिजायनर) या प्रकाशक को अपने काम के प्रति शिथिल हो जाना है बल्कि बात बिलकुल इसके विपरीत है। उस चुनौती की कल्पना कीजिये जब हर पाठ्यपुस्तक को बनाने वाले को अपने हर एक पाठक को एक समीक्षक के रूप में देखना पड़ेगा जो उसकी हर पुस्तक का आलोचनात्मक अध्ययन करेंगे।

समीक्षकों के बारे में : जोसफ़ मथाई तीस वर्षों से भी अधिक समय से सामाजिक एवं राजनैतिक मुद्दों से जुड़े हैं। वे एक पर्यावरण, नागरिक अधिकार, थिएटर एवं राजनैतिक कार्यकर्ता हैं। वे व्यवसायिक रूप से पुस्तक प्रकाशन में बीस सालों से कार्यरत हैं। वे कई वर्षों से अंकुर सोसायटी के वैकल्पिक शिक्षा कार्यक्रम के सलाहकार हैं।

e-mail : jomathai@gmail.com

स्नेहलता गुप्ता राजकीय प्रतिभा विद्यालय, सूरजमल विहार, दिल्ली में अंग्रेज़ी की व्याख्याता हैं। शिक्षक प्रशिक्षण, समीक्षात्मक साक्षरता एवं टीचिंग ऑफ रीडिंग में शोध उनके पंसदीदा क्षेत्र हैं।

e-mail : snehlatag@gmail.com

अनुवादक : शबनम परवीन, अंग्रेज़ी विभाग, जे.एन.यू., नई दिल्ली।

स्रोत : *लेंग्वेज एण्ड लेंग्वेज टीचिंग*, 2.2.4, 53-55, जुलाई 2013.

रीयल रायटिंग

लेखन : ग्रेहम पाल्मर, रॉजर ग्रोवर व सायमन हाइंस

(नई दिल्ली : केम्ब्रिज यूनिवर्सिटी प्रेस, 2008, pp.109, ISBN-13978-0-521-15205-1)

समीक्षक : सलोनी जैन

अंग्रेज़ी-भाषी देश में रहने वाले या वहाँ घूमने जाने वाले युवाओं और वयस्कों के लिए रोज़मर्रा के जरूरी लेखन को सीखने हेतु यह किताब बहुस्तरीय कोर्स है। किताब पढ़ने, लिखने व सुनने को इस तरह से जोड़ती है कि लिखना सीखने के दौरान सीखने वाले की स्वतंत्रता ही केन्द्र में होती है। किताब का मकसद सीखने वालों का आत्मविश्वास बढ़ाना और उन्हें लिखने की अलग-अलग शैलियों से परिचित करवाना है।

इस शृंखला में चार किताबें हैं जो आरम्भिक स्तर से उच्चतर स्तर तक जाती हैं। हर किताब में सोलह इकाइयाँ हैं। लेखन के औपचारिक एवं अनौपचारिक रूप का विशेष ध्यान रखते हुए हर किताब को दो भागों में बाँटा गया है—पहली पाँच इकाइयाँ सामाजिक व यात्रा की परिस्थितियों पर केन्द्रित हैं जबकि (6 से 16 इकाइयाँ) व्यवसाय व शिक्षण पर केन्द्रित हैं। किताब 1 आरम्भिक स्तर की किताब है जिसमें दिये गए पैरा में खाली जगह को भरना, संक्षिप्त संदेश लिखना जैसे लेखन के सरल अभ्यास हैं। किताब 2 माध्यमिक स्तर की है। यह स्तर उनके लिए है जो पहले से ही लेखन से परिचित हैं, किताब उनको उच्च स्तर के टॉस्क जैसे- प्रस्तुतीकरण बनाना, किसी प्रक्रिया का वर्णन करना, से परिचित करवाते हुए अगले स्तर पर ले जाती है। किताब 3 उच्च माध्यमिक स्तर और किताब 4 उच्चतम/एडवांस्ड स्तर के सीखने वालों के लिए है जो कार्यक्षेत्र के प्रतिस्पर्धापूर्ण वातावरण में बातचीत करने हेतु पर्याप्त निपुणता चाहते हैं।

उपलब्ध बहुत सारी किताबों में से यह किताब एक जटिल वर्गीकृत खाका (ले-आउट) देते हुए कुछ अलग तरह से लेखन के बारे में बताती है। हर इकाई पहले विषय से परिचित करवाती है तथा उससे जुड़ी प्रासंगिक जानकारी उपलब्ध

करवाती है, साथ ही अभ्यास प्रश्न व स्वमूल्यांकन के लिए चैकलिस्ट भी दी गई है। किताब वह सारी जानकारी भी देती है जो सीखने वाले के ज्ञान को समृद्ध करते हुए उसे नई संस्कृतियों से परिचित करवाती है।

ब्रेन स्टोर्मिंग प्रेक्टिस अभ्यासों के माध्यम से दिये गए विभिन्न अभ्यास लिखने के विभिन्न तरीके प्रस्तुत करते हैं।

हर इकाई में दिये गए अभ्यास सीखने वाले को उपयोगी कौशलों, मसलन कार्य की योजना बनाने, व्यवस्थित करने और कार्य की जाँच इत्यादि को विकसित करने में मदद करते हैं। हर इकाई की शुरुआत 'हो जाओ लिखने के लिए तैयार' ('get ready to write') से होती है। यह लेखन पूर्व गतिविधि पाठक को इकाई की विषयवस्तु से परिचित करवाती है। इसके बाद आते हैं कुछ सरल अभ्यास–जो टॉस्क पूरा करते हुए लेखन के तौर तरीकों (जैसे- मात्राएँ, विराम चिह्न, व्याकरण) व मूलभूत शब्दावली सीखने के विभिन्न अवसर उपलब्ध करवाते हैं। आगे किताब में योजना बनाने के अभ्यास, लिखने के अभ्यास, अपना कार्य जाँचना, सीखने हेतु सुझाव, क्लास बोनस (यानि समूह में या साथी के साथ किए जाने वाले टॉस्क), अतिरिक्त सवाल, क्या किया जा सकता है इसकी चैक लिस्ट (can-do-checklist) आदि भी मिलते हैं। इसके रंगीन चित्र व आवरण से समझने में मदद तो मिलती ही है साथ ही ये प्रस्तुतीकरण व किताब की बनावट के बारे में भी स्पष्टता प्रदान करते हैं।

सभी अभ्यास विषयवस्तु पर आधारित हैं और समालोचनात्मक चिन्तन को बढ़ावा देने वाले हैं यही उनको सीखने वाले के लिए अनुकूल बनाता है। इस बात का पूरा ध्यान रखा गया है कि पाठक वर्तनी की त्रुटियों और गलत संरचनाओं/वाक्य विन्यास से बचे रहें। ध्यान से देखें तो यह कहना गलत नहीं होगा कि दिये गये अभ्यास लेखन को लिखने वाले और पढ़ने वाले के बीच होने वाली एक संवादात्मक प्रक्रिया के रूप में देखते हैं।

टेक्स्ट अच्छे से लिखा गया है, उपयुक्त है, सीखने में मददगार व सुनियोजित है। उपयोग की गई भाषा की सरलता छात्रों की रुचि बरकरार रखती है क्योंकि इसे समझना आसान है।

पाठक को स्व-अध्ययन हेतु जो भी चाहिए वह मिल पाए यह सुनिश्चित करने के लिए किताब में अभ्यास के अलावा परिशिष्ट, कुंजी, ऑडियो प्रतिलिपि और सी.डी. भी दी गई है। हालांकि यह श्रृंखला व्यवहारिक लेखन के लगभग सभी पहलुओं को छूती है लेकिन फॉर्म भरने से लेकर आँकड़ों से समझ बनाने तक कहीं-कहीं ऐसा लगता है कि गतिविधियों में दोहराव है साथ ही भाषागत

सटीकता के लिए व्याकरण केंद्रित अभ्यास की कमी महसूस होती है। फिर भी कई मायनों में किताब अपने उद्देश्यों को पूरा करने में समर्थ है और अंग्रेज़ी भाषा में लिखना सीखने वालों के लिए मार्गदर्शन का साधन है।

समीक्षक के बारे में : सलोनी जैन ने दिल्ली विश्वविद्यालय के भाषा विभाग से भाषा विज्ञान में स्नातकोत्तर किया है। वे दिल्ली विश्वविद्यालय के फेकल्टी ऑफ आर्ट्स की इक्वल ऑपरच्युनिटी सेल में गेस्ट लेक्चरर हैं। वे बतौर टीजीटी अंग्रेज़ी कुलाची हस्तराज मॉडल स्कूल में काम कर रही हैं।

e-mail : saloni115@yahoo.co.in

अनुवादक : पंखुरी अरोड़ा, विद्या भवन शिक्षा सन्दर्भ केन्द्र, उदयपुर (राज.)।

स्रोत : *लेंग्वेज एण्ड लेंग्वेज टीचिंग*, 3.1.5, 62-63, जनवरी 2014.

एकेडेमिक राइटिंग : हैण्डबुक फॉर इंटरनेशनल स्टुडेंट्स

[लंदन, न्यूयॉर्क: रूटलेज पेपर बैक, (2010) (दूसरा संस्करण), ISBN10 : 0-415-38420-6, pp. 260]

लेखक : स्टीफन बेले

समीक्षक : राजेश कुमार

बेले की हैंडबुक, '*एकेडेमिक राइटिंग*' अकादमिक कार्यक्रमों के अन्तर्राष्ट्रीय छात्रों के लिए एक उम्दा सामग्री है। स्टीफन बेले खुद एक प्रख्यात शिक्षक हैं और शिक्षण और अनुसन्धान में लम्बा अनुभव रखते हैं। इनकी किताब मूलतः अंग्रेज़ी भाषा का उपयोग न करने वाले छात्रों को टर्म-पेपर, परियोजना रिपोर्ट, शोध निबंध आदि लिखने में बहुत मददगार होगी। शुरुआती पृष्ठों से ही यह स्पष्ट हो जाता है कि यह किताब मुख्य तौर से यूरोप व उत्तर अमेरिका के छात्रों को ध्यान में रखकर लिखी गई है। हालांकि यह दावा किया गया है कि यह किताब विश्व के किसी भी प्रांत के छात्रों के लिए अंग्रेज़ी भाषा में गम्भीर अकादमिक लेखन में मददगार सिद्ध होगी। इस किताब में जिन मुद्दों पर चर्चा हुई है, वे अंग्रेज़ी मूल के छात्रों के लिए भी उपयोगी हो सकते हैं। लेखन हर कोर्स का एक अपरिहार्य हिस्सा है। किसी भी अकादमिक कोर्स के छात्रों के लिए विशेष रूप से अन्तर्राष्ट्रीय छात्रों के लिए प्रभावी एवं प्रासंगिक लेखन एक विचारणीय मामला है। '*एकेडेमिक राइटिंग*' अंग्रेज़ी के सभी अकादमिक पाठ्यक्रमों की आवश्यकताओं को ध्यान में रखते हुए लिखी गयी है।

यह किताब चार हिस्सों में विभाजित है। पहले दो हिस्से यानि किताब का शुरुआती आधा हिस्सा लेखन के बुनियादी मुद्दों पर चर्चा करता है। वहीं बाकी दो हिस्सों में पुनर्लेखन और सन्दर्भ सूचीकरण जैसी लेखन कौशल की बारीकियों को छात्रों के लिए उदाहरण सहित प्रस्तुत किया गया है।

किताब के चार हिस्से इकसठ इकाइयों में नियोजित हैं जो व्यावहारिक और सामान्य कठिनाइयों के बारे में चर्चा करती हैं। प्रत्येक इकाई लेखन के किसी ख़ास पहलू पर ध्यान केन्द्रित करती है और उसमें सम्बन्धित अभ्यास और उत्तर-

सारणी भी दी गई है। इस किताब में अवधारणा-निर्माण से लेकर कॉपी-एडिटिंग और प्रूफरीडिंग तक लेखन के सभी आयामों पर चर्चा की गई है। यह वर्णन करती है कि संक्षिप्त व्याख्या, अनुक्रमणिका बनाना और सन्दर्भ-सूची बनाना आदि किस प्रकार अकादमिक लेखन के आवश्यक घटक हैं। इकसठ में से तेईस इकाइयाँ लेखन में शुद्धता पर फोकस करती हैं। किताब बेहद सुनियोजित रूप से आगे बढ़ती है। पहले हिस्से के तीन मुख्य क्षेत्रों में लेखन के कुछ बुनियादी पहलूओं पर ध्यान दिया गया है। समग्र रूप में बताया गया है कि साहित्यिक चोरी (प्लेजियेरिज़्म) क्या है और कैसे इससे सावधान रहा जाए। प्लेजियेरिज़्म से सम्बन्धित मुद्‌दे अकादमिक लेखन का महत्त्वपूर्ण हिस्सा हैं और छात्रों में इसके प्रति संवेदनशीलता पैदा करने के लिए किताब में काफी गंभीर कोशिश की गई है।

इसी हिस्से में विशेष लेखन के लिए आवश्यक पाठ्यसामग्री भी उपलब्ध कराई गई है। किसी ढाँचे विशेष की तैयारी के लिए अपने नोट्स तैयार करना और संक्षिप्त-व्याख्या करना महत्त्वपूर्ण चरण है, इस हिस्से में यह बात स्पष्ट की गई है। किसी भी प्रभावशाली लेखन के लिए सार्थक नोट्स व सटीक व्याख्याएँ अनिवार्य हैं। नोट्स से आलेख सुनियोजित होता है और व्याख्याएँ सामग्री के मुख्य बिंदुओं को यथावत रखते हुए आवश्यक बदलाव करने में मदद करती हैं। फिर बात होती है लेखन के अगले चरणों की; योजना बनाना, विषयवस्तु की सामग्री, परिचय और निष्कर्ष, जिसके साथ लेख की प्रूफरीडिंग और जरूरी हिस्सों के पुनर्लेखन पर ख़ासा ज़ोर दिया गया है।

किताब का अगला हिस्सा अमूर्त व वैचारिक तत्वों पर केन्द्रित है। इसमें बताया गया है कि निबंध की शुरुआत शीर्षक के किसी मुख्य शब्द की व्याख्या से करें, विषय का सामान्यीकरण करें, विषय से जुड़े मुख्य क्षेत्रों के उदाहरण दें, उद्धरण दें, सन्दर्भ सूची दें और इस सबके साथ शैली का भी ध्यान रखें।

किताब के तीसरे हिस्से में सटीकता पर ज़ोर दिया गया है। सटीकता निस्सन्देह लेख को पैना बनाती है। यह हिस्सा उदाहरणों के जरिए छात्रों का उन संभावित क्षेत्रों के बारे में वास्तविक एवं महत्त्वपूर्ण मार्गदर्शन करता है जहाँ गैर अंग्रेज़ी भाषी पाठक गलतियाँ कर सकते हैं। यह इस बात पर जोर देता है कि थोड़ी सी सावधानी से लेख को प्रभावहीन होने से बचाया जा सकता है। अंततः इसमें लेख की प्रूफरीडिंग पर बात की गई है; सावधानीपूर्वक की गई प्रूफरीडिंग से ज़्यादातर गलतियाँ पहले ही हटाई जा सकती हैं।

किताब का आखिरी हिस्सा पहले तीन हिस्सों में उल्लिखित सुझावों को अलग-अलग तरह के लेखन में सोदाहरण प्रस्तुत करता है। उच्च कोटि के

लेखन-कौशल व उसकी समझ विकसित करने के लिए किसी भी प्रकृति और समय-अवधि के कोर्स या प्रोग्राम में यह किताब लाभदायक होगी।

समीक्षक के बारे में : राजेश कुमार (पीएच.डी. इलिनॉय) भारतीय तकनीकी संस्थान, मद्रास में लिंग्विस्टिक्स पढ़ाते हैं। उनकी शोध एवं शिक्षण रुचियों में लिंग्विस्टिक थ्यरी, सोश्योलिंग्विस्टिक्स, लेंग्वेज एण्ड एजुकेशन और कॉग्निटिव सांइसेज शामिल है।

e-mail : thisisrajkumar@gmail.com

अनुवादक : पंखुरी अरोड़ा, विद्या भवन शिक्षा सन्दर्भ केन्द्र, उदयपुर (राज.)।

स्रोत : *लेंग्वेज एण्ड लेंग्वेज टीचिंग*, 3.1.5, 63-64, जनवरी 2014.

प्रोब्लमेटायजिंग लेंग्वेज स्टडीज़

(2010, दिल्ली : आकार बुक्स, ISBN : 978-93-5002-084-5, pp. 601)

संपादक : इम्तियाज़ हसनैन एवं श्रीश चौधरी

समीक्षक : वन्दना पुरी

'*प्रोब्लमेटायजिंग लैंग्वेज स्टडीज़*' छत्तीस निबंधों का एक सम्पादित संग्रह है जिन्हें प्रोफेसर रमा कांत अग्निहोत्री के सम्मान में लिखा गया है। भाषा एक बहु आयामी अध्ययन क्षेत्र है : भाषा की राजनीति से लेकर, उसे बोलने वाले लोगों एवं समाज का इतिहास, भाषा खुद को एक वाक्य, ध्वनि शब्द एवं अर्थ के स्तर पर कैसे जाहिर करती है व इसके सिद्धान्त; तथा शिक्षा एवं भाषा नियोजन में भाषा के इस्तेमाल तक सभी भाषाओं में शामिल है। यह पुस्तक भाषा की प्रकृति के बारे में इन विविध दृष्टिकोणों को सामने लाती हैं; भारतीय भाषा विज्ञान व विश्व में हुये भाषा अध्यनों के सन्दर्भ में। पुस्तक में प्रस्तुत लेखों को मुख्यतः तीन भागों में बाँटा गया है : सांस्कृतिक (भाषा का रूप एवं प्रयोग), सैद्धान्तिक (व्याकरण, वाक्यविन्यास, शब्दसंरचना, स्वरविज्ञान, एवं स्वरशास्त्र के सिद्धान्त) तथा प्रयोगिक (भाषा शिक्षण, भाषा प्रयोजन, डाटाबेस इत्यादि)। प्रस्तुत पुस्तक की सारी विषय-वस्तु पर प्रोफेसर रमा कांत अग्निहोत्री द्वारा अलग-अलग क्षेत्रों में काम किया जा चुका है।

पूर्व के भाषाविद् भारतीय भाषाओं को समझने के लिए काफी उत्सुक रहते थे। इस पुस्तक के प्रथम दो निबंध ब्रिटिश औपनिवेशिकों के भाषायी विविधता को समझने के प्रयासों पर आधारित है। फ्रैंकलिन भारतीय भाषाओं की विरासत एवं हिन्दू-इस्लामिक कला की तरफ पूर्व के भाषा एवं संस्कृति के विशेषज्ञों की मुग्धता की बातें करते हैं तो ददनी भारतीय देशी भाषाओं, ख़ासकर ब्रज भाषा पर औपनिवेशिकों के विचारों के बारे में लिखते हैं। कुछ अन्य लेख भाषा एवं पहचान के मुद्‌दों के बारे में हैं। रहमान उर्दू भाषा की बात करते हुए ये भी दर्शाते हैं कि कैसे उर्दू एक भाषा के रूप में मुसलमानों की सियासी पहचान बन

गयी और उसके साथ ही प्रेम एवं काव्य की भाषा भी समझी जाने लगी। इसी प्रकार मेकॉर्मिक तथा भट्ट मीडिया एवं 'पहचान' के मुद्दों में हो रहे भाषा के प्रयोग की बातें करते हैं। चौधरी एवं किदवई का लेख हिन्दी-उर्दू-हिन्दूस्तानी को एक ही रेखा के परस्पर व्याप्त बिन्दुओं जैसे देखा जाय या (सांस्कृतिक रूप से) अलग भाषाओं के रूप में, इस सवाल पर दो भिन्न नजरिये प्रस्तुत करता है। वर्मा, भट्टाचार्य एवं बसंतारानी क्षेत्रीय भाषाओं के लुप्त होने की आशंका तथा अल्पसंख्यक भाषाओं के अधिकार के प्रति चिंता व्यक्त करते हुए उन्हें अधिक से अधिक प्रोत्साहन देने की वकालत करते हैं। हसनैन एवं पट्नायक 'सन्दर्भ' आधारित विश्लेषण का परीक्षण करते हैं।

यह पुस्तक पाठक को शब्द संरचना, वाक्य संरचना, शब्दार्थ-विज्ञान एवं स्वरविज्ञान संबंधित बहुभाषीय व्याख्या एवं विश्लेषण उपलब्ध कराती है। रंगीला अपने लेख में जेनू कुरूबा* की भाषा में क्रिया क़ी बात करते हैं। राजेंद्र सिंह का तर्क है कि शब्द-संरचना जैसे जटिल सिद्धांतों के बजाय 'हद' (लेन्थ) [या 'भार' (वेट)] जैसे सरल सिद्धांतों का प्रयोग होना चाहिए। दासगुप्ता हिंदी के लम्बे स्वर की कठिनाई पर विचार व्यक्त करते हैं। फेरी के अनुसार अधिकतर भारतीय भाषाओं को उनके स्वरोच्चारण को ध्यान में रखते हुए वाक्य-परक भाषाओं में वर्गीकृत कर देना चाहिए। फेंस्लोव जर्मन शब्द संयुक्तों का अन्वेषण करते हुए परखते हैं कि पुनरावृत्ति संरचनाओं को उत्पन्न करने की एक या अधिक क्रियाविधियाँ मौजूद हैं या नहीं। कुमार के अनुसार हिंदी क्रियार्थक संज्ञा को मिश्रित श्रेणी कहा जाना चाहिए। रैना जटिल विशेषणों के शब्दार्थ-विज्ञान के नवीनीकरण की संयोजना के विषय में चर्चा करते हैं।

इस पुस्तक की कुछ रचनाएँ सैद्धान्तिक हैं। पाण्डेय एक तर्क-वितर्क प्रस्तुत करते हुए दर्शाते हैं कि किस तरह आज के प्रमुख सिद्धांतों के पीछे कई ऐतिहासिक सत्य अन्तर्निहित हैं। शैलेन्द्र सिंह के अनुसार भारतीय भाषा विज्ञान को नए स्तर तक ले जाया जा सकता है तथा वह लोगों की अगली मंज़िल हो सकती है (जहाँ उसकी मांग और भी बढ़ सकती है)। उदय नारायण सिंह मिश्रित क्षेत्रों में शिक्षा तथा साक्षरता को लेकर चिंता व्यक्त करते हुए कहते हैं कि प्रजातान्त्रिक राष्ट्र के अवसरों को भारत में लाने के लिए काफी परिश्रम करने की आवश्यकता है। उनका ये भी कहना है कि हमें लोगों को न सिर्फ शिक्षित अपितु प्रेरित करने की भी आवश्यकता है। अहमद शोध के सन्दर्भ में 'आंतरिक' एवं 'प्रादेशिक'

* कर्नाटक की एक आदिवासी जनजाति है।

अवधारणाओं जैसे जटिल विचारों की बातें करते हैं और इस बात पर जोर डालते हैं कि सामाजिक पहचान एवं दायरे प्रसंग के अनुसार बदलते हैं। नारंग एवं चा आनुभविक अध्ययन के द्वारा यह जानने का प्रयत्न करते हैं कि दूसरी भाषा तथा विदेशी भाषा ग्रहण करने की क्रिया में कोई अन्तर है या नहीं।

अंग्रेज़ी भाषा का इतिहास, भाषायी विशेषताएँ एवं भारत में इनके प्रभाव को इस पुस्तक में बार-बार दोहराया गया है। मोंतौट की कोशिश यह जानने की है कि क्या अंग्रेज़ी भाषा से भारत की संस्कृति को वैश्विक स्तर पर बराबर का स्थान मिल सकता है तथा क्या अंग्रेज़ी भाषा की मदद से भारत की विभिन्न संस्कृतियों में आंतरिक मेलजोल संभव है। काक कश्मीरी-अंग्रेज़ी संपर्क अवस्था को देखते हुए पाते हैं कि अंग्रेज़ी भाषा का एक प्रगतिशील स्वरविज्ञान सम्मिलन, विशेषकर नई पीढ़ी के लोगों में, पाया जा सकता है। होसाली वर्तमान की बटलर-अंग्रेज़ी के शब्दों, उपशब्दों, शब्द समूहों का विश्लेषण करते हुये कहती हैं कि वह एक अस्थायी मिश्रित भाषा है तथा उसकी अन्य मिश्रित एवं व्युत्पन्न भाषाओं से तुलना करती हैं। भट्ट भारत में अंग्रेज़ी भाषा के इतिहास का विवरण देते हैं, औपनिवेशिक काल के मिशनरी युग से लेकर शैक्षणिक संस्थानों में उसकी शुरुआत तक का तथा बताते हैं कि वर्तमान काल में अंग्रेज़ी किस प्रकार वह प्रतिष्ठा, आधुनिकता एवं ऊपर की ओर विकास का प्रतीक है। गुप्ता एवं गुर्टू दिल्ली की ऐसी जनसंख्या के द्वारा जिसकी दूसरी भाषा अंग्रेज़ी है, लेखन में प्रयोग किये जाने वाले शाब्दिक वाक्यांशों का निरीक्षण करते हैं तथा वह किस हद तक सही तथा उपयुक्त ढंग से प्रयोग में लाये जाते हैं, इस बात की भी समीक्षा करते हैं।

अगले कुछ लेख भाषा शिक्षण पर हैं जो स्कूल के शिक्षकों के लिए लाभदायक होंगे। कुछ शिक्षक पाठकों को L1 (उनकी अपनी भाषा) में ही अन्य भाषाएँ सिखाना सही मानते हैं तो कुछ शिक्षकों के अनुसार L2 (अर्थात सीखी जाने वाली भाषा) में निर्देश देना सही माना जाता है। अपनी रचना में खन्ना दोनों ही पहलुओं को दिखाते हुए बताते हैं कि किस प्रकार दोनों ही तरीके शिक्षकों एवं पाठकों की दृष्टिकोण से अपनाये तथा नकारे भी गए हैं। सेकेंड लेंग्वेज शिक्षण में काफी बदलाव आया है। परन्तु विदेशों में भारतीय भाषा शिक्षण को लेकर अभी काफी कुछ करना बाकी है। निहलानी जी का लेख वैश्विक सन्दर्भ में समझ आने की योग्यता, स्पष्टता एवं विवेचनीयता की बात करता है तथा भाषा शिक्षण के लिए व्यावहारिक प्रस्ताव रखता है। इसके अंतर्गत विभिन्न तरीकों के उच्चारण से रूबरू होना, सामान्य ध्वनि-विज्ञान के मूल सिद्धांत तथा भाषा सीखने में उसके ध्वन्यात्मकता का ध्यान रखना, आदि आते हैं। कॉल हिंदी और

उर्दू जैसी भारतीय भाषाओं को विदेशों में सिखाने के दौरान आई कठिनाइयों, कमियों एवं उपायों की बात करते हैं। आगे वे शिक्षण के अलग-अलग पहलुओं पर भी बात करते हैं जो भारतीय भाषा शिक्षकों के लिए भारत एवं विदेशों में काफी महत्त्वपूर्ण हो सकते हैं: जैसे किताबें, अन्य शिक्षण सहायक/पूरक सामग्री (दृश्य-श्रृव्य, ऑनलाइन सामग्री आदि), मूल्यांकन, शिक्षण साहित्य, अनुवाद एवं संस्कृति, अनुवाद करने में आने वाली कठिनाइयाँ एवं अनुवाद तकनीक इत्यादि। प्राइमरी स्कूल के वे शिक्षक जो अंग्रेज़ी माध्यम स्कूलों में पढ़ाते हैं एवं जो छोटे बच्चों को अंग्रेज़ी सिखाने की विभिन्न तकनीकों को जानना चाहते हैं उनके लिए मैथ्यू का लेख काफी उपयोगी सिद्ध हो सकता है। अपने निबंध के माध्यम से मैथ्यू निम्नलिखित बातों पर प्रकाश डालते हैं, जैसे छोटे बच्चों को अंग्रेज़ी सिखाने के लिए शिक्षकों के प्रशिक्षित होने की आवश्यकता, कम से कम एक विषय जैसे गणित अथवा विज्ञान को अंग्रेज़ी के माध्यम से पढ़ाने की, किसी भी बच्चे द्वारा कक्षा में लाये गये ज्ञान, संस्कृति एवं भाषा को सम्मान देने तथा उसे प्रयोग में लाने की आवश्यकता है। प्रह्लाद अपने निबंध में वैश्विक सन्दर्भ में तृतीय स्तर के अंग्रेज़ी भाषा पाठ्यक्रम के नवीनीकरण को लेकर काफी गंभीर मुद्दों पर बहस करते हैं। मोहंती वर्णन देते हैं कि किस प्रकार प्रेरित एवं उत्सुक होने के बावजूद पाठकों के लिए अंग्रेज़ी भाषा सीखना कठिन है, क्योंकि जहाँ शब्दावली की बात आती है तो यह पुस्तकें सीखने की क्षमता के प्रमुख मापदण्ड के अनुकूल बिल्कुल नहीं होती। वो ज़ोर देते हुए कहते हैं कि जब कोई पहली बार अंग्रेज़ी सीखे तो उन्हें इन मानदंडों के अनुसार ही सिखाना चाहिए अन्यथा सीखने वालों पर बुरा असर पड़ता है। असलम अपने लेख में 'संप्रेषणात्मक-भाषा-शिक्षण' विधि की बात करते हैं तथा बड़ी कक्षाओं में उसके प्रयोग की बात करते हैं। भाषा शिक्षण के अनेक तरीकों की बात करता है जिसमें भाषा का प्रयोग खेल, वार्तालाप-गतिविधि, संकेत कार्ड एवं अन्य गतिविधियों में होता है वे शिक्षक एक बाधारहित सहायक का काम करता है।

कुल मिलकर *'प्रोब्लमेटायज़िंग लैंग्वेज स्टडीज़'* भाषा एवं भाषा अध्ययन पर विचारों का एक रोचक संग्रह है। इस पुस्तक में रचित विभिन्न विषयों के द्वारा समाज की मिश्रित एवं बहु-आयामी भाषा-प्रकृति को दर्शाया गया है। यह पुस्तक भारतीय भाषाशास्त्र की सामयिक विषय-वस्तुओं का वर्णन करती है एवं भारत के तीव्र सामाजिक बदलाव, विभिन्नता, मिश्रित सांस्कृतिक स्वभाव इत्यादि को प्रस्तुत करती है।

समीक्षक के बारे में : वंदना पुरी ने इलिनॉय विश्वविद्यालय, अर्बन कैम्पेन से भाषा विज्ञान में पीएच.डी. किया है। उनकी रुचि के शोध-क्षेत्र श्रवण, ध्वनि-विज्ञान, स्वारोच्चरण, छंदशास्त्र, द्विभाषिता, नयी अंग्रेज़ी एवं सामाजिक भाषाविज्ञान है। वर्तमान में वे विद्या भवन, उदयपुर में सलाहकार के पद पर नियुक्त हैं।

e-mail : vandana22puri@yahoo.com

अनुवादक : शबनम परवीन, अंग्रेज़ी विभाग, जेएनयू, नई दिल्ली।

स्रोत : *लेंग्वेज एण्ड लेंग्वेज टीचिंग,* 3.1.5, 60-62, जुलाई, 2013.

पठनीय पुस्तकें

आईडियाज़ : स्पीकिंग एण्ड लिसनिंग एक्टिविटीज़ फॉर अपर इंटरमीडिएट स्टुडेंट्स

[स्टूडेंट्स बुक एण्ड टीचर्स बुक, केम्ब्रिज यूनिवर्सिटी प्रेस, प्रथम संस्करण : 1987
ISBN : 0521 270804, स्टूडेंट्स बुक (पेपर बैक)
ISBN : 0521 270812, टीचर्स बुक (पेपर बैक)]

लेखक : लिओ जोन्स
प्रस्तावक : सुरंजना बरुआ

आइडियाज़ दिलचस्प एवं मनोरंजक गतिविधियों का अनूठा संग्रह है। इस संग्रह का उद्देश्य उच्च-माध्यमिक एवं इससे आगे के स्तर के छात्रों की सुनने और बोलने की क्षमताओं का विकास करना है। दो पुस्तकों की यह शृंखला मूल रूप से दो कैसेट्स के सेट के साथ आयी थी। हालांकि इसमें सूचीबद्ध गतिविधियों को भारतीय सन्दर्भ में कैसेट्स के बिना भी कक्षा की आवश्यकताओं के अनुसार रूपान्तरित किया जा सकता है। प्रत्येक गतिविधि भाषायी अभ्यास को प्रोत्साहित करती है। गतिविधियों में वास्तविक संवाद शामिल है जिसमें छात्र समस्याएँ सुलझा सकते हैं, जानकारी का आदान-प्रदान कर सकते हैं, रोल प्ले और चर्चाओं में भाग ले सकते हैं।

आइडियाज़ (स्टूडेंट्स बुक) पर्सनल इनफॉर्मेशन, वेदर एण्ड क्लाईमेट, स्ट्रेन्ज फिनामनन, ट्रांसपोर्ट, हेल्थ, टेक्नोलॉजी, लेंग्वेज एण्ड कम्यूनिकेशन और एडवर्टाइज़िंग जैसे व्यापक विषयों पर कुल बाइस इकाइयों में विभक्त है। प्रत्येक इकाई में कम से कम पाँच से आठ विद्यार्थी-केन्द्रित गतिविधियाँ डिजाइन की गई हैं जो बच्चों को विचार करने, अपनी धारणाएँ एवं अनुभव एक दूसरे के साथ बाँटने के लिए प्रोत्साहित करती हैं। बेशक 'करंट अफेयर्स' इकाई में दी गई गतिविधियों को ताज़ा खबरों के अनुसार हर कक्षा के लिए संशोधित करना होगा, परन्तु जिस प्रकार की गतिविधियाँ (चित्रों के लिए कैप्शन लिखना, चित्रों

के संयोजन से कहानियाँ बनाना) उल्लिखित हैं, वे टेक्स्ट में दिये उदाहरणों के लिए भी मान्य हैं। तस्वीरों, विज्ञापनों, कार्टून्स, नक्शों और चित्रों की एक व्यापक शृंखला दी गयी है जिन्हें संशोधित करके बड़ी कक्षाओं में भाषा सीखने वालों के मौखिक/श्रव्य कौशलों के विकास में मदद के लिए इस्तेमाल किया जा सकता है। चित्रों, रेखाचित्रों और आरेखों का भरपूर इस्तेमाल किताब को बेहद चमकदार और मनोरंजक बनाता है। इकाइयों में दी गयी कुछ गतिविधियों (उदाहरण : इकाई 2 में 'न्यू क्लॉथ्स') को कैसेट्स की रिकॉर्डिंग के संयोजन में ही समझा जा सकता है। तथापि निष्कर्ष, विस्तार और अनुकूलन के द्वारा इन गतिविधियों को भी सीखने वालों को उनकी लक्ष्य भाषा बोलने और सुनने के लिए प्रोत्साहित करने के लिए उपयोग में लाया जा सकता है। सारी गतिविधियाँ सामूहिक कार्य की सिफारिश करती हैं और शिक्षार्थियों से अपेक्षा करती हैं कि वे सवालों (उदाहरण इकाई 3 में 'स्पीक अबाउट यॉर कन्ट्री') के जवाब पाने के लिए साथ काम करें, जैसे परिस्थितियों की कल्पना करना (यदि आप किसी बाढ़ में फंस गये तो क्या होगा?), किसी बातचीत को सुनना और उसके बारे में बताना (दूरदर्शन पर मेनु, फोन संदेश) आदि। इकाई 'स्ट्रेन्जर दैन फिक्शन' में दिलचस्प गतिविधियाँ दी गई हैं जिनमें बच्चों को साथ बैठना होगा और गलत व सही बयानों को छाँटना होगा।((i) पेन्सिल 5.5 कि.मी. लम्बी सतत् लाईन खींच सकती है, (ii) मनुष्य केवल चार स्वाद अनुभव कर सकते हैं, (iii) व्हेल संसार की सबसे बड़ी मछली है)। टीचर्स बुक में इन सवालों के जवाब दिये हुए हैं। ((i) गलत–55 कि.मी. सही जवाब है; (ii) सही–मीठा, खट्टा, खारा और कड़वा; (iii) गलत–व्हेल एक स्तनधारी जीव है) जो सन्दर्भ देते हैं। इसमें यह भी सुझाया गया है कि शिक्षक किस प्रकार कुछ गतिविधियों में फेरबदल करके छात्रों को समूहों में कार्य करने के लिए प्रोत्साहित कर सकते हैं। उदाहरण के तौर पर शिक्षक बच्चों को बहुसांस्कृतिक समूहों में बाँटकर संस्कृति विशिष्ट अंधविश्वासों जैसे सीढ़ी के नीचे चलने से परहेज करना, काली बिल्ली के रास्ता काटने पर रुक जाना, इच्छापूर्ति के लिए फव्वारे में सिक्का फेंकना आदि पर चर्चा करवा सकते हैं।

टीचर्स बुक में प्रत्येक इकाई की शुरुआत में शब्दावली दी गई है। इकाई में रिकॉर्डिंग का लिप्यंतरण और छात्रों के लिखित कार्यों के लिए सुझाव भी दिये गये हैं।

समीक्षक के बारे में : सुरंजना बरुआ दिल्ली विश्वविद्यालय से पीएच.डी. हैं। वर्तमान में सेन्टर फॉर आसामीज़ स्टडीज़, तेजपुर विश्वविद्यालय आसाम में कार्यरत हैं। इनकी रुचि के क्षेत्र हैं : संवाद विश्लेषण, भाषा शिक्षण, जेण्डर स्टडीज़ और ट्रांसलेशन स्टडीज़।

e-mail : suranjana.barua@gamil.com

अनुवादक : जया राठौड़, विद्या भवन शिक्षा सन्दर्भ केन्द्र, उदयपुर (राज)।

स्रोत : *लेंग्वेज एण्ड लेंग्वेज टीचिंग*, 1.2.4, 56-57, जुलाई 2013.

रीडिसाइड : हाऊ स्कूल्स आर किलिंग रीडिंग एण्ड व्हॉट यू कैन डू अबाउट इट

(प्रकाशक : मेन स्टेनहाऊस, प्रकाशितः 2009, ISBN: 978-1-57110-780-0)

लेखक : केली गैलेगर

प्रस्तावक : वन्दना पुरी

'*रीडिसाइड*' शब्द लेखक द्वारा गढ़ा गया है और उसे इस प्रकार परिभाषित किया गया है 'अक्सर विद्यालयों में होने वाली ऐसी ऊबाऊ और बेकार प्रक्रियाएँ जो पढ़ने के प्रति लगाव को खत्म कर देती हैं'।

अपने बाईस वर्ष के शिक्षण अनुभव में गैलेगर ने गौर किया कि विद्यालयों में ऐसी बहुत सारी प्रथाएँ हैं जो विद्यार्थियों को उच्च विद्यालयी शिक्षा तक आते-आते पढ़ने के प्रति उदासीन कर देती हैं। वे बताते हैं कि यदि नर्सरी, पाँचवी तथा बारहवीं कक्षा के विद्यार्थियों का अध्ययन किया जाए तो पता चलेगा कि बच्चों का पढ़ने के प्रति रवैया, उत्साह से उदासीनता तथा विरोध भाव में बदल गया है। यद्यपि विद्यालय का उद्देश्य यह भी है कि वह पढ़ने को प्रोत्साहित करे और शिक्षकों को अक्सर यह लगता भी है कि वे बच्चों को पढ़ने के लिए प्रेरित कर रहे हैं परन्तु आँकड़े बताते हैं कि मामला ऐसा नहीं है। शिक्षक इसका कारण गरीबी, अभिभावकों के शिक्षा स्तर में कमी, घर पर मुद्रित पठन सामग्री की कमी, दूसरी भाषा का मुद्दा, बच्चे की अधीरता और मनोरंजन के अन्य विकल्पों को बताते हैं। ये सब कारक रीडिसाइड में अपना योगदान देते हैं, हालांकि कुछ और कारक भी विद्यालय में हैं जो पढ़ने की हत्या कर रहे हैं। पाठक तैयार करने के बजाय परीक्षा देने पर ज़ोर, 'रामबाण' जैसे पठन कार्यक्रम, वास्तविक पठन अनुभवों को सीमित करना, किताबों का बहुत ज्यादा या बहुत कम पढ़ना तथा मूक पठन की जगह शैक्षिक (डिग्री/परीक्षा के लिए) पढ़ना जैसे कारक रीडिसाइड में प्रमुख है।

गैलेगर, ''शिक्षकों तथा पाठ्यचर्या निर्माताओं का 'गुणात्मक' पठन से क्या

तात्पर्य है? यदि अधिकांश विद्यालयों की प्रक्रियाओं पर गौर करें तो यह लगता है कि विद्यालय राज्य द्वारा परीक्षा के लिए अनिवार्य की गई सामग्री के पठन को ही 'गुणात्मक' पठन मानते हैं। और इस प्रकार का पठन विद्यार्थी अपने वयस्क जीवन में शायद ही कर सकेंगे।''

इस पुस्तक में पाँच पाठ हैं : द ऐलिफेन्ट इन द रूम, इनडैन्जर्ड माइंडस, अवोइडिंग द सुनामी, फांईडिंग द स्वीट स्पॉट ऑफ इन्सट्रक्शन एण्ड एन्डिंग रीडिसाइड। प्रत्येक अध्याय रीडिसाइड से संबंधित कारकों का गहनता से अध्ययन करता है और यह खोजने के प्रयास पर खत्म होता है कि विद्यार्थियों को पुस्तकों के प्रति उदासीन होने से कैसे रोके।

प्रस्तावक के बारे में : वंदना पुरी ने यूनिवर्सिटी ऑफ इलिनॉय, अर्बन कैंपेन से भाषा विज्ञान में पीच.डी. की है। उनके अनुसन्धान रुचि में ध्वनिक स्वर, सस्वर पाठ, छन्दशास्त्र, द्विभाषावाद, न्यू इंग्लिशेज़ और सामाजिक भाषा विज्ञान शामिल रहे है। वे विद्या भवन, उदयपुर की सलाहकार भी हैं।

e-mail : vandana22puri@yahoo.com

अनुवादक : नेहा कश्यप, विद्या भवन शिक्षा सन्दर्भ केन्द्र, उदयपुर (राज.)।

स्रोत : *लेंग्वेज एण्ड लेंग्वेज टीचिंग*, 3.1.5., 66-67, जनवरी 2014.

700 क्लासरूम एक्टिविटीज़ : इन्सटेन्ट लेसन्स फॉर बिज़ी टीचर्स

(प्रकाशक : मैक्मिलन बुक्स फ़ॉर टीचर्स, ऑक्स्फ़र्ड, प्रथम प्रकाशन : 2003, वर्तमान संस्करण : 2005, ISBN : 978-1-4050-8001-9)

लेखक : डेविड सेमर तथा मारिया पोपोवा

प्रस्तावक : वन्दना पुरी

जैसा कि शीर्षक से संकेत मिलता है, इस पुस्तक में प्रारम्भिक तथा उच्च-माध्यमिक स्तर पर अंग्रेज़ी को एक विदेशी भाषा के रूप में पढ़ाने वाले शिक्षकों के लिए 700 गतिविधियाँ हैं। यह उन शिक्षकों के लिए एक महत्त्वपूर्ण साधन है जो अंग्रेज़ी-शिक्षण को आनन्ददायी तथा रुचिकर बनाना चाहते हैं। किताब में प्रस्तावित गतिविधियों का उद्देश्य पाठ-योजना के हिस्से के तौर पर, सहायक सामग्री के रूप में या फोकस बदलने की आवश्यकता महसूस होने पर तुरन्त अभ्यास मुहैया करवाना है। इनमें से अधिकतर गतिविधियों के लिए किसी विशेष तैयारी की आवश्यकता नहीं है।

इस किताब को चार हिस्सों में विभाजित किया गया है- बातचीत, कार्य, व्याकरण और शब्दावली। प्रत्येक हिस्से में एक से अधिक गतिविधियाँ हैं। हर हिस्से में शामिल गतिविधियों को अक्षरक्रम के अनुसार व्यवस्थित किया गया है। सभी विषयों को किताब के अन्त में सूचीबद्ध किया गया है। गतिविधियों को करवाने का समय शिक्षक द्वारा कक्षा के आकार तथा विद्यार्थियों की रुचि और योग्यता तथा उत्साह को ध्यान में रखते हुए तय किया जा सकता है। कुछ गतिविधियाँ कक्षा के बाहर प्रोजेक्ट के रूप में हैं और इनमें इंटरनेट पर खोजबीन की आवश्यकता पड़ सकती है। अधिकांश मामलों में, शिक्षकों को गतिविधि का शीर्षक बोर्ड पर लिखने के लिए प्रोत्साहित किया जाता है ताकि बातचीत को गतिविधि की दिशा में ले जाया जा सके। गतिविधि की कठिनाई का स्तर गतिविधि-शीर्षक के बगल में चिह्नित है। सेमर और पोपोवा सुझाते हैं कि व्याकरण के लिए अधिक सीमित ग्रेडिंग होनी चाहिए; बातचीत के विषयों से

सम्बद्ध गतिविधियों के लिए ग्रेडिंग कक्षा और स्तर-विशेष के अनुरूप हो सकती है। दिलचस्प बात है कि बच्चों के लिए संवेदनशील या उन्हें असहज स्थिति में डालने वाले विषयों के साथ एक खतरे का निशान अंकित है ताकि शिक्षक उस गतिविधि को प्रयोग में लाने के बारे में सावधानीपूर्वक निर्णय ले सके।

गतिविधियों को चार मुख्य वर्गों में विभाजित किया गया है–

- शिक्षक विद्यार्थियों को सांकेतिक प्रश्नों, महत्त्वपूर्ण शब्दों या वाक्यांशों की मदद से बताता है।
- सांकेतिक शब्द बोर्ड पर लिखे रहते हैं।
- संक्षेप में बोलकर लिखवाने या भूमिका निर्धारण द्वारा गतिविधियाँ की जाती हैं।
- कोई एक विद्यार्थी-विशेष कक्षा के बाहर गतिविधि के लिए तैयारी करता है और कक्षा में इसे प्रस्तुत करता है।

अधिकांश गतिविधियों के अलग-अलग हिस्से हैं जिन्हें जोड़ों में, समूह में या फिर पूरी कक्षा की गतिविधि के रूप में किया जाना होगा। ये गतिविधियाँ विद्यार्थियों को विभिन्न प्रकार के कौशलों से जोड़ती हैं। सेमर और पोपोवा सुझाते हैं कि कई सारी गतिविधियों में टीम बनाकर खेलना महत्त्वपूर्ण है। इस प्रकार के खेलों से दोस्ताना प्रतिस्पर्द्धा तथा कक्षा में विद्यार्थियों की भावनात्मक भागीदारी को बढ़ावा मिलता है।

यह पुस्तक उन शिक्षकों के लिए एक महत्त्वपूर्ण साधन है जो योजनाबद्ध पाठ्यक्रम की विषयवस्तु के दायरे से निकलकर, चाहते हैं कि उन के विद्यार्थी सीखने की प्रक्रिया में शामिल हों। गतिविधियाँ नवाचारी, व्यस्त रखने वाली तथा अंग्रेज़ी के ज्ञान को बढ़ाने वाली लगती हैं। शिक्षक इनमें से कुछ गतिविधियों को अन्य भाषाओं के शिक्षण के लिए भी आवश्यकतानुसार परिवर्तित कर सकते हैं।

प्रस्तावक के बारे में : वंदना पुरी ने यूनिवर्सिटी ऑव इलिनॉय, अर्बन कैम्पेन से भाषा-विज्ञान में पीएच.डी. की है। अनुसन्धान सम्बन्धी उनकी रुचि में ध्वनिक स्वर, सस्वर पाठ, छन्दशास्त्र, द्विभाषावाद, न्यू इंग्लिशेज़ और सामाजिक भाषा-विज्ञान शामिल रहे हैं। वे विद्या भवन, उदयपुर की सलाहकार भी है।

e-mail : vandana22puri@yahoo.com

अनुवादक : नेहा कश्यप, विद्या भवन शिक्षा सन्दर्भ केन्द्र, उदयपुर (राज.)।

स्रोत : *लेंग्वेज एण्ड लेंग्वेज टीचिंग*, 3.1.5, 65, जनवरी 2014.

डवैलपिंग मटीरियल्ज़ फॉर लेंग्वेज टीचिंग

(प्रकाशकः ब्लूमसबरी लंदन, पहला प्रकाशनः 2003, वर्तमान संस्करणः 2013,
ISBN : (HB) 978-0-8264-5918-3 (PB) 978-0-8264-5917-6)

सम्पादक : ब्रायन टॉमलिंसन
प्रस्तावक : वंदना पुरी

ऐसी कई पुस्तकें हैं जिन्होंने भाषा सीखने-सिखाने के क्षेत्र में सामग्री निर्माण से सम्बन्धित महत्त्वपूर्ण मुद्दे उठाये हैं। लेकिन यह पुस्तक दूसरी पुस्तकों से भिन्न है। यह न केवल भाषा-अध्ययन के क्षेत्र में भाषा सीखने-सिखाने की सामग्री से जुड़े मुख्य पहलुओं तथा मुद्दों को व्यापकता के साथ देखती है, बल्कि विश्व भर में इस सामग्री के निर्माताओं तथा उपभोगकर्ताओं की दृष्टि से इस विषय में हुए वर्तमान विकास को भी शामिल करती है। यह पुस्तक अंग्रेज़ी के अतिरिक्त अन्य भाषाओं जैसे स्पैनिश, इटैलियन और जैपनीज़ के दृष्टिकोण से भी भाषा-शिक्षण के लिए सामग्री निर्माण का परीक्षण करती है।

इस पुस्तक के लेखकों में अंग्रेज़ी मूल के और गैर-अंग्रेज़ी भाषी दोनों तरह के लेखक शामिल हैं। ये लेखक ग्यारह अलग-अलग देशों से हैं, अलग-अलग भाषाएँ बोलते हैं और उनके पास किसी न किसी विदेशी या द्वितीय भाषा-शिक्षण का अनुभव है। इन्होंने भाषा-विज्ञान के वर्तमान रुझानों को ध्यान में रखते हुए द्वितीय भाषा की सामग्री को निर्मित करने में योगदान दिया है।

इस पुस्तक का सरोकार सामग्री विकसित करने, उसके मूल्यांकन और लिखने के सिद्धान्तों और कार्यविधियों से तो है ही, शिक्षकों के व्यक्तिगत तथा व्यावसायिक विकास से भी है। पुस्तक के पाँच हिस्से हैं–

- सामग्री का मूल्यांकन तथा रूपान्तरण।
- सामग्री-निर्माण के सिद्धान्त तथा कार्यविधियाँ (ढाँचा, लेखन, प्रकाशन, सामग्री को मानवीय स्तर पर लाना, सदृश्य तत्व, इलेक्ट्रॉनिक सामग्री तथा पाठ्यक्रम-पुस्तक के प्रति सर्जनात्मक दृष्टिकोण)।

- लक्ष्य समूहों (प्राथमिक विद्यालय, द्वितीय-भाषा शिक्षार्थी, वयस्क प्रारम्भिक शिक्षार्थी, वयस्क इत्यादि) के लिए सामग्री निर्माण।
- विशिष्ट प्रकारों की सामग्री (व्याकरण, पढ़ने और बोलने, शब्दावली, साहित्य, भाषा के प्रति जागरूकता, सांस्कृतिक-जागरूकता इत्यादि से संबद्ध सामग्री) का निर्माण।
- सामग्री-निर्माण प्रशिक्षण (शिक्षक-प्रशिक्षण, सामग्री-विकास, पाठ्यपुस्तक लेखन इत्यादि)।

भाषा सीखने-सिखाने से सम्बद्ध सामग्री पर लिखी गयी अधिकांश पुस्तकें, छपी हुयी सामग्री पर केन्द्रित होती हैं। लेकिन यह पुस्तक सदृश्य सामग्री, श्रवण सामग्री, कम्प्यूटर, इन्टरनेट और जीवन्त सामग्री की बात करती है। पुस्तक के कुछ लेख– एक राष्ट्रीय तथा संस्थागत पाठ्यपुस्तक (पाठ 3, 30) के लिए आवश्यक जरूरतों पर चर्चा करते हैं। अन्य पाठों में उन समझौतों पर ध्यान केन्द्रित किया गया है जो सामग्री के व्यापारिक उत्पादन के चलते करने पड़ते हैं (पाठ 7, 8, 15, 19)।

बहुत से पाठों में इस बात पर चर्चा की गई है कि थोड़े से प्रशिक्षण, अनुभव तथा सहयोग से ही किस प्रकार शिक्षक अच्छी सामग्री के लेखक बन सकते हैं (पाठ 6, 27, 30, 31)। कुछ पाठों में सुझाव दिये गए हैं कि किन तरीकों से सामग्री-उत्पादन में होने वाली त्रुटियों से बचा जा सकता है (पाठ 1, 2, 4, 5)। यह पुस्तक कुल मिलाकर उनके लिए एक ही जगह पर बहुत कुछ उपलब्ध करवाती दुकान की तरह है जो विश्व स्तर पर भाषा के लिए सामग्री-निर्माण के मौजूदा रुझानों के बारे में जानना चाहते हैं।

प्रस्तावक के बारे में : वंदना पुरी ने यूनिवर्सिटी ऑफ इलिनॉय, अर्बन कैंपेन से भाषा विज्ञान में पीएच.डी. की है। उनकी अनुसन्धान रुचि में ध्वनिक स्वर, सस्वर पाठ, छन्दशास्त्र, द्विभाषावाद, न्यू इंग्लिशेज़ और सामाजिक भाषा विज्ञान शामिल रहे हैं। वे विद्या भवन, उदयपुर की सलाहकार भी हैं।

e-mail : vandana22puri@yahoo.com

अनुवादक : नेहा कश्यप, विद्या भवन शिक्षा सन्दर्भ केन्द्र, उदयपुर (राज.)।

स्रोत : *लेंग्वेज एण्ड लेंग्वेज टीचिंग*, 3.1.5, 66, जनवरी, 2014.

द ग्रामर एक्टिविटी बुक : अ रिसोर्स बुक ऑफ ग्रामर गेम्स फॉर यंग स्टुडेंट्स

(प्रकाशक : कैंब्रिज विश्वविद्यालय प्रेस, प्रथम संस्करण : 1999, वर्तमान अंक : 2011,
ISBN : 978-0-521-57579-9)

लेखक : बॉब ऑबी

खेल बच्चों के लिए सीखने-सिखाने का एक आकर्षक तरीका है। *'द ग्रामर एक्टिविटी बुक'* बच्चों के खेलों का उपयोग करते हुए व्याकरण पढ़ाने के लिए एक उपयोगी पुस्तक है। खेल, बातचीत को प्रोत्साहित करते हुए, ध्यान को बढ़ाते हुए और सीखने के उत्साह को बनाते हुए, भाषा के इस्तेमाल के लिए महत्त्वपूर्ण आधार प्रदान कर सकते हैं। यह पुस्तक अंग्रेज़ी के उन शिक्षकों के लिए है जिनके छात्र 12-16 वर्ष के आयु समूह के हैं। यह प्राथमिक से लेकर उच्च माध्यमिक स्तर के भाषा सीखने वालों के लिए गतिविधियों की एक श्रृंखला उपलब्ध कराती है। गतिविधियों को इस तरह से तैयार किया गया है कि वे सीखने वालों को प्रोत्साहित कर सकें, वे यह देख सकें की भाषा की बनावट कैसी होती है और किन नये तरीकों का उपयोग किया जा सकता है, यह उन्हें नये तरीकों का सही तरह से प्रयोग करने और अभी जो भाषा वे बोल रहे हैं उसके साथ जोड़ने में मदद करती है। ये सीखने वालों की मदद करती है कि वे अपने कौशलों का उपयोगी कामों के लिए प्रयोग कर सकें, ताकि बातचीत करते वक्त यह सीखा जा सके कि एक भाषा का दूसरी भाषा पर क्या प्रभाव पड़ता है।

इस पुस्तक में 15 इकाइयाँ हैं। प्रत्येक इकाई एक भाषा क्षेत्र पर आधारित है और इसमें उस भाषा क्षेत्र के विभिन्न पहलुओं से सम्बन्धित 4 से 5 गतिविधियाँ दी गयी हैं। पुस्तक गतिविधियों के विभिन्न प्रकारों के बजाय भाषा के विभिन्न पहलुओं के आधार पर लिखी गई है। गतिविधियों में बोर्ड के खेल, पहेलियाँ, कार्ड खेल, दौड़ के खेल, घटाव करने वाले खेल, प्रश्नोत्तरी आदि शामिल हैं। ये गतिविधियाँ कक्षा में होने वाली विभिन्न प्रकार की प्रक्रियाओं का उपयोग करती

हैं जैसे कि जोड़ों, समूहों में काम करना, बड़े समूहों में शामिल होना, कमरे में रखी चीजों को इकट्ठा करना, भागीदार खोजना आदि। पाठों में वर्तमान काल, प्रश्न, भूत काल, तुलनाएँ, चीजों का वर्णन, भविष्य काल, सही आकार, चीजें जिन्हें हम गिन सकें, दायित्व और संभावनाएँ, समय दर्शाना, गतिविधि और स्थान, पैसिव वॉइस, कामों की अदला बदली और किस ने क्या कहा जैसे विषयों को शामिल किया गया है। आखिरी पाठ में खेलों को एक बार फिर से दोहराया गया है, जिससे कि पिछले 14 पाठों को एक बार फिर से याद किया जा सके।

प्रस्तावक : वंदना पुरी ने यूनिवर्सिटी ऑफ इलिनॉय, अर्बन कैंपेन से भाषा विज्ञान में पीएच.डी. की है। उनकी अनुसंधान रुचि में ध्वनिक स्वर, सस्वर पाठ, छन्दशास्त्र, द्विभाषावाद, न्यू इंग्लिशेज़ और सामाजिक भाषा विज्ञान शामिल रहे हैं। वे विद्या भवन, उदयपुर की सलाहकार भी हैं।

अनुवादक : कामिनी उपाध्याय, विद्या भवन शिक्षा सन्दर्भ केन्द्र, उदयपुर (राज.)।

स्रोत : *लेंग्वेज एण्ड लेंग्वेज टीचिंग*, 3.2.6, 54, जुलाई 2014.

इमर्जेन्ट लिट्रेसी : चिल्ड्रन्स बुक्स फ्रॉम 0-3, स्टडीज इन रिटन लेंग्वेज एण्ड लिट्रेसी

(प्रकाशन : एम्सटरडेम फिल्लेडेल्फिया, प्रथम संस्करण : 2011,
ISBN : (HB) 97890272 18087, (PB) 9789027283238)

सम्पादक : बेट्टीना कुंमेर्लिग-मेयबोउर

प्रस्तावक : वन्दना पुरी

किताबों और चित्रों वाली किताबों के 3 वर्ष से कम उम्र के बच्चों पर पड़ने वाले प्रभावों पर काफी कम अध्ययन हुआ है। युवा मन में पढ़ने की इच्छा और रुचि को विकसित करने में चित्रों वाली पुस्तकों और कहानियों का एक बड़ा योगदान है। *इमर्जेन्ट लिट्रेसी* ये देखती है कि हम ये कैसे जाने कि बहुत छोटे बच्चे जो 10 महीने से 3 वर्ष की उम्र के बीच में होते हैं, वो किसी के साथ चित्रों वाली पुस्तक में चित्रों को देख कर या बच्चों की किताबों में से कहानी सुन कर क्या सीखते हैं? वे कौन-सी मानसिक जरूरतें हैं जो सीखने की ऐसी प्रक्रियाओं को बढ़ावा देती हैं? ये पढ़ने-लिखने की शुरुआत पर आजकल होने वाले शोध के मुख्य सवाल भी हैं। इस पुस्तक के पाठ मार्च 2009 में चित्रों वाली पुस्तकों के संग्रहालय ट्राइस्डोर्फ में बर्ग विजेम, कोलोन के पास, जर्मनी में आयोजित अन्तर्राष्ट्रीय सम्मेलन में प्रस्तुत लेखों के संशोधित प्रारूप हैं।

पुस्तक में कुल 14 पाठ हैं जो 3 हिस्सों में विभाजित हैं। पहला हिस्सा 'प्राथमिक साक्षरता के आधार' में 3 अध्याय हैं। यह 3 वर्ष से कम उम्र के बच्चों द्वारा काल्पनिक और रोज़मर्रा की घटनाओं का शाब्दिक चित्रण, छोटे बच्चों में रंगों की समझ, सचित्र पुस्तकों और आधुनिक कला में बुनियादी डिज़ाइन के बारे में है। दूसरा हिस्सा 'तीन वर्ष से कम उम्र के बच्चों के लिए चित्रों वाली पुस्तकें' है इसमें 6 पाठ हैं- साहित्य के लिए प्रोत्साहन कैसे शुरू होता है, छोटे और मौखिक तरीकों को सीखना, खेल-खेल में पढ़ना, 0-3 उम्र तक के बच्चों के

लिए चित्रों वाली पुस्तकों के शब्द, छोटे बच्चों में साक्षरता के रास्ते और असल उपयोग और वैज्ञानिक सोच को जोड़ना हैं। तीसरे हिस्से का शीर्षक है 'बच्चे/किताब के बीच आपसी बातचीतः केस स्टडी'। इसमें 4 पाठ हैं- माँ द्वारा चित्रों वाली पुस्तक को पढ़ने के दौरान चीज़ों और कार्यों की समझ, बिना किसी विवरण के पढ़ना, खेल, बातचीत और कहानियों द्वारा पढ़ाई और स्वयं पढ़ने की भावना को विकसित करना और कैसे चित्रों वाली पुस्तकें पढ़ कर दो तरह की भाषा बोलने वाले छोटे बच्चों का भावनात्मक विकास होता है।

उभरती और प्राथमिक साक्षरता के व्यावहारिक पहलुओं पर कई पुस्तकें हैं। हालाँकि, इस पुस्तक में कई विषयों की जानकारी है (जैसे कला इतिहास, बच्चों के साहित्यक शोध, चित्रों वाली पुस्तक के नियम, भाषा विज्ञान, ज्ञान से संबंधित मनोविज्ञान और शिक्षाशास्त्र) और ये 3 वर्ष से कम उम्र के छोटे बच्चों की प्रारम्भिक साक्षरता और बच्चों की पुस्तकों के बीच में मजबूत सम्बन्धों पर ज़ोर देती है।

प्रस्तावक : वंदना पुरी ने यूनिवर्सिटी ऑफ इलिनॉय, अर्बन कैंपेन से भाषा विज्ञान में पीएच.डी. की है। उनकी अनुसन्धान रुचि में ध्वनिक स्वर, सस्वर पाठ, छन्दशास्त्र, द्विभाषावाद, न्यू इंग्लिशेज़ और सामाजिक भाषा विज्ञान शामिल रहे हैं। वे विद्या भवन, उदयपुर की सलाहकार भी हैं।

अनुवादक : कामिनी उपाध्याय, विद्या भवन शिक्षा सन्दर्भ केन्द्र, उदयपुर (राज.)।

स्रोत : *लेंग्वेज एण्ड लेंग्वेज टीचिंग*, 3.2.6, 54-55, जुलाई 2004.

रिपोर्ट

टिप्पणी

अज़ीम प्रेमजी फाउण्डेशन के फील्ड कर्मियों के लिए भाषा की कार्यशाला

निवेदिता विजय बेदादुर

स्टेट इन्स्टिट्यूट ऑफिस, अज़ीम प्रेमजी फाउन्डेशन, जयपुर
19-24 मार्च, 2013

स्टेट इन्स्टिट्यूट ए.पी.एफ. (राजस्थान) में प्रो. रमा कांत अग्निहोत्री व प्रो. अमृत लाल खन्ना के मार्गदर्शन में भाषा-कार्यशाला आयोजित की गई। कार्यशाला में कुल 47 प्रतिभागियों ने भाग लिया। इनमें 21 अंग्रेज़ी समूह, 3 कन्नड़ समूह, 20 हिन्दी समूह और 3 विद्या भवन सोसायटी के सदस्य थे। कार्यशाला के उद्देश्य थे–

(i) यह समझना कि बच्चे भाषा कैसे सीखते हैं।

(ii) भाषा की प्रकृति और ढाँचे की समझ बनाना।

(iii) भाषा अर्जन करने व भाषा सीखने की प्रक्रिया को समझना।

सीखने वालों का भाषा-प्रोफाइल : बहुभाषिकता को समझने की ओर पहला कदम

रजनी ने सीखने वालों का भाषा-प्रोफाइल बनाने की आवश्यकता के बारे में बातचीत की। साथ ही प्रतिभागियों का भाषा-प्रोफाइल बनाने के लिए रूपरेखा भी तैयार की।

अगला सत्र 'बच्चे में भाषा अर्जित करने की क्षमता होती है' पर केंद्रित था। इस सन्दर्भ में कई मुद्दों पर विचार किया गया जैसे- क्या भाषा केवल नकल करके और विभिन्न भाषायी घटकों के बीच सम्बन्ध स्थापित करके सीखी जाती है, भाषा और संज्ञान में क्या सम्बन्ध है? क्या भाषा अर्जन चरण-दर-चरण होता है या भाषा अर्जन के दौरान कई प्रक्रियाएँ एक साथ चलती हैं? और भाषा अर्जन में बच्चे के पास मौजूदा ज्ञान की क्या भूमिका होती है? इत्यादि।

"ले मशालें चल पड़े हैं लोग मेरे गाँव के..." गीत के साथ दूसरे दिन की

शुरुआत हुई। गीत को रोमन लिपि में कैसे लिखा जा सकता है- इस पर रोचक चर्चा हुई। प्रतिभागियों को उनकी मूल भाषा के आधार पर समूहों में बाँटा गया। मालूम हुआ कि पूरे बड़े समूह में कुल 9 भाषाएँ मौजूद थीं। पहले हर समूह ने इस गीत का अपनी भाषा में अनुवाद किया और फिर इस अनुवाद को रोमन लिपि में लिखकर डिस्प्ले बोर्ड पर लगा दिया।

अनुवाद के टॉस्क पर चर्चा

दोपहर के सत्र में प्रोफेसर अग्निहोत्री ने अनुवाद के टॉस्क पर विचार करने में प्रतिभागियों की मदद की। प्रतिभागियों की समझ बनी कि सभी भाषाओं को किसी भी एक लिपि में लिखा जा सकता है, वहीं साधारण तब्दीलियाँ करके किसी भी भाषा को सभी लिपियों में लिखा जा सकता है। वास्तव में भाषा का लिपि से कोई लेनादेना नहीं है। अतः हमें खुद को लिपि की बेड़ियों से मुक्त करने की ज़रूरत है। साथ ही एक भाषा का ज्ञान दूसरी भाषा की समझ बनाने में भी मददगार होता है। यह भी समझ बनी कि टेक्स्ट के बारे में पूरी समझ न हो तो अनुवाद नहीं किया जा सकता। यानि कि अनुवाद करने के लिए सबसे ज़रूरी है टेक्स्ट की संपूर्णता में समझ। उन्होंने जाना कि मानवीय भाषाओं की संरचना में बुनियादी समानताएँ होती हैं और स्वर ध्वनियों एवं व्यजंन ध्वनियों में अन्तर होता है। दिन के अंतिम सत्र 'पढ़ना क्या है' का संचालन पल्लवी ने किया। सत्र के दौरान एक टेक्स्ट का विभिन्न पाठकों द्वारा भिन्न-भिन्न अर्थ ग्रहण किया जा सकता है और यह अर्थ लेखक द्वारा दिये गये अर्थ से भी भिन्न हो सकता है, इस मुद्दे पर रोमांचक बहस छिड़ गई।

भाषा की प्रकृति की खोजबीन

तीसरे दिन के पहले सत्र में प्रतिभागियों की शंकाओं व उनके प्रश्नों के बारे में चर्चा हुई। दूसरे सत्र में अलग-अलग तरह के समूह कार्य किये गये जैसे कि जिस गीत को प्रतिभागियों ने अपनी भाषा में अनुवादित किया गया था उन्हें उसी अनुवादित गीत में से 'CCCV'* व 'VCCC' पैटर्न वाले शब्दों को पहचानना था। इसी टॉस्क का दूसरा हिस्सा था इस अनुवादित गीत से उपलब्ध डाटा को देखते हुए अपनी भाषा में वचन परिवर्तन के नियमों को ढूँढ़ना। इस टॉस्क के

---

*C (Consonant Sound) व्यंजन ध्वनियों का प्रतीक है।
V (Vowel Sound) स्वर ध्वनियों का प्रतीक है।

प्रस्तुतीकरण के दौरान ध्वनि के स्तर का आधारभूत व सार्वभौमिक नियम सामने आया कि लगभग सभी भाषाओं के शब्दों में ध्वनियों के समूहों का आयोजन मुख्यतः 'CVCV' ही होता है। चर्चा के अन्त में समझ बनी कि भाषा सीखने की प्रक्रिया में दरअसल कई बार हमें कई चीज़ों को भूलना होता है ताकि हम नया सीख सकें। अतः कह सकते हैं कि भाषा सीखना भाषा भूलने की प्रक्रिया है और बच्चा इन सार्वभौमिक नियमों का उपयोग कर कोई भी भाषा सीख सकता है।

भाषा की प्रकृति क्या है?

चौथे दिन की शुरुआत हुई भाषा की प्रकृति पर चर्चा से। प्रोफेसर अग्निहोत्री ने बताया कि भाषा के लिखित रूप की तुलना में भाषा का मौखिक रूप ज़्यादा जल्दी बदलता जाता है और हमें बोली और लिपि में परस्पर नये सम्बन्ध बनाते रहना चाहिये। एक तरफ तो भाषा में सौ प्रतिशत मनमानापन है, वहीं दूसरी तरफ यह सौ प्रतिशत नियम-नियंत्रित भी है।

अगले सत्र में ध्वनि के सबसे छोटे टुकड़े (शब्दांश) की संरचना पर चर्चा हुई। शब्दांश- शब्द की वह सबसे छोटी इकाई है जिसे हम एक ही साँस में बोल सकते हैं। किसी शब्दांश का केन्द्र स्वर ध्वनि होती है, जो शब्दांश की ध्वनि का शिखर निर्धारित करती है। केवल शुद्ध व्यंजन ध्वनियों के प्रयोग से हम शब्द या शब्दांश को बोल ही नहीं सकते। 'म', 'न' और 'ल' खास ध्वनियाँ हैं क्योंकि ये (+) सिलेबिक और (-) सिलेबिक दोनों श्रेणियों में उपयुक्त हैं। यानि इन ध्वनियों को स्वर ध्वनि की सहायता से भी बोला जा सकता है और बिना स्वर ध्वनियों के भी। उदाहरण के लिए अंग्रेज़ी के शब्द जैसे कि 'little', 'button' इत्यादि बोलते समय 'ट' और 'ल' के बीच, 'ट' और 'न' के बीच स्वर का सहयोग न के बराबर है। 'w' और 'y' पेचीदा हैं क्योंकि न तो ये पूर्णतः व्यंजन हैं और न ही स्वर। पूर्ण स्वर शब्दांश का ध्वनि शिखर बनाने की क्षमता रखते हैं और शब्दांश का केंद्रक भी होते हैं। इस चर्चा को बहुवचन-निर्माण टॉस्क पर प्रस्तुति के माध्यम से प्रतिभागियों ने आगे बढ़ाया।

अंग्रेज़ी भाषा में बहुवचन रूपिम का निर्माण

प्रोफेसर अग्निहोत्री ने बताया कि अंग्रेज़ी में तीन किस्मों के बहुवचन मिलते हैं– /s/, /z/ और /iz/ में अंत होने वाले। उनके द्वारा कुछ अपवादों के उदाहरण भी दिये गये जैसे कि child, knife, tooth आदि जो इन किस्मों के अंतर्गत नहीं आते। उन तीन नियमों के बारे में विस्तार से चर्चा हुई जिसके आधार पर अंग्रेज़ी

के अन्य सभी शब्दों के बहुवचन बनाये जा सकते हैं। अंतिम सत्र में समूहों को पिछले दिन पढ़ने के लिए दिये गये लेख पर बातचीत हुयी व चार साल के बच्चे की भाषागत क्षमताओं के बारे में गहरी चर्चा हुयी।

भाषा अर्जन की प्रक्रिया के बारे में और खोजबीन

कार्यशाला के पाँचवे दिन प्रोफेसर अग्निहोत्री ने प्रतिभागियों के सामने बहुवचन के नियम से संबंधित एक समस्या रखी और उसे हल करने को कहा। पूरे आत्मविश्वास के साथ सभी प्रतिभागियों ने समाधान खोज लिए। प्रोफेसर अग्निहोत्री ने कहा कि एक तीन साल के बच्चे के पास भी यह ज्ञान मौजूद होता है। इससे यह साबित होता है कि कोई भी बच्चा, बिना सचेत प्रयत्न किए भाषा के नियमों का पुनः निर्माण कर सकता है। इसके उपरांत हिन्दी भाषा में बहुवचन बनाने के तरीकों के सन्दर्भ में चर्चा की गयी। बातचीत के दौरान सामने आया कि किसी भी संज्ञा के बहुवचन बनाने पर उसके अलग-अलग रूप एक समान दिख सकते हैं, पर वाक्य में प्रत्येक की भूमिका विशेष होती है। यह भी सामने आया कि जो बच्चे मूलतः अंग्रेज़ी भाषी होते हैं उनमें वचन की समझ लिंग की समझ से पहले आती है, जबकि मूलतः हिन्दी भाषी बच्चे पहले लिंग पहचानते हैं और फिर वचन।

शब्द-जाल से भाषा की संरचना का खुलासाः भाषा अर्जन का रहस्य

अगला टॉस्क था शब्द-जाल का निर्माण। हिन्दी भाषा का शब्द 'चल' बोर्ड पर लिख दिया गया। समूहों ने दिये गये शब्द के विभिन्न रूप जो शब्द से मिलते-जुलते थे, बनाये। लगभग बीस-बीस शब्द हिन्दी व अन्य भाषाओं में बनाये गये। हालांकि अंग्रेज़ी में 'walk' से बनने वाले शब्दों की संख्या सीमित ही थी। शब्द जाल के इस टॉस्क में इस बात की तरफ ध्यान दिलाया गया कि बच्चों को किसी भी भाषा में एक शब्द से जुड़े अन्य शब्दों के निर्माण की प्रक्रिया को समझने के लिए सिर्फ 5 से 6 ऐसे शब्द जाल बनाने की ज़रूरत है। शब्द जाल बनाते-बनाते वे खुद ही भाषा के शब्द निर्माण की प्रक्रिया का ताना-बाना बुन लेते हैं और इसके बाद वे उन शब्दों के भी विभिन्न रूप बना सकते हैं जो उन्होंने कभी भी ना सुने हों और जो उनके लिए बिल्कुल नये हो। यही कारण है कि बच्चों द्वारा की गलतियाँ तार्किक होती हैं, ख़ास तौर पर अपवाद शब्दों के साथ चूँकि उनको यह समझ आ जाता है कि शब्दों का तानाबाना कैसे काम करता है इसीलिए वे कृत्रिम या सूडो/छद्म शब्द भी रचते हैं। अगले सत्र में वाक्य संरचना पर विचार किया गया। कर्ता-क्रिया-कर्म और कर्ता-कर्म-क्रिया पैटर्न के वाक्यों पर विस्तार से

चर्चा हुई। फिर प्रतिभागियों की अपनी भाषा में व्यक्ति, वचन, लिंग के नियमों की चर्चा कर उन्हें सारणीबद्ध करने को कहा गया। लंच के बाद के सत्र में भाषा परिवारों के बारे में चर्चा हुई।

आख़िरी दिन का आरंभ खजान सिंह जी द्वारा एक सुंदर बाल गीत से हुआ। जिसके बाद भाषा और सौंदर्यबोध (aesthetics) पर समूहों में चर्चा हुई। फिर समूहों में ही यह गतिविधि की गयी–

(i) नकारात्मक वाक्य बनाने के लिए नियम,

(ii) हाँ-या-ना वाले सवाल बनाने के लिए नियम व

(iii) 'wh' वाले सवाल बनाने के लिए नियम

हिन्दी व अंग्रेज़ी में नकारात्मक वाक्य, हाँ या ना वाले सवालों व 'wh' सवालों पर प्रस्तुति के साथ अगला सत्र आरंभ हुआ। प्रतिभागियों ने अंग्रेज़ी, कन्नड़ व हिन्दी के नियमों पर गौर कर सामान्यीकरण किया कि अधिकतर भाषाओं में नकारात्मकता का सूचक क्रिया के करीब स्थित रहता है। प्रतिभागी यह देखकर अचंभित रह गये कि चार साल के बच्चे को भी इसका बोध होता है।

हाँ-या-ना वाले सवालों का ध्यानपूर्वक निरीक्षण किया गया। 'wh' यानि 'क्या' वाले सवालों का केस हिन्दी और अंग्रेज़ी में भिन्न पाया गया। इस बात को रेखांकित किया गया कि बच्चों को भी इनकी संरचना में अन्तर मालूम है और वे उचित तरीके से जवाब देना भी जानते हैं। यह वाकई आश्चर्यजनक बात है कि बच्चे को भाषाई इनपुट इतना कम मिलता है लेकिन उनके द्वारा सृजन की गयी भाषा दिये गये इनपुट से कहीं ज्यादा होती है। इसे 'प्लेटो की दुविधा' के नाम से जाना जाता है। बच्चे भाषा के सभी नियमों को समझते हैं, कुछ का ऊपर उल्लेख किया गया है और बाकी बहुत सारे नियम वे औपचारिक रूप से सिखाये बगैर ही सीख जाते हैं। ये अवलोकन इस बात की मंजूरी देते हैं की एक जन्मजात उपकरण होता है और इस उपकरण में सार्वभौमिक व्याकरण व पैरामीटर सेटिंग उपकरण भी होता है। इन सब से ज़ाहिर ही है कि बच्चे केवल अनुकरण, देखकर और दोहराने से नहीं सीखते क्योंकि वे अक्सर ऐसे वाक्य या शब्दावली की रचना करते हैं जो उन्होंने पहले सुने ही नहीं होते। एक बच्चा कोई भी भाषा सीख सकता है बशर्ते जो भाषा उसे सिखायी जाये उसका उसके लिए कोई अर्थ हो। जहाँ तक संभव हो सके भाषा सिखाने के बजाय ऐसी स्थितियाँ निर्मित की जानी चाहिये कि बच्चे स्वयं भाषा को अर्जित कर सकें।

लेखिका के बारे में : निवेदिता ने, देश और विदेश में, अंग्रेज़ी शिक्षण, सन्दर्भ व्यक्ति और केन्द्रीय विद्यालय में प्रधानाचार्या का कार्य किया है। आजकल वे अज़ीम प्रेमजी यूनिवर्सिटी के यूनिवर्सिटी रिसोर्स सेन्टर में कार्यरत है।

e-mail : nivedita@azimpremjifoundation.org

अनुवादक : पंखुरी अरोड़ा, विद्या भवन शिक्षा सन्दर्भ केन्द्र, उदयपुर (राज.)।

स्रोत : *लेंग्वेज एण्ड लेंग्वेज टीचिंग*, 2.2.4, 66-68, जुलाई 2013.

कहानी मेरी जुबानी

सुनीता मिश्रा एवं विजय कुमार

दिनकर सोसायटी और ओजस इंस्टिट्यूट ऑफ मैनेजमेंट, रोहिणी, दिल्ली के सहयोग से, मार्च 29, 2013

परिचय

कहानियाँ और लोककथाएँ भारतीय संस्कृति के हृदय में बसी हैं। सदियों से, बच्चे का दुनिया से पहला परिचय उसके अपने परिवार जनों, विशेषकर दादा-दादी द्वारा सुनायी जाने वाली कहानियों से ही होता है। ये कहानियाँ न केवल उनकी कल्पनाओं को समृद्ध करती हैं बल्कि उन्हें दुनिया के विविध रंगों एवं उनके इर्द-गिर्द बोली जाने वाली भाषाओं के अवलोकन के मौके भी देती हैं। वर्तमान पीढ़ी के लिए ये मौके धुंधलाते से नज़र आ रहे हैं। कथा मंच, कहानियों को सीखने-सिखाने के साधन के रूप में प्रयोग को समर्पित, एक ऐसा समूह है जो इस रिक्तता को भर देने की आकांक्षा रखता है।

कथा मंच एक अनौपचारिक समूह है इसमें शिक्षा के क्षेत्र से जुड़े लोग यथा विद्यालयी शिक्षक, शिक्षक-प्रशिक्षक, फील्ड फैसिलिटेटर, विश्वविद्यालय के प्रोफेसर, छात्र आदि शामिल हैं। समूह के अधिकांश सदस्यों ने न केवल बच्चों का ध्यान आकृष्ट करने में बल्कि उनके पढ़ने व लिखने के कौशलों को समृद्ध करने में, उनकी कल्पनाशीलता व संज्ञानात्मक कौशलों के विकास में, उनको संवेदनशील बनाने में और विश्व दृष्टिकोण एवं सांस्कृतिक विविधताओं के प्रति उनमें सहिष्णुता विकसित करने में भी कहानियों और कहानी कहने की शक्ति का अनुभव किया है। कथा मंच द्वारा एक, एक दिवसीय कार्यशाला का आयोजन किया गया जिसके उद्देश्य निम्नलिखित थे–

- ऐसे लोगों का नेटवर्क तैयार करना जो कहानी सुनाने में रुचि रखते हैं।

- कहानियाँ सुनाने की विविध विधाओं का प्रदर्शन करना।
- कहानियों के सीखने-सिखाने के साधन के रूप में इस्तेमाल पर विचार-विमर्श करना।
- लोकसाहित्य में प्रदर्शित सांस्कृतिक सम्पन्नता के महत्त्व को समझने-समझाने।
- समूह की संभावित गतिविधियों हेतु सुझाव आमंत्रित करना।

प्रतिभागियों की पृष्ठभूमि

स्कूलों के शिक्षक, शिक्षक-प्रशिक्षक (बी.ई.एल.एड., बी.एड., जे.बी.टी. आदि), स्कूलों के प्राचार्य, दिल्ली विश्वविद्यालय के सहायक प्रोफेसर, फील्ड फैसिलिटेटर और कहानी सुनाने में रुचि रखने वाले लोगों ने इस कार्यशाला में भाग लिया।

कार्यशाला की शुरुआत परिचय सत्र से हुयी। सत्र में संचालकों ने अपने व अपने विद्यार्थियों के शिक्षण/अनुभवों के उदाहरण देते हुये सीखने-सिखाने के साधन के रूप में कहानी कहने पर चर्चा की। उनका ज़ोर कहानी सुनाने में भाषायी व सांस्कृतिक पक्षों के महत्त्व पर था। अपने व्यक्तिगत और शिक्षण अनुभवों के आधार पर उन्होंने पाया कि कहानी सुनाने के उपयोग का क्रमिक ह्रास हुआ है और इसको पुनर्जीवित करने की आवश्यकता है। आई.सी.टी. (सूचना एवं संचार प्रौद्योगिकी), मल्टीमीडिया आदि के आगमन के साथ लोग कहानियाँ सुनने-सुनाने के उत्साह और सुख का अहसास ही नहीं कर पाते और विशेषकर बच्चों के मामले में तो यह बात बिल्कुल सही है। इसकी अनुपस्थिति में बच्चों ने टेलीविजन एवं अन्य माध्यमों की तरफ रुख़ कर लिया है।

दूसरे सत्र का संचालन दिल्ली विश्वविद्यालय के बी.ईएल.एड. (बैचलर ऑफ एलिमेंट्री एजुकेशन) के विद्यार्थियों द्वारा किया गया। उन्होंने कहानियाँ सुनाने की विधाओं पर ध्यान केन्द्रित किया। पहली प्रस्तुति कहानी "पिंकू पिग्गी" का एकल नाट्य मंचन था; यह एक दंतकथा है जिसमें बताया गया है कि सूअर क्यों गंदगी से घिरे रहना पसंद करते हैं। इसके ठीक बाद पंचतंत्र की सुप्रसिद्ध कहानी "बन्दर और मगरमच्छ" का मंचन हुआ। तीन प्रतिभागियों ने बंदर, मगरमच्छ और बंदर की पत्नी की भूमिका का अभिनय किया। तीनों के सहज संवादों ने कहानी के परंपरागत स्वरूप को हास्यबोध से भर दिया। इसके बाद की प्रस्तुति भी हास्यबोध से भरी थी जो एक प्रसिद्ध लोककथा पर आधारित थी। जिसमें चिड़िया की चक्की में दाना अटक जाता है। यह तुकान्त-कविता शैली की बेहद रोचक प्रस्तुति थी जिसे दर्शकों ने खूब सराहा। अंतिम प्रस्तुति एक छोटी बच्ची पर आधारित थी जो

अपनी समझदारी और अपनी माँ की सलाह से खुद को जंगली जानवरों से बचा लेती है। यह एक कठपुतली प्रदर्शन था जिसमें तुकान्त कविता शामिल थी। इस प्रकार, प्रतिभागियों ने जाना कि कहानी को व्यक्तिगत और सामूहिक रूप से कैसे विभिन्न रूपों में प्रस्तुत किया जा सकता है। ताकि कैसे कहानी को सीखने वालों के लिए बेहद जीवन्त और स्वाभाविक बनाया जा सकता है।

प्रस्तुतियों के बाद कहानी सुनाने की विभिन्न विधाओं एवं उनके उद्देश्यों पर चर्चा की गई। जिन प्रस्तुतकर्ताओं ने इन विवरणात्मक शैलियों का प्रयोग अपने शिक्षण प्रशिक्षण में किया था, उन्होंने इन विधाओं में अध्यापन कला के विशिष्ट पहलुओं पर सविस्तार चर्चा की। जहाँ रोल-प्ले को सृजनात्मक-संवाद एवं स्थितिजन्य लेखन के विकास में अत्यंत उपयोगी पाया गया, वहीं तुकांत लोकसाहित्य में दोहराव को भाषा सीखने की शुरुआत करने वालों के लिए, पढ़ने व लिखने के कौशलों को निर्मित करने में रणनीति के रूप में उपयोग किया गया है।

अन्य प्रतिभागियों ने अपने अनुभवों को साझा करते हुए बताया कि कैसे कहानी-वृतांन्त उनके विद्यार्थियों के बुनियादी भाषायी कौशलों के निर्माण में सहायक सिद्ध हुए। कहानियों में प्रस्तुत सामाजिक-सांस्कृतिक पहलुओं पर भी चर्चा हुई। प्रतिभागियों ने उल्लेख किया कि किस प्रकार रूढ़िवादी पुरुष चरित्र हमेशा एक्शन छवि में दिखाई देता है और मुश्किल स्थितियों का सामना करता है।

इसके बाद तीन प्रतिभागियों द्वारा की-बोर्ड, हारमोनियम एवं तबले के प्रयोग से तीन भिन्न भाषाओं में लोकगीतों की जीवन्त संगीतमय प्रस्तुति की गयी। इस प्रस्तुति ने एक बार फिर कहानी कहने की परंपरा को समाज व संस्कृति के सृजनात्मक कला से गहरे जुड़े होने के बिंदु पर ला दिया। इसके बाद एक शिक्षक ने स्वयं की लिखी कविता का पाठ किया।

प्रस्तुतियों के बाद चर्चा के दौरान सी.आई.ई. स्कूल की प्राचार्या ने अपने विद्यालय में कहानी कहने को सीखने-सिखाने साधन के रूप में शुरू करने के अनुभवों को साझा किया। उन्होंने बताया कि किस प्रकार से उन्होंने संघर्षों एवं सफलताओं का सामना किया और जब उनके शिक्षकों ने देखा कि कक्षाओं में कहानी के प्रयोग से विद्यार्थियों में तेज़ी से सुधार दिखाई पड़ने लगा तो उनके दृष्टिकोण में भी परिवर्तन आया।

फीडबैक और भविष्य की दिशा

जिन प्रतिभागियों ने प्रस्तुतियों का पूरा मज़ा लिया था उन्होंने नोट किया कि विवरणात्मक शैली, जिस पर चर्चा हुई है वो दरअसल न सिर्फ भाषा बल्कि

अन्य विषय क्षेत्रों के सीखने-सिखाने में भी अत्यन्त सहायक सिद्ध हुयी है। एक प्रतिभागी का विचार था कि यदि कहानी को गंभीरता से लें तो यह एक ऐसा सीखने-सिखाने का साधन है जो पाठ्यपुस्तक का स्थान ले सकता है। लोक साहित्य के सन्दर्भ में एक शिक्षक-प्रशिक्षक का कहना था कि किस तरह मौखिक इतिहास की परम्परा का पुनरावलोकन किया जा रहा है और समकालीन सामाजिक अध्ययनों में इसका प्रयोग किया जा रहा है।

एक छात्राध्यापक ने अच्छी कहानी के चयन की क्या कसौटियाँ होंगी, के सन्दर्भ में जानना चाहा। इस प्रश्न पर कई प्रतिभागियों ने 'बच्चे की भाषा और अध्यापक' पुस्तक की संस्तुति की। उन्होंने आगे कृष्ण कुमार द्वारा कहानी कहने पर लिखित आलेख का समर्थन किया जिसमें अच्छे बाल साहित्य के चयन की कसौटियों पर गहराई से चर्चा की गयी है।

अंत में, प्रतिभागियों ने सहमति से निष्कर्ष निकाला कि न केवल सीखने-सिखाने में कहानियों का प्रयोग एक साधन के रूप में करने के लिए बल्कि स्वयं कहानियों को रचने के लिए भी शिक्षकों को प्रोत्साहित किया जाना चाहिए। कहानियाँ इस रणनीति के साथ बनायी जायें कि वे बच्चों के सीखने को आनंददायी बनावें। कार्यशाला में भाग लेने वाले समूह ने शिक्षकों के साथ कहानी कहने के विभिन्न रूपों को नवाचारी बनाने में सहायता करने का प्रस्ताव दिया ताकि इन नयी शैलियों का कक्षा-कक्ष में परीक्षण किया जा सके; और समय-समय पर इनकी समीक्षा की जा सके एवं इन्हें और उन्नत किया जा सके। इसके अतिरिक्त प्राथमिक स्तर के छात्रों को कहानी लिखने और अपनी कक्षा में साभिनय प्रस्तुति देने को प्रोत्साहित किया जाना चाहिये। एक बार जब वे कहानी बनाने में कुशल हो जायेंगे तो दूसरा कदम उनके लिखने के कौशल को और उन्नत करने का होगा। इस प्रकार वे कहानियों को चित्रांकन आदि के साथ लिखित रूपों में प्रस्तुत करने में सक्षम हो सकेंगे।

प्रतिभागियों ने ऐसी और कार्यशालाओं के आयोजन करने की आवश्यकता को रेखांकित किया तथा अधिक से अधिक स्कूलों के अध्यापकों को ऐसी कार्यशालाओं में शामिल करने की भावना व्यक्त की ताकि कहानी कहने को सीखने-सिखाने की शैली बनायी जा सके बजाय इसके कि इसे पुस्तकालय में आयोजित कहानी के एक कालांश में बाँध दिया जाये। उन्होंने जोड़ते हुए कहा कि अधिकांश शिक्षक-प्रशिक्षण पाठ्यक्रमों में कहानी कहने को ज्यादा जगह नहीं दी जाती है। इसे अध्यापक शिक्षा की पाठ्यचर्या का अनिवार्य हिस्सा बनाने के लिए ज़ोर दिया जाना चाहिये।

कहानी सुनाना कई रूपों में हो सकता है जैसे कविता, गीत, विवरण आदि। कहानियों को स्वतंत्र रूप से भी सुनाया जा सकता है या आवश्यकता पड़ने पर इन विधाओं के साथ मिलाया भी जा सकता है।

"बच्चे जिन कहानियों का अभिनय करते हैं; वे उन कहानियों के बारे में सपने भी देखते हैं। वे उन्हें अपने दिल में उतारते हैं और ऐसे अभिनय करतें हैं जैसे वे उनमें जी रहें हों।"—ग्रेगोरी मेग्वायर, अ लॉयन अमंग मैन।

लेखकों के बारे में : सुनीता मिश्रा दिल्ली विश्वविद्यालय के इंस्टिट्यूट ऑफ होम इकानॉमिक्स में असिसटेन्ट प्रोफेसर हैं। वे जाकिर हुसैन सेन्टर फॉर एजुकेशन स्टडी, जे.एन.यू. से शिक्षा में शोध कर रही हैं।

e-mail : suneeta.m76@gmail.com

विजय कुमार दिल्ली विश्वविद्यालय से भाषा विज्ञान में स्नातकोत्तर हैं और अन्नामलई विश्वविद्यालय से लाइब्रेरी एण्ड इनफॉर्मेशन साइन्स में एम.फिल. हैं। वर्तमान में वह भाषा व पुस्तकालय विज्ञान में शोधार्थी व अभिलेख संग्रहकर्ता हैं।

e-mail : vkbooks@gmail.com

अनुवादक : आदेश कुमार सिंह, विद्या भवन शिक्षा सन्दर्भ केन्द्र, उदयपुर (राज.)।

स्रोत : *लेंग्वेज एण्ड लेंग्वेज टीचिंग,* 3.1.5. 76-78, जनवरी 2014.

गतिविधियाँ

शीर्षक मिलाना

क्वेस्ट टीम

उद्देश्य

शब्दों का मिलान कर पाना।

पढ़ने में दृश्य संकेतों का इस्तेमाल करने की क्षमता विकसित करना।

सामग्री

50 या अधिक किताबें, कागज की पर्चियाँ

स्तर

यह गतिविधि 4-5 साल के उन बच्चों के साथ की जा सकती है जिन्होंने अभी-अभी पढ़ना शुरू किया है।

तैयारी

शीर्षक की लम्बाई के आधार पर किताबों को 3-4 श्रेणियों में बाँट लें। प्रत्येक पर्ची पर एक किताब का शीर्षक लिख दें और उसे मोड़ दें। अगर संभव हो सके तो बच्चों को अपने आस-पास बिठायें और पर्ची मोड़ने से पहले शीर्षक को एक बार ज़ोर से पढ़ दें। किताबों को एक लाइन में श्रेणी अनुसार इस प्रकार जमाएं कि उनका कवर पेज दिखे।

प्रक्रिया

पर्चियों को मिला दें और हर बच्चे को एक पर्ची उठाने के लिए कहें। बच्चों को पर्ची खोलनी है और शीर्षक को किताब के साथ मिलाना है। बच्चों को किताब पहचानने को कहें। जब वे किताब पहचान लें तब आप उन्हें शीर्षक पढ़ने या

अपने साथ दोहराने को भी कह सकती हैं। किताबों की जगह बदल कर गतिविधि पुनः दोहरायी जा सकती है।

लेखक के बारे में : क्वेस्ट टीम, क्वेस्ट स्कूल आधारित इन्टरवेंशन कार्यक्रम है। इसके अन्तर्गत कक्षा प्रक्रिया, शिक्षक की समझ एवं बच्चों के सीखने के स्तर को बेहतर बनाने के उद्देश्य से विद्या भवन शिक्षा सन्दर्भ केन्द्र द्वारा उदयपुर के कुछ सरकारी एवं गैर-सरकारी स्कूलों के साथ कार्य किया गया।

अनुवादक : कामिनी उपाध्याय, विद्या भवन शिक्षा सन्दर्भ केन्द्र, उदयपुर (राज.)।

स्रोत : *लेंग्वेज एंड लेंग्वेज टीचिंग*, 3.1.5, 69-70, जनवरी, 2014.

किताब खोजो

क्वेस्ट टीम

उद्देश्य

किताब का थोड़ा सा अंश पढ़कर उस किताब को खोजना है जिसमें से यह अंश लिया गया है।

सामग्री

30 या इससे ज्यादा किताबें (कम से कम आधी किताबें ऐसी हों जिन्हें बच्चे जानते हों)।

कागज की पर्चियाँ।

क्षेत्र

यह पहले वाली गतिविधि का संशोधित रूप है हालांकि यह उन बच्चों के लिए है जो पढ़ सकते हैं।

तैयारी

छात्रों की संख्या को ध्यान में रखते हुए जितनी पर्चियाँ चाहिए उतनी तैयार कर लें। यह तैयारी बच्चों की अनुपस्थिति में की जानी चाहिए। प्रत्येक पर्ची पर किसी किताब का एक पैरा (लगभग 50 शब्दों का) लिख लें। सारी किताबों को इस प्रकार जमायें कि प्रत्येक का कवर पेज दिखे।

प्रक्रिया

पर्चियों को मिला दें और हर बच्चे से एक पर्ची उठाने को कहें। एक साथ दो-तीन बच्चे इस खेल को खेल सकते हैं। उन्हें पर्ची में लिखा पैरा पढ़ना होगा

और फिर किताबें देख कर उस किताब को पहचानना होगा जिसमें से यह पैरा लिया गया है। बच्चे पैरा खोजने के लिए दृश्य संकेतों (चित्रों) का प्रयोग कर सकते हैं, किताब के शीर्षक देख सकते हैं, किताब को उलट-पलट सकते हैं और उसे पढ़ भी सकते हैं।

लेखक के बारे में : क्वेस्ट टीम, क्वेस्ट स्कूल आधारित इन्टरवेंशन कार्यक्रम है। इसके अन्तर्गत कक्षा प्रक्रिया, शिक्षक की समझ एवं बच्चों के सीखने के स्तर को बेहतर बनाने के उद्‌देश्य से विद्या भवन शिक्षा सन्दर्भ केन्द्र द्वारा उदयपुर के कुछ सरकारी एवं गैर-सरकारी स्कूलों में कार्य किया गया।

अनुवादक : कामिनी उपाध्याय, विद्या भवन शिक्षा सन्दर्भ केन्द्र, उदयपुर (राज.)।

स्रोत : *लेंग्वेज एंड लेंग्वेज टीचिंग*, 3.1.5, 69-70, जनवरी, 2014.

कहानी का मूकाभिनय

विजयलक्ष्मी

उद्देश्य

सुनने, बोलने, पढ़ने और लिखने के कौशलों, सामान्य संरचनाओं, संयोजकों, शब्दावली व विशेषण के प्रयोग की समझ विकसित करना।

सामग्री

कहानी 'सारस और कछुआ'

तैयारी

एक ऐसी कहानी चुनें, जो छोटी हो। कहानी रुचिकर होने के साथ-साथ ऐसी होनी चाहिए जिस पर आसानी से अभिनय किया जा सके।

प्रक्रिया

यह निर्देश दीजिये कि यह कहानी सुनाने का सत्र है। शिक्षिका द्वारा अभिनीत किये गये हाव-भाव को देखने के बाद बच्चे कहानी सुनायेंगे। आप अभिनय करें व बच्चों से कहे कि वे आपके इस अभिनय व हाव-भाव को देखकर शब्द का अनुमान लगायें।

हाव-भाव को तब तक दोहराते रहें जब तक आपको सही शब्द या कहानी की निरंतरता को बनाए रखने के लिए शब्द पैर्टन न मिल जाये। कुछ कोशिशों के बाद जब आपको सही शब्द मिल जाये तो उन्हें श्यामपट्ट पर लिख दें। (उदाहरण के लिए- कछुआ, तालाब, गर्म दिन, पेड़ों, सारस आदि।)

कहानी इस प्रकार से सुनायी जा सकती है–

एक समय की बात है, तालाब में एक कछुआ रहता था। तालाब के पास एक पेड़ था जिस पर दो सारस रहते थे। कछुआ और सारस दोस्त थे। गर्मियों

के एक बहुत गर्म दिन वह तालाब सूख गया, पक्षी पानी की तलाश में दूर तक उड़कर चले गये और शाम को खुशी-खुशी तालाब पर वापस आ गये। उन्होंने कछुए को बहुत उदास पाया और जब इसका कारण पूछा तो कछुए ने कहा, ''तालाब में बिल्कुल पानी नहीं है, पक्षियों के पास पंख है, वह उड़ सकते हैं, पर मैं नहीं''। पक्षियों को अपने दोस्त के लिए बुरा लगा, उन्होंने एक तरीका सोचा और कहा, ''कछुआ भी उनकी तरह उड़ सकता है''। अगले दिन वे एक लकड़ी लेकर आए, एक सारस ने डंडी के एक किनारे को अपनी चोंच में पकड़ा और दूसरे सारस ने दूसरे किनारे को। कछुए को उस डंडी को ठीक बीच से अपने मुँह में पकड़ना था ताकि तीनों साथ में उड़ पाएँ। उन्होंने कछुए को चेतावनी भी दी कि वो अपना मुँह ना खोले। तीनों एक ही दिशा में आसमान में उड़ते रहे। कछुआ उड़ने के इस अनुभव से बहुत रोमांचित हुआ, लोगों को उनकी तरफ आश्चर्य से देखते हुए बहुत हर्षित हुआ और यह अनुभव बताने के लिए उसने अपना मुँह खोल दिया। जिससे वो नीचे गिरा और मर गया।

गतिविधि को आगे बढ़ाने के लिए

बच्चों को सही संयोजकों व संयोजक युक्तियों (कोहेसिव डिवाईसेज़) के साथ कहानी दुबारा सुनाने को कहा जा सकता है।

किसी एक बच्चे को बनी हुयी यह कहानी श्यामपट्ट पर लिखने को कहें। बाद में समूह मिलकर उसे संपादित कर सकते हैं।

हर बच्चे को कहानी को अपने शब्दों में लिखने को कह सकते हैं।

बच्चों को इसे संवाद रूप में लिखने व समूह में अभिनय करने को कह सकते हैं।

बच्चों से कहानी का एक पात्र या कहानी का अंत बदलने के लिए कह सकते हैं।

कहानी को कविता के रूप में भी लिखवा सकते हैं। इसके लिए पहले से लिखा हुआ कोई उदाहरण दिया जा सकता है ताकि बच्चों को अनुभव मिल सके।

लेखिका के बारे में : विजयलक्ष्मी, अज़ीम प्रेमजी फाउंडेशन पांडिचेरी में सन्दर्भ व्यक्ति हैं।

e-mail : vijayalakshmi.k@azimpremjifoundation.org

अनुवादक : नेहा यादव, विद्या भवन शिक्षा सन्दर्भ केन्द्र, उदयपुर (राज.)।

स्रोत : *लेंग्वेज एंड लेंग्वेज टीचिंग*, 3.1.5, 68, जनवरी 2014.

कहानियों की झोली

नबनीता देशमुख

उद्‌देश्य

कहानियाँ बनाने में बच्चों की मदद करना, इसके द्वारा उनकी मौखिक क्षमताओं का विकास करना।

आयु वर्ग

8-10 वर्ष

सामग्री

बंद किया जा सकने वाला एक छोटा थैला जिसमें छोटी-छोटी चीजें जैसे पेन्सिल, पेन, शॉर्पनर, रबर, सिक्के, टॉफियाँ आदि हों।

प्रक्रिया

अपनी पसंद की कोई एक कहानी बच्चों को सुनायें।

ऊपर लिखी चीज़ों से भरा बैग ले कर बच्चों के पास जायें। एक पंक्ति के छः बच्चों से कहें कि अपनी आँखें बंद करें और थैले में से कोई भी एक चीज़ उठायें।

एक चीज़ खुद भी उठायें।

यदि आपने पेन्सिल उठायी है तो पेन्सिल के बारे में एक नई कहानी शुरू कीजिये। उदाहरण के तौर पर "एक बार की बात है एक लम्बी पेन्सिल काले और लाल कोट के साथ रहती थी। वह अपने दोस्तों के साथ एक फैशनेबल पेन्सिल बॉक्स में रहती थी..."

अपने बगल में बैठे बच्चे से कहें कि उसने जो चीज़ उठायी है उसके बारे में बोलते हुए कहानी को आगे बढ़ाये। उदाहरण के तौर पर यदि बच्चे ने शॉर्पनर

उठाया है तो वह कह सकता/ती है, "एक दिन पेन्सिल ने तीखी, चमकीली ब्लेड वाले एक दुष्ट शैतान को देखा जो उसका सर काटना चाहता था। पेन्सिल डर जाती है और भागने लगती है और वो डरावना शॉर्पनर उसका पीछा करता है..."

अन्य बच्चों को भी उन चीज़ों के साथ कहानी को आगे बढ़ाना है जो उन्होंने थैले में से उठायी हैं।

परिणाम

इस गतिविधि को करने से ना केवल बच्चों के मौखिक कौशल में सुधार होगा बल्कि कहानी के विभिन्न हिस्सों को जोड़ने के लिए वे अपनी कल्पनाशीलता और अनुक्रमण क्षमता का भी प्रयोग करेंगे और कक्षा की गतिविधि होने के नाते जो कहानी बनेगी उसमें सभी को मज़ा आएगा।

लेखिका के बारे में : नबनीता देशमुख अज़ीम प्रेमजी फाउंडेशन में सलाहकार हैं।

e-mail : deshmukh.nitu@gmail.com

अनुवादक : जया राठौड़, विद्या भवन शिक्षा सन्दर्भ केन्द्र, उदयपुर (राज.)।

स्रोत : *लेंग्वेज एण्ड लेंग्वेज टीचिंग*, 3.2.6, 57-58, जनवरी 2014.

बड़े से छोटा

नबनीता देशमुख

उद्देश्य

एक बड़े शब्द के अक्षरों का प्रयोग करते हुए छोटे शब्द बनाना।

आयु वर्ग

6-8 वर्ष

सामग्री

श्यामपट्ट, चॉक, कॉपियाँ और पेन।

प्रक्रिया

श्यामपट्ट पर एक लम्बा शब्द जैसे 'hippopotamus' लिखें और बच्चों से कहें कि इस लम्बे शब्द के अक्षरों का प्रयोग करते हुए वे जितने छोटे-छोटे शब्द बना सकते हैं, उतने लिखें।

गतिविधि के लिये समय सीमा निश्चित कर दें।

बच्चों द्वारा लिखे गए कुछ शब्द हो सकते हैं। hip, pot, top, must, pop, mat आदि।

दिया गया समय पूरा होने पर बच्चों से कहें कि वे अपने द्वारा लिखे शब्दों को पढ़े और उनके अर्थ बताएँ।

यदि शब्द का अर्थ स्पष्ट नहीं हो तो बोर्ड पर ऐसा वाक्य लिखकर उनकी मदद करें जिससे कि सन्दर्भ के साथ शब्द का अर्थ स्पष्ट हो जाये, उदाहरण... हमारे यहाँ बगीचा नहीं है परन्तु मेरे पौधे छत पर गमलों में बढ़ रहे हैं।

I have no garden but my plants grow in pots on my terrace.

बच्चों से कहें कि अपने द्वारा लिखे हुए शब्दों के अर्थों को समझने के लिये शब्दकोष को देखें।

उपलब्धि

यह गतिविधि अक्षर श्रृंखला में से शब्द पहचानने में बच्चों की मदद करती है। गतिविधि की समय सीमा होने के कारण बच्चे इसे खेल की तरह लेंगे और उन्हें आनन्द भी आएगा।

लेखिका के बारे में : नबनीता देशमुख अज़ीम प्रेमजी फाउंडेशन में सलाहकार हैं।

e-mail : deshmukh.nitu@gmail.com

अनुवादक : जया राठौड़, विद्या भवन शिक्षा सन्दर्भ केन्द्र, उदयपुर (राज.)।

स्रोत : *लेंग्वेज एण्ड लेंग्वेज टीचिंग*, 3.2.6, 57, जुलाई 2014.

मेरा 'वर्ड माउन्टन'

मनु गुलाटी

कौशल

शब्दावली बढ़ाना।

उद्देश्य

एक्टिव एवं पैसिव शब्दावली को समृद्ध करना।

वर्ग

सभी वर्गों के लिए (प्राथमिक, उच्च प्राथमिक, माध्यमिक एवं उच्च माध्यमिक)।

सहभागिता

व्यक्तिगत।

समय

30 मिनिट (बच्चों के भाषाई स्तर के आधार पर फरक भी हो सकता है)।

प्रक्रिया

प्रत्येक बच्चा एक वर्ण (alphabet) लिखकर वर्ड माउन्टन की शुरुआत करेगा, उदाहरण 'A'।

अगले कदम पर बच्चे उसमें एक अन्य वर्ण जोड़कर दो वर्णों वाला सार्थक शब्द बनाएंगे उदाहरण 'AT'।

इसी तरह बच्चे तीन वर्ण, चार वर्ण एवं पाँच वर्ण के शब्द बनाने के लिए वर्ण जोड़ते रहेंगे। 'वर्ण' पहले बने हुए शब्द में कहीं भी जोड़े जा सकते हैं आगे,

पीछे या बीच में। उदाहरण–

A
AT
EAT
EAST
BEAST
BREAST

जब तक बच्चे नए शब्द बना पायें, उन्हें अक्षर/वर्ण जोड़ने के लिए प्रोत्साहित करते रहिये।

बच्चों को मूल्यांकन के मापदण्ड समझायें।

अंक और फीडबैक देना

जब सारे बच्चे अपना काम खत्म कर लें–

तब शिक्षक बात करें और हर बच्चे को अपना 'वर्ड माउन्टन' कक्षा में साझा करने को कहें।

शिक्षक या बच्चे अपने समूहों में प्रत्येक को सही उत्तर के अनुसार नम्बर दें। (हर सही शब्द पर 1 नम्बर दिया जाये)।

शिक्षक बच्चों के प्रदर्शन का आकलन करें।

मुख्य बिन्दु

इस कार्य में बच्चे 'वर्ड माउन्टन' बनायेंगे। यह एक सरल सी गतिविधि है जो बच्चों की सक्रिय शब्दावली को समृद्ध करती है और औपचारिक एवं निष्क्रिय शब्दावली को स्मरण करने में उनकी मदद करती है। शब्दों का निर्माण और मौखिक अभिव्यक्ति, लिखने और पढ़ने की बुनियाद है। शब्दावली बढ़ाना बच्चों में विश्लेषणात्मक एवं आलोचनात्मक चिन्तन को विकसित करने के लिए भी महत्त्वपूर्ण है। वर्ड माउन्टन के कुछ उदाहरण निम्नलिखित हैं–

S	B	G
SO	BE	GO
SON	BED	GOT
SOON	BEAD	GOAT
SPOON	BEARD	GLOAT

लेखिका के बारे में : मनु गुलाटी सर्वोदय कन्या विद्यालय, नं. 2, पंजाबी बाग, नई दिल्ली में टी.जी.टी. (अंग्रेज़ी) हैं। स्कूली बच्चों की अंग्रेज़ी सुधारने के लिए कम लागत वाली गतिविधियाँ तैयार करने में उनकी विशेष रुचि है।

e-mail : mwadhwa22@yahoo.com

अनुवादक : कामिनी उपाध्याय, विद्या भवन शिक्षा सन्दर्भ केन्द्र, उदयपुर (राज.)।

स्रोत : *लेंग्वेज एंड लेंग्वेज टीचिंग,* 3.2.6, 60, जुलाई 2014.

सवाल पूछना

फाल्गुनी चक्रवर्ती

उद्देश्य

व्याकरण के ज्ञान की विशिष्ट जानकारी हासिल करने के लिए उपयुक्त प्रश्न पूछना। जैसे–Article (a/an) के उपयोग की समझ जानने के लिए–

Do you have a/an -----?
Yes, I have a/an ----.
No, I don't ----.

स्तर

उच्च प्राथमिक कक्षाएँ।

तैयारी

ऊपर दिये गए उदाहरण जैसी वर्कशीट बनायें।

कक्षा के सभी बच्चों के लिए पर्याप्त वर्कशीट बनायें।

प्रक्रिया

भाग-अ

बोर्ड पर प्रश्न लिखें, जैसे–Do you have a red T-shirt in your cupboard?

यह एक व्यक्तिगत प्रश्न है। प्रश्न के लिए आप किसी भी बच्चे को चुन सकते हैं व गतिविधि की शुरुआत कर सकते हैं फिर अन्य बच्चों से भी यह प्रश्न पूछें।

उन्हें निम्न ढाँचे में जवाब देने के लिए प्रोत्साहित करें–

Yes, I have a red T-shirt in my cupboard.

या

No, I don't have a red T-shirt in my cupboard.

हर 'हाँ' वाले जवाब के लिए बोर्ड पर प्रश्न के सामने (✓) का चिह्न लगा दें।

हर 'ना' वाले जवाब के लिए बोर्ड पर प्रश्न के सामने (X) का चिह्न लगा दें।

प्रश्न को बोर्ड पर (✓) और (X) चिह्न के साथ छोड़ दें।

भाग-ब

कक्षा को 10-10 के समूह में बाँट दें।

प्रत्येक बच्चे को एक वर्कशीट दें (देखे : वर्कशीट का नमूना गतिविधि के अन्त में)।

उन्हें केवल अपने समूह में प्रश्न पूछने को कहें Do you have a/an -----?

अन्य बच्चों को Yes, I have a/an ----. या No, I don't ----.

बोल कर जवाब देना होगा।

ध्यान रखें कि बच्चे ठीक से सवाल पूछे उदाहरण–Do you have a/an -----?

(1) Green pencil in pencil box.

(2) White handkerchief in your pocket.

Do you have a green pencil in pencil box?

Yes, I have a green pencil in pencil box.

Do you have a white handkerchief in your pocket?

No, I don't have a white handkerchief in my pocket.

प्रत्येक 'हाँ' वाले जवाब के लिए बच्चे को अपनी वर्कशीट के उपयुक्त कॉलम में (✓) चिह्न लगाना होगा।

प्रत्येक 'ना' वाले जवाब के लिए बच्चे को अपनी वर्कशीट के उपयुक्त कॉलम में (X) का चिह्न लगाना होगा।

उन्हें यह अभ्यास समूह के सभी सदस्यों के साथ करने को कहें।

भाग-स

1. बच्चों का ध्यान बोर्ड की तरफ दिलायें।
2. 'हाँ' वाली प्रतिक्रियाओं को गिन कर लिखें।
3. 'ना' वाली प्रतिक्रियाओं को गिन कर लिखें।
4. अब अपने निष्कर्षों को कक्षा में बतायें।

   Ten students in the class have a red T-shirt in their cupboard.

   Twenty students in the class don't have a red T-shirt in their cupboard.
5. बच्चों को अपने समूह की सारी जानकारी इकट्ठी करने को कहें और उन्हें भी इसी तरह से अपने निष्कर्ष पूरी कक्षा को बताने होंगे। उदाहरण के लिए–

Only three students have a green pencil in their pencil box.

6. प्रत्येक समूह को अपने निष्कर्ष अलग-अलग बताने होंगे।

Sample Worksheet

Question : Do you have a/an...?	Yes	No
1. paper clip in bag		
2. painting on bedroom wall		
3. umbrella at home		
4. box of crayons in school bag		
5. water bottle in bag		
6. pencil box on desk		
7. mobile phone at home		
8. pet at home		
9. apple in fridge		
10. yellow T-shirt in cupboard		

सन्दर्भ

एडेप्टेड फ्रॉम *हेव यू गॉट इट?* रिवाई एलिमेन्टरी रिसोर्स पैक © सुज़न के, 1997, पब्लिश्ड बाय हाइनमेन इंग्लिश लेंग्वेज टीचिंग।

लेखिका के बारे में : फाल्गुनी चक्रवर्ती ESOL-CELTA प्रमाणित अंग्रेज़ी भाषा शिक्षण सलाहकार, शिक्षक प्रशिक्षक और पाठ्यपुस्तक लेखक हैं। उनकी कई पुस्तकें हैं जो नामी प्रकाशकों द्वारा प्रकाशित की गयी हैं। लेखन के अलावा वे शहर व गाँव के विद्यालयों के सेवारत शिक्षकों के प्रशिक्षण से भी जुड़ी हैं।

e-mail : falguni1960@gmail.com

अनुवादक : कामिनी उपाध्याय, विद्या भवन शिक्षा सन्दर्भ केन्द्र, उदयपुर (राज.)।

स्रोत : *लेंग्वेज एंड लेंग्वेज टीचिंग*, 2.2.4, 60-61, जुलाई, 2013.

सम्पादकों के बारे में...

रमा कान्त अग्निहोत्री

दिल्ली विश्वविद्यालय से भाषाशास्त्र के प्रोफेसर के पद से सेवानिवृत्त हुए हैं। वर्तमान में विद्याभवन सोसायटी, उदयपुर के साथ कार्यरत हैं। प्रायोगिक भाषाशास्त्र, शब्द-संरचना तथा सामाजिक भाषाशास्त्र जैसे विषयों को लम्बे समय से पढ़ाते रहे हैं और इन विषयों के सन्दर्भ में विस्तृत लेखन किया है।

अमृत लाल खन्ना

डॉ. अमृत लाल खन्ना दिल्ली विश्वविद्यालय से अंग्रेजी के एसोसिएट प्रोफेसर के पद से सेवानिवृत्त हुए हैं। वर्तमान में आप अंग्रेजी भाषा शिक्षण (ELT) हेतु सामग्री निर्माण एवं शिक्षक प्रशिक्षण परियोजनाओं के साथ से जुड़े हैं।

रमणीक मोहन

आजकल स्वतन्त्र अनुवादक के रूप में सक्रिय हैं। रोहतक के महाविद्यालय में अंग्रेजी अध्यापन के बाद स्वैच्छिक सेवानिवृत्ति। अज़ीम प्रेमजी फाउंडेशन के 'टीचर्स ऑफ इंडिया' पोर्टल टीम का हिस्सा रहे हैं। 10 साल से अधिक समय तक हरियाणा के राज्य संसाधन केन्द्र (सर्च) की पत्रिका 'हरकारा' का सम्पादन किया है। स्कूली शिक्षा के क्षेत्र में सक्रिय 'दिगन्तर' जैसी संस्थाओं से भी सम्बद्ध रहे हैं।

राजेश उत्साही

आजकल बेंगलूरू में अज़ीम प्रेमजी फाण्डेशन के शिक्षक पोर्टल 'टीचर्स ऑफ इंडिया' में हिन्दी संपादक। मध्यप्रदेश की अग्रणी शैक्षिक संस्था एकलव्य की बाल विज्ञान पत्रिका 'चकमक' का 17 साल तक संपादन। मध्य प्रदेश शिक्षा विभाग की पत्रिका गुल्लक तथा पलाश का संपादन। कविताएं, कहानी, व्यंग्य लेखन

ख़ासकर बच्चों के लिए साहित्य निर्माण, संपादन तथा समीक्षा में गहरी रुचि।

रजनी द्विवेदी

विद्या भवन शिक्षा सन्दर्भ केन्द्र, उदयपुर में कार्यरत हैं। विद्या भवन की पत्र-पत्रिकाओं के सम्पादन से जुड़ी हैं। भाषा और भाषा शिक्षण में रुचि।

कामिनी उपाध्याय

विद्या भवन शिक्षा सन्दर्भ केन्द्र, उदयपुर में कार्यरत। विद्या भवन की पत्र-पत्रिकाओं के सम्पादन से जुड़ी हैं। शिक्षकों और बच्चों के लिए पर्यावरण एवं पर्यावरण से संबंधित सामग्री निर्माण, प्रशिक्षण एवं अनुवाद में रुचि।

आदेश कुमार

विद्या भवन शिक्षा सन्दर्भ केन्द्र, बिहार एवं वर्तमान में उदयपुर में कार्यरत। दो दशकों तक प्रगतिशील सामाजिक-सांस्कृतिक मुहिम से जुड़े रहे और विभिन्न अखबारों, पत्र-पत्रिकाओं का प्रकाशन, मुद्रण एवं सम्पादन किया। शिक्षकों और बच्चों के लिए सामाजिक विज्ञान, भाषा एवं सीखने-सिखाने की सामग्री के निर्माण और प्रशिक्षण में रुचि।

जया राठौड़

विद्या भवन शिक्षा सन्दर्भ केन्द्र, उदयपुर में कार्यरत। विद्या भवन की पत्र-पत्रिकाओं के सम्पादन एवं प्रकाशन से जुड़ी हैं। प्रकाशन, अनुवाद एवं दृश्य-श्रव्य सामग्री निर्माण में रुचि।